A Fórmula da Felicidade

Mo Gawdat

A Fórmula da Felicidade

COMO UM ENGENHEIRO DA GOOGLE ENCONTROU A EQUAÇÃO DO BEM-ESTAR E DA ALEGRIA DURADOURA

Tradução
Léa Viveiros de Castro e Alessandra Esteche

LeYa

Título original: *Solve for Happy: Engineer Your Path to Joy*

Preparação: *Ana Kronemberger*
Revisão: *André Marinho*
Diagramação: *Filigrana*
Imagem de capa: *123RF*

CIP-Brasil. Catalogação na Publicação.
Sindicato Nacional dos Editores de Livros, RJ.

G246f

Gawdat, Mo, 1967-

A Fórmula da Felicidade / Mo Gawdat ; tradução Léa Viveiros de Castro, Alessandra Esteche. – Rio de Janeiro : LeYa, 2017.
il.

Tradução de: Solve for happy
ISBN 978-85-441-0641-9

1. Felicidade. 2. Autorrealização (Psicologia). I. Castro, Léa Viveiros de. II. Esteche, Alessandra. III. Título.

17-45245 CDD: 158.1
CDU: 159.947

Todos os direitos reservados à
Editora Casa da Palavra
Avenida Calógeras, 6 | sala 701
20030-070 – Rio de Janeiro – RJ
www.leya.com.br

A gravidade da batalha não significa nada para aqueles que estão em paz.

Para Ali

Tenho certeza de que você é feliz onde quer que esteja agora.

Sumário

Introdução

Dezessete dias depois da morte do meu filho Ali, um rapaz maravilhoso, comecei a escrever e não consegui mais parar. Meu assunto era a felicidade – um tema improvável diante das circunstâncias.

Ali era um anjo. Ele tornava melhor tudo o que tocava e fazia mais felizes aqueles que o conheciam. Ele estava sempre tranquilo, sempre feliz. As pessoas não podiam deixar de notar a energia dele ou como se mostrava afetuoso com todos os seres que cruzavam o seu caminho. Quando ele nos deixou, tínhamos todos os motivos para ficarmos infelizes – desolados até. Então como foi que a partida do meu filho me levou a escrever o que vocês estão prestes a ler? Bem, esta é uma história que começou na época do nascimento dele – talvez até antes.

Desde o dia em que comecei a trabalhar, alcancei muito sucesso, riqueza e reconhecimento. No entanto, apesar disso, eu me sentia constantemente infeliz. Cedo na minha carreira, com gigantes da tecnologia como IBM e Microsoft, conquistei abundante satisfação intelectual, grande gratificação pessoal e, sim, ganhei um certo dinheiro. Mas descobri que, quanto mais a sorte me sorria, menos feliz eu ficava.

Isso não era só porque a vida tinha se tornado complicada – você sabe, é como diz aquele rap dos anos 1990, "Mo Money mo Problems", quanto mais dinheiro, mais problemas. A questão era que, apesar das recompensas tanto financeiras quanto intelectuais, eu não era capaz de encontrar nenhuma alegria em minha vida. Até mesmo minha maior bênção, minha família, não me proporcionava a alegria que deveria porque eu não sabia como recebê-la.

A ironia era que, quando eu era mais jovem, apesar da luta para encontrar meu caminho na vida e de muitas vezes mal ter dinheiro para me sustentar, sempre fui muito feliz. Mas em 1995, quando minha esposa, eu e nossos dois filhos fomos morar em Dubai, as coisas mudaram. Nada contra Dubai, é bom dizer. Trata-se de uma cidade incrível cujos cidadãos generosos, os emiradenses, nos fizeram sentir realmente em casa. Nossa chegada coincidiu com a explosão de crescimento de Dubai, que ofereceu fantásticas oportunidades de carreira e milhões de maneiras de as pessoas se sentirem felizes, ou pelo menos tentarem.

Mas Dubai também pode parecer surreal. Tendo como pano de fundo uma paisagem reluzente de areia quente e água azul-turquesa, o horizonte é delineado por uma profusão de prédios comerciais futuristas e torres residenciais cujos apartamentos de milhões de dólares são adquiridos por uma corrente ininterrupta de compradores globais. Nas ruas, Porsches e Ferraris disputam vagas com Lamborghinis e Bentleys. A extravagância da riqueza concentrada é um deslumbre, mas ao mesmo tempo leva a um questionamento. Fazendo uma comparação com tudo aquilo, você começa a se perguntar se realmente conquistou alguma coisa.

Quando chegamos aos Emirados, eu já havia adquirido o hábito de me comparar aos meus amigos super-ricos, e sempre perdia. Mas esse sentimento de estar em desvantagem não me mandou nem para o psiquiatra, nem para uma busca espiritual. Só fez com que eu me esforçasse ainda mais. Simplesmente fiz o que sempre fizera como um maníaco por tecnologia que, desde criança, lia obsessivamente: comprei uma pilha de livros. Estudei desde análises técnicas das tendências de mercado até as equações básicas que fundamentavam cada gráfico. E, ao aprendê-las, conseguia prever flutuações a curto prazo no mercado como um profissional. Eu voltava para casa depois de um dia de trabalho mais ou menos na hora em que a Nasdaq abria nos Estados Unidos e aplicava minhas habilidades matemáticas para ganhar um bom dinheiro como *day trader*, um termo usado na bolsa que significa um investidor ativo, que abre e fecha posições no mesmo dia. Uma tradução aproximada seria operador diário (mas, no meu caso, era operador noturno mesmo).

No entanto – e suponho não ser a primeira pessoa que você ouviu contar uma história assim –, quanto mais dinheiro eu ganhava, mais infeliz ficava. O que me levou simplesmente a trabalhar mais e comprar mais coisas na ideia equivocada de que, mais cedo ou mais tarde, todo esse esforço daria frutos e eu acharia o pote de ouro – a felicidade – que supostamente estava na extremidade do arco-íris do alto desempenho. Eu tinha me tornado um hamster naquilo que os psicólogos chamam de "roda hedônica". Quanto mais você tem, mais você quer. Quanto mais você se esforça, mais motivos você encontra para se esforçar.

Uma noite, com dois cliques no computador, comprei dois Rolls-Royces vintage. Por quê? Porque eu podia. E porque estava tentando desesperadamente preencher o buraco que tinha na alma. Mas quando aqueles lindos clássicos da indústria automotiva inglesa estavam estacionados na frente da minha casa, o meu ânimo permaneceu o mesmo, não melhorou nem um pouquinho. Você pode imaginar que, nessa fase da minha vida, eu não era uma pessoa muito divertida de se conviver.

Uma vez que o foco do meu trabalho era a expansão dos negócios da Microsoft por toda a África e o Oriente Médio, eu passava mais tempo em aviões do que em terra firme. Na minha busca constante por *mais*, tinha me tornado agressivo e desagradável, inclusive em casa, e sabia disso. Passava muito pouco tempo apreciando a mulher incrível com quem tinha me casado, muito pouco tempo com meu filho e minha filha maravilhosos, e não me lembro de alguma vez ter parado para apenas aproveitar o dia nesse período da minha vida.

O que eu fazia, de fato, era passar a maior parte do tempo agitado, nervoso e criticando tudo, exigindo resultados e desempenho mesmo dos meus filhos. Estava tentando obsessivamente fazer o mundo ser do jeito que eu achava que ele devia ser. Em 2001, a agitação frenética e o vazio tinham me colocado num lugar muito sombrio. Naquele ponto eu sabia que não podia continuar ignorando o problema. Aquela pessoa ambiciosa, infeliz, que olhava para mim do espelho não era realmente eu. Eu sentia falta do rapaz alegre e otimista que sempre fora, e estava cansado daquele cara desanimado, infeliz e agressivo que eu havia me tornado. Decidi ver a minha felicidade como um desafio: ia aplicar meu foco nerd e autodidata, e minha mente analítica de engenheiro para encontrar uma saída.

Fui criado no Cairo, Egito, onde minha mãe era professora de literatura inglesa, e comecei a devorar livros bem antes do meu primeiro dia de aula. Aos oito anos, eu já escolhia um tema de estudo por ano e comprava tantos livros quanto a minha mesada permitia. E passava os meses aprendendo cada palavra nova nesses livros. Essa característica obsessiva fez de mim motivo de gozação para os meus amigos, mas esse hábito permaneceu comigo tornando-se minha forma de abordar todos os desafios e ambições. Sempre que a vida ficava árdua, eu lia.

Aprendi sozinho carpintaria, mosaico, violão e alemão. Li sobre a relatividade, estudei teoria dos jogos e matemática, e como desenvolver linguagens de programação altamente sofisticadas. Quando criança na escola primária e depois como adolescente, eu atacava as minhas pilhas de livros com dedicação tenaz. Quando fiquei mais velho, usei essa mesma paixão para aprender a restaurar carros antigos, cozinhar e fazer retratos a carvão hiper-realistas. Alcancei um nível de competência razoável em administração, gestão, finanças, economia e investimento em grande parte apenas pelos livros.

Quando as coisas ficam difíceis, nós tendemos a nos dedicar mais àquilo que sabemos fazer melhor. Então, com trinta e poucos anos e muito infeliz, mergulhei na leitura sobre o meu problema. Comprei todos os títulos que consegui encontrar sobre felicidade. Compareci a cada palestra, assisti a todos os documentários e depois analisei cuidadosamente tudo o que tinha aprendido. Mas não abordei o assunto sob a mesma perspectiva que os psicólogos que tinham escrito os livros e realizado os experimentos que haviam tornado a "pesquisa da felicidade" uma disciplina acadêmica tão apaixonante. Evidentemente, não fui na corrente de todos os filósofos e teólogos que tinham lidado com o problema da felicidade humana desde o início da civilização.

Mantendo o meu método, dividi o problema da felicidade em seus menores componentes e apliquei uma análise técnica. Adotei um enfoque fundamentado em fatos que pudessem ser ampliados e replicados. Ao longo do caminho, desafiei cada processo que tinha sido orientado a implementar às cegas, testei a adequação de cada componente e analisei profundamente a validade de cada input enquanto trabalhava para criar um algoritmo que produzisse o resultado desejado. Como criador de software, estabeleci como meta encontrar o código que pudesse ser aplicado à minha vida muitas e muitas vezes para produzir previsivelmente felicidade todas as vezes.

Estranhamente, depois de todo esse esforço hiper-racional digno do Sr. Spock, tive minha primeira revelação durante uma conversa informal com a minha mãe. Ela sempre me falou para trabalhar duro e priorizar meu sucesso financeiro acima de tudo. Ela frequentemente invocava um provérbio árabe que, traduzido livremente, fica mais ou menos assim: "Coma frugalmente por um ano, vista-se frugalmente por outro e encontrará a felicidade eterna." Quando jovem, segui esse conselho religiosamente. Trabalhei muito, poupei e me tornei bem-sucedido. Cumpri a minha parte do acordo. Então um dia perguntei à minha mãe onde estava toda aquela felicidade que agora eu tinha o direito de esperar.

Durante essa conversa, de repente entendi que felicidade não deveria ser uma coisa pela qual você esperava e pela qual trabalhava como se ela precisasse ser *merecida*. Além disso, ela não deveria depender apenas de condições externas, muito menos de circunstâncias tão instáveis e potencialmente passageiras quanto sucesso profissional e aumento de liquidez. O meu caminho até então tinha sido pleno de progresso e de sucesso, mas toda vez que eu avançava nesse campo, era como se as balizas do gol tivessem sido colocadas um pouco mais longe.

O que compreendi foi que jamais alcançaria a felicidade enquanto me prendesse à ideia de que assim que fizesse isso ou conseguisse aquilo ou alcançasse aquela meta eu me *tornaria* feliz.

Em álgebra, as equações podem ser resolvidas de muitas maneiras. Se A=B+C, por exemplo, então B=A-C. Se você tentar resolver por A, vai ter que buscar os valores das outras variáveis – B e C – e se tentar resolver por B, terá que fazer diferente. A variável que você escolher para resolver a equação muda drasticamente a sua forma de buscar a solução. O mesmo acontece quando você decide **resolver uma equação da felicidade.**

Comecei a ver que ao longo de todo o meu esforço eu tinha tentado resolver o problema errado. Tinha me proposto o desafio de multiplicar riqueza material, diversão e status de modo que, *no fim*, o produto de todo esse esforço fosse... felicidade. O que eu precisava realmente fazer, ao contrário, era pular os passos intermediários e simplesmente resolver diretamente o problema da felicidade.

Minha jornada durou quase uma década, mas em 2010 eu tinha desenvolvido uma equação e um modelo bem construído, simples e replicável de felicidade e uma forma de mantê-la que funcionava perfeitamente.

Coloquei o sistema em teste e funcionou. O estresse de perder um bom negócio, longas filas de checagem de segurança no aeroporto, péssimo serviço ao consumidor – nada disso conseguia diminuir minha felicidade. A vida diária como marido, pai, filho, amigo e funcionário de uma empresa tinha seus inevitáveis altos e baixos, mas não importava como tivesse sido um determinado dia, bom ou ruim – ou um pouco de cada – descobri que era capaz de apreciar a volta naquela montanha-russa em si.

Eu tinha finalmente voltado a ser a pessoa feliz que reconhecia como sendo "eu" quando comecei, e permaneci essa pessoa por muito tempo. Compartilhei meu processo rigoroso com centenas de amigos, e minha Fórmula da Felicidade também funcionou para eles. O feedback que me deram me ajudou a refinar o modelo ainda mais. O que, afinal, foi uma boa coisa, porque eu não fazia ideia do quanto ia precisar dele.

Meu pai era um respeitado engenheiro civil e um homem excepcionalmente gentil. Embora minha paixão sempre tivesse sido ciência da computação, estudei engenharia civil só para agradá-lo. Meu campo de estudo não foi a maior contribuição à minha educação, de todo modo, porque, como meu pai acreditava, o aprendizado acontece no mundo real. Desde que eu estava na escola secundária, ele me incentivava a passar as férias cada ano num país diferente. A princípio gastava até o último tostão para me proporcionar essas experiências, e providenciava para que eu visitasse parentes ou amigos quando viajava. Mais tarde eu trabalhava para pagar eu mesmo os custos das minhas viagens. Essas experiências no mundo real foram tão valiosas que jurei oferecer uma oportunidade semelhante aos meus filhos.

Por sorte, minha escolha de universidade me presenteou com o maior benefício e a maior bênção dos meus tempos de estudante. Foi lá que conheci uma mulher charmosa e inteligente chamada Nibal. Um mês depois que ela se formou e nós nos casamos, e um ano depois ela se tornou Umm Ali, a mãe de Ali ☺, como as mulheres são chamadas no Oriente Médio quando nasce seu primeiro filho. Dezoito meses depois, nossa filha, Aya, chegou para se tornar o raio de sol e a força irreprimível e energizante da nossa família. Com Nibal, Ali e Aya em minha vida, minha sorte não tinha limites. Meu amor pela minha família me incentivou a trabalhar duro para lhes proporcionar tudo do bom e do melhor. Eu assumi os desafios da vida como um rinoceronte em pleno ataque.

Em 2007 fui contratado pela Google. Apesar do sucesso da empresa, seu alcance mundial era limitado nessa época, então meu papel era expandir nossas operações para a Europa Oriental, o Oriente Médio e a África. Seis anos depois, fui para a Google X, agora uma corporação separada, onde acabei me tornando diretor de negócios. Na X, nossa meta não é melhorar o modo como o mundo funciona; em vez disso, tentamos desenvolver novas tecnologias que vão reinventar o modo como as coisas são. Nossa meta é promover uma melhoria radical, dez vezes maior, dez vezes. Isso nos leva a trabalhar com ideias aparentemente de ficção científica, tais como pipas autônomas de fibra de carbono para servir como turbinas de vento suspensas no ar, computadores em miniatura inseridos em lentes de contato que capturam dados fisiológicos e se comunicam por conexão sem fio com outros computadores, e balões para carregar tecnologia de telecomunicação para a estratosfera de modo a fornecer serviço de Internet para todos os seres humanos em qualquer parte do mundo. Na X, nós chamamos esses projetos muito ambiciosos e inovadores de "*moonshots*", expedições à lua.

Quando se busca uma melhoria modesta no que já existe, é necessário começar a trabalhar com as mesmas ferramentas e hipóteses, o mesmo modelo mental no qual se baseia a velha tecnologia. Mas quando o desafio é avançar numa escala dez vezes maior, você começa com uma folha em branco. Quando você se compromete com um projeto ambicioso e inovador, você se apaixona pelo problema, não pelo produto. Você se compromete com a missão antes mesmo de saber se tem a capacidade de realizá-la. E você estabelece metas audaciosas. A indústria automotiva, por exemplo, está há décadas focada na segurança. Eles fizeram progressos importantes acrescentando melhorias ao projeto tradicional de um carro – o projeto a que nós todos nos acostumamos desde o início dos anos 1900. Nossa abordagem na X é começar perguntando: "Por que deixar um acidente acontecer, antes de mais nada?" É aí que nos comprometemos com algo ambicioso e inovador: um carro autodirigível.

Enquanto isso, com meu modelo de felicidade funcionando bem, e enquanto eu estava tendo enorme prazer com a minha carreira, fazendo a minha parte para ajudar a inventar o futuro, meu filho e minha filha estavam aprendendo e crescendo e, mantendo a tradição do meu pai, viajando para lugares novos todo verão. Eles tinham um bocado de amigos para visitar ao redor do mundo, e estavam sempre explorando novos lugares.

Em 2014, Ali era um estudante universitário em Boston, e naquele ano ele tinha viagem longa planejada pela América do Norte, então não estávamos esperando que ele fosse a Dubai para sua visita anual habitual. Eu fiquei agradavelmente surpreso, portanto, quando em maio, ele ligou para dizer que estava com um enorme desejo de passar uns dias conosco. Por algum motivo, Ali estava com uma sensação de urgência e perguntou se podíamos reservar uma passagem para ele assim que as aulas terminassem. Aya também estava planejando nos fazer uma visita, então Nibal e eu estávamos radiantes. Tomamos as providências e ficamos aguardando ansiosamente, felizes por termos a família toda reunida em julho.

Quatro dias depois de chegar, Ali sentiu uma dor aguda na barriga e foi internado num hospital local, onde os médicos indicaram uma apendicectomia de rotina. Não fiquei preocupado. De fato, fiquei aliviado por isso estar acontecendo enquanto ele estava em casa e podíamos cuidar dele. As férias podiam não estar ocorrendo como eu tinha imaginado, mas a mudança de planos era simples de acomodar.

Quando Ali estava na mesa de operação, uma seringa foi inserida para injetar dióxido de carbono para expandir sua cavidade abdominal e abrir espaço para o resto do procedimento. Mas a agulha foi enfiada alguns milímetros mais para dentro, atingindo a artéria femoral de Ali – uma das artérias mais importantes, que carrega sangue do coração. Então as coisas foram de mal a pior. Momentos preciosos se passaram antes que alguém percebesse o erro, e uma série de erros adicionais foram feitos com consequências fatais. Em poucas horas, meu amado filho estava morto.

Antes que conseguíssemos absorver a enormidade do que tinha acontecido, Nibal, Aya e eu fomos cercados por amigos que nos ajudaram a lidar com as coisas práticas e nos apoiaram enquanto nós lutávamos para compreender a guinada radical que nossas vidas tinham sofrido.

Dizem que a pior experiência que alguém pode ter é perder um filho. Sem dúvida, isso abala um pai e uma mãe até o âmago do ser. Perder Ali na flor da mocidade foi mais duro ainda, e perdê-lo inesperadamente devido a um erro humano pode ter sido a coisa mais difícil de todas.

Mas, para mim, a perda foi ainda pior porque Ali não era apenas meu filho, ele era também o meu melhor amigo. Ele nasceu quando eu ainda era bem jovem e, para mim, era como se tivéssemos crescido juntos. Nós jogávamos videogames, ouvíamos música, líamos livros e ríamos muito juntos. Aos dezoito anos, Ali era bem mais sensato do que muitos homens que eu conhecia. Ele era um esteio e um confidente. Às vezes eu me pegava pensando: "**Quando eu crescer, quero ser igualzinho ao Ali**."

Embora todos os pais vejam seus filhos como sendo excepcionais, eu honestamente creio que Ali realmente o era. Quando ele nos deixou, nós recebemos mensagens do mundo inteiro, de centenas de pessoas que descreveram como esse rapaz de 21 anos tinha mudado suas vidas. Algumas das pessoas que escreveram eram adolescentes, e outras tinham mais de setenta anos. Como Ali tinha achado o tempo e a sabedoria para tocar a vida de tantas pessoas eu jamais saberei. Ele era um modelo de calma, alegria e gentileza. Tinha uma presença forte, que espalhava essas características abundantemente por onde passava. Uma vez, eu o observei de longe quando ele se sentou ao lado de uma pessoa sem-teto e conversou longamente com ela. Ele a tratou como um ser humano igual a ele, com quem foi capaz de se conectar, e depois esvaziou os bolsos e deu a ela tudo o que tinha. Quando se afastou, ela foi atrás dele, enfiou a mão no fundo de um saco e deu a ele o que devia ser o seu bem mais valioso: um pequeno recipiente de plástico de creme para as mãos ainda fechado. Esse presente se tornou um dos tesouros mais queridos de Ali. Agora passou a ser um dos nossos.

Mas, por causa de um erro médico, eu o havia perdido num piscar de olhos. O que eu tinha aprendido sobre felicidade ia ser posto à prova. Pensei que se pudesse salvar a mim mesmo e minha família da mais profunda depressão, isso poderia ser considerado um grande sucesso.

Mas fizemos muito mais do que isso.

Quando Ali deixou o nosso mundo tão subitamente, sua mãe e eu, assim como nossa filha, sentimos uma dor profunda. A dor de perdê-lo ainda permanece, é claro, e nós frequentemente choramos por ele não estar mais aqui para um abraço, uma conversa ou um videogame. A dor que sentimos nos leva a honrar sua memória e desejar o seu bem. Mas, impressionantemente, nós fomos capazes de manter um estado constante de paz – até mesmo de felicidade. Nós temos dias tristes, mas não sofremos. Nossos corações estão alegres.

Falando de forma simples, nosso modelo de felicidade funcionou para nós. Mesmo durante os momentos de mais intensa dor pela morte de Ali, nunca ficamos zangados nem ressentidos com a vida. Nós não nos sentimos enganados ou deprimidos. Passamos pela perda mais dura de se imaginar como Ali teria passado: em paz.

Depois do funeral de Ali, centenas de pessoas encheram nossa casa para nos dar pêsames enquanto uma multidão esperava do lado de fora no calor de quarenta graus do verão de Dubai. Elas simplesmente não queriam ir embora. Foi uma confraternização excepcional, toda feita ao redor da felicidade que Ali tinha irradiado durante toda a sua vida. As pessoas chegavam chorando, mas logo absorviam a energia positiva do evento. Elas choravam em nossos braços, mas quando conversávamos, e quando elas compreendiam nossa visão desses eventos, que era embasada no nosso modelo de felicidade, elas paravam de chorar. As pessoas percorriam nossa casa admirando as centenas de fotografias de Ali (sempre com um grande sorriso) em cada parede. Provavam alguns de seus salgadinhos favoritos espalhados sobre as mesas, ou pegavam alguma coisa dele como suvenir, e recordavam todas as lembranças felizes que tinham dele.

Havia tanto amor e positividade no ar, incontáveis abraços e sorrisos, que, no final do dia, se você não conhecesse as circunstâncias, poderia achar que essa era apenas uma alegre reunião de amigos – um casamento, talvez, ou uma formatura. Mesmo nessas circunstâncias trágicas, a energia positiva de Ali enchia nossa casa.

Nos dias seguintes ao funeral, fiquei me perguntando de modo obsessivo: *O que Ali faria nessa situação*? Todos nós que conhecemos Ali o procurávamos regularmente para nos aconselhasse, mas ele não estava mais conosco. Eu queria desesperadamente perguntar a ele: "Ali, como eu lido com o fato de perder você?", embora já conhecesse a resposta que me daria. Ele diria simplesmente: "*Khalas ya papa*, acabou, papai, eu já morri. Não há nada que você possa fazer para mudar isso, então tente tirar o melhor proveito da situação." Em momentos de silêncio, eu não conseguia ouvir nenhuma outra voz na minha cabeça a não ser a voz de Ali repetindo essa frase sem parar.

Então, dezessete dias após sua morte, comecei a escrever. Resolvi seguir o conselho dele e fazer algo positivo, tentando compartilhar nosso modelo de felicidade com todos aqueles que estão sofrendo desnecessariamente ao redor do mundo. Quatro meses e meio depois, levantei a cabeça. Tinha um primeiro rascunho.

Não sou um sábio nem um monge recluso num monastério. Vou trabalhar, discuto em reuniões, cometo erros – erros grandes que fizeram aqueles que amo sofrer, e isso me entristece. De fato, não sou sempre feliz. Mas encontrei um modelo que funciona – um modelo que nos ajudou no nosso luto, o modelo que a vida de Ali ajudou a criar com seu exemplo. É isso que quero oferecer a vocês neste livro.

Minha esperança é que compartilhando a mensagem de Ali – seu modo tranquilo de viver – eu possa ser capaz de honrar sua memória e dar continuidade ao seu legado. Tentei imaginar o impacto positivo que divulgar essa mensagem poderia causar, e imaginei que, talvez, não seja à toa o fato de eu ter um emprego importante de alcance global. Então assumi uma missão ambiciosa: ajudar 10 milhões de pessoas a se tornarem mais felizes, um movimento (#10millionhappy) que peço que vocês abracem para que juntos possamos criar uma pandemia global de alegria em "pequena escala", bem no estilo Ali.

A morte de meu filho foi um golpe que eu jamais poderia esperar, mas quando olho para trás, sinto que ele, de alguma forma, sabia o que ia acontecer. Dois dias antes de sua partida inesperada, ele, como um avô sábio reunindo seus filhos e netos, nos fez sentar e disse que tinha algo importante para dividir conosco. Disse que poderia parecer estranho o fato de dar conselho aos próprios pais, mas que se sentia impelido a fazer isso. Geralmente Ali falava muito pouco, mas dessa vez ele não se apressou e passou a maior parte do tempo dizendo a Nibal, a Aya e a mim o que mais apreciava em nós. Ele nos agradeceu gentilmente pelas nossas contribuições para a sua vida. Suas palavras alegraram nossos corações, e então ele pediu a cada um de nós que fizéssemos determinadas coisas.

Seu pedido para mim foi: "Nunca pare de trabalhar, pai. Faça a diferença e confie mais em seu coração. O seu trabalho aqui não terminou." Ele então fez uma pausa de alguns segundos, recostou-se na cadeira – como se fosse falar *Mas o meu trabalho aqui agora terminou* – e completou: "É isso. Não tenho mais nada a dizer".

Este livro é minha tentativa de cumprir a tarefa que me foi dada pelo meu ídolo de felicidade. Enquanto eu viver, farei da felicidade global a minha missão pessoal, o meu *moonshot*, a minha expedição à lua para Ali.

Parte Um

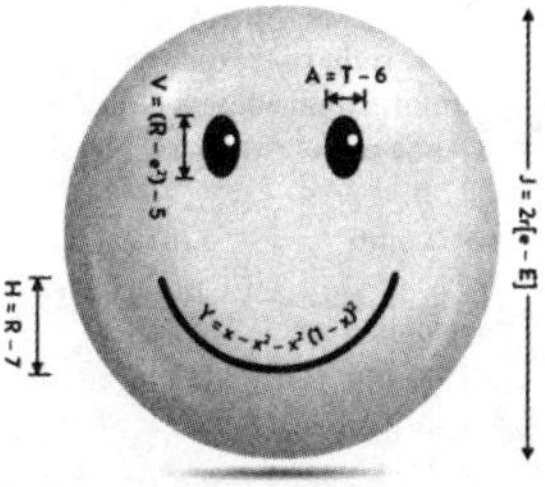

A felicidade no mundo moderno está cercada de mitos. Muito do que entendemos por felicidade e onde encontrá-la é uma ideia distorcida.
Quando você sabe o que está procurando, a busca se torna fácil. Pode demorar se livrar de velhos hábitos, mas, desde que você se mantenha no caminho, vai chegar lá.

Capítulo Um

Configurando a equação

Não importa se você é rico ou pobre, alto ou baixo, homem ou mulher, jovem ou velho. Não importa de onde você vem, o que você faz para ganhar a vida, que língua você fala, ou que tragédias você enfrentou. Onde quer que você esteja, quem quer que você seja, **você quer ser feliz**. Esse é um desejo humano quase tão básico quanto o impulso de respirar.

Felicidade é aquele sentimento glorioso quando tudo parece certo, quando todas as voltas, reviravoltas e pontas soltas da vida parecem se encaixar perfeitamente. Nesses momentos geralmente muito breves de genuína felicidade, todos os pensamentos são agradáveis, e não faria muita diferença se o tempo parasse e o momento presente se estendesse para sempre.

O que quer que tenhamos escolhido fazer na vida é, em última análise, uma tentativa de encontrar esse sentimento e fazê-lo durar. Algumas pessoas procuram por ele no romance, enquanto outras o procuram na riqueza ou na fama, e outras ainda em alguma forma de realização pessoal. Entretanto, nós todos conhecemos pessoas que são profundamente amadas, conseguem grandes coisas, viajam pelo mundo, se apossam de todas as coisas que o dinheiro pode comprar, gozam de todas as regalias e ainda assim correm atrás do esquivo objetivo da satisfação, do contentamento, e da paz – também conhecido como felicidade.

Por que algo tão básico é tão difícil de achar?

A verdade é que não é. **Nós só estamos procurando nos lugares errados.**

Pensamos na felicidade como um destino a ser alcançado, quando de fato ela está onde nós todos começamos.

Você já procurou suas chaves por toda parte e viu que elas estavam o tempo todo no seu bolso? Lembra quando você tirou tudo da sua escrivaninha, procurou debaixo do sofá e foi ficando cada vez mais frustrado por não conseguir encontrá-las? Nós fazemos o mesmo quando tentamos encontrar a felicidade "lá fora" quando, de fato, ela está exatamente onde sempre esteve: dentro de nós, uma característica básica da nossa espécie.

Nossa configuração-padrão

Veja o seu computador, smartphone ou outros aparelhos. Todos eles vêm com preferências predeterminadas pelos designers e programadores. Há certo nível de claridade na tela, digamos, ou uma linguagem localizada de interface com o usuário. Um aparelho saído da fábrica, configurado da forma que seus criadores acham melhor, está numa "configuração-padrão".

Para os seres humanos, pura e simplesmente, a configuração padrão é a felicidade.

Se você não acredita em mim, passe um tempinho com um ser humano recém-saído da fábrica, isto é, um bebê ou uma criança pequena. Obviamente, há muito choro e rebuliço associados à fase inicial dos pequenos seres humanos, mas o fato é que, desde que suas necessidades básicas sejam atendidas – se não estão com fome ou com medo, se não se sentem abandonados, com dor nem estão há muitas e muitas horas sem dormir – eles vivem cada momento perfeitamente felizes. Mesmo em lugares miseráveis do mundo, você pode ver crianças com rostinhos sujos usando pedrinhas como brinquedos ou segurando um prato rachado de plástico como sendo o volante de um carro esportivo imaginário. Elas podem viver num casebre, mas desde que tenham comida e um mínimo de segurança, você as verá correndo e gritando alegremente. Mesmo em coberturas jornalísticas de campos de refugiados, onde milhares foram expulsos de suas casas pela guerra ou por algum desastre natural, os adultos na frente das câmeras se mostram desalentados, mas no fundo você consegue ouvir sons de crianças rindo enquanto jogam futebol com uma bola feita de pano.

Mas não são só as crianças. Esta configuração-padrão se aplica também a você.

Relembre sua própria experiência. Pense num tempo em que nada o aborrecia, nada o preocupava, nada o deixava nervoso. Você era feliz, calmo e relaxado. A questão é que você não precisava de um *motivo* para ser feliz. Não precisava que o seu time fosse campeão do mundo. Não precisava de uma grande promoção, de um encontro apaixonado ou de um iate com lugar de pouso para helicóptero. Só o que você precisava era não ter motivos para ser *infeliz*. O que é uma outra maneira de dizer:

Lembre-se!

Felicidade é a ausência de infelicidade.

É nosso estado de repouso quando nada tolda a imagem ou causa interferência.

Lembre-se!

Felicidade é a *sua* configuração-padrão.

Quando você usa um aparelho programado, às vezes altera as configurações-padrão sem querer, às vezes de tal modo que certas funções se tornam mais difíceis de usar. Você instala um aplicativo que frequentemente se conecta com a internet, e a vida da sua bateria diminui. Você baixa um vírus, e tudo começa a ficar confuso. A mesma coisa acontece com a configuração-padrão dos seres humanos para felicidade. Pressão dos pais ou da sociedade, crenças religiosas e expectativas irreais surgem e modificam parte da programação original. O "você" que começou balbuciando alegremente no berço, brincando com os dedos dos pés, se envolve numa enxurrada de falácias e ilusões. A felicidade se torna um objetivo misterioso que você busca, mas não consegue alcançar, em vez de algo que está simplesmente ali presente toda manhã quando você abre os olhos.

Se fôssemos fazer uma representação disso, os momentos em que você se sente infeliz são como estar soterrado sob uma pilha de pedras feitas de ilusões, pressões sociais e crenças falsas. Para alcançar a felicidade, você precisa remover essas pedras uma por uma, começando com algumas de suas crenças mais básicas.

Como qualquer pessoa que já teve de lidar com assistência técnica sabe, muitas vezes o primeiro passo para consertar um aparelho é restaurar as configurações de fábrica. Mas, ao contrário de nossos aparelhos, nós, seres humanos, não temos um botão de reiniciar. No lugar dele, temos a capacidade de desaprender e reverter os efeitos do que deu errado ao longo do caminho.

De onde veio a ideia de que temos que procurar a felicidade fora de nós, lutar por ela, buscá-la, alcançá-la ou até mesmo merecê-la? Por que entendemos tão mal as coisas a ponto de aceitar que a felicidade só toca muito de leve as nossas vidas? Por que abdicamos do nosso direito a sermos felizes?

A resposta pode surpreender você: *Talvez tenhamos sido* **treinados a fazer isso.**

Resolva a equação da felicidade

Você pode ter recebido um conselho sensato como o que a minha mãe me deu, de que eu deveria estudar e trabalhar muito, economizar e estar disposto a adiar certas formas de gratificação a fim de atingir determinadas metas. O conselho dela, sem dúvida, contribuiu muito para o meu sucesso. Mas eu o interpretei mal. Achei que ela estava dizendo que eu precisava adiar a felicidade ao longo do caminho. Ou que a felicidade ia ser o resultado do sucesso que eu tivesse alcançado.

Algumas das comunidades mais felizes do mundo estão, na realidade, nos países mais pobres, onde as pessoas não parecem pensar muito em segurança financeira ou no que nós consideramos sucesso. Elas trabalham para ganhar o que necessitam a cada dia. Fora isso, priorizam sua felicidade e passam o tempo na companhia da família e dos amigos.

Não estou querendo idealizar uma vida que parece exótica e animada mas que está abaixo da linha da pobreza. Mas podemos aprender com essa maneira de encontrar felicidade no dia a dia, independentemente da condição econômica.

Não tenho nada contra o sucesso material. O progresso humano sempre foi impulsionado por uma curiosidade inata, mas também pelo desejo perfeitamente razoável de armazenar recursos suficientes para sobreviver ao inverno ou a uma seca ou a uma colheita ruim. Milhares de anos atrás, quanto mais território sua família ou sua tribo controlavam e quanto melhores fossem suas habilidades para caçar e colher, melhores as suas chances de sobreviver. Assim, a ideia de se sentar debaixo de uma mangueira sem fazer nada perdeu terreno para a ideia de inovar e se esforçar um pouco, expandindo o próprio território e juntando um excedente, só para se precaver.

À medida que a civilização se desenvolveu, mais território e mais riqueza geralmente significavam melhores condições de vida e a perspectiva de uma vida mais longa. Eventualmente, o capitalismo chegou, reforçado pela ética protestante, que fez da prosperidade um sinal do favorecimento de Deus. O esforço e a responsabilidade individuais permitiram o aumento do que nós agora chamamos de desigualdade de renda, o que aumentou o incentivo para trabalhar ainda mais, nem que fosse só para evitar ser ultrapassado e atropelado pelos outros. E uma vez que você sobe na vida, com certeza não quer voltar para trás. Porque à medida que aumentou a competição, os mecanismos tradicionais de apoio que haviam proporcionado segurança por intermédio da família ou da aldeia se deterioraram.

A era que antecedeu a nossa passou pela Grande Depressão e por duas guerras mundiais em rápida sucessão, e, nesse período, mesmo aqueles que estavam no topo da pirâmide em termos de renda tiveram que se preocupar com o básico. Em consequência disso, a privação moldou as prioridades de toda uma geração, enfatizando a ideia de que o mais importante na vida era nunca mais enfrentar aquele tipo de dificuldade. *A "apólice de seguro" mais amplamente adotada e passada adiante era chamada de "sucesso".*

Quando o século XX deu lugar ao século XXI, cada vez mais a classe média passou a criar seus filhos para acreditar que o único caminho lógico era ficar anos em instituições educacionais para adquirir competências a serem aplicadas durante uma vida inteira de trabalho duro na tentativa de obter segurança. Nós aprendemos a fazer desse caminho a nossa prioridade, mesmo que ele nos tornasse infelizes, contando com a promessa de que quando finalmente alcançássemos o que a sociedade definia como sucesso, então, por fim, seríamos felizes.

Ora, pergunte a si mesmo: quantas vezes você vê isso realmente acontecer? E, ao contrário, quantas vezes você vê um banqueiro ou empresário bem-sucedido que está nadando em dinheiro mas parece ser infeliz? Quantas vezes você sabe de casos de suicídio de pessoas que aparentemente "têm tudo"? Por que você acha que isso acontece? Porque a premissa básica está errada: sucesso, riqueza, poder e fama não levam à felicidade. Aliás:

Lembre-se!

O sucesso não é um pré-requisito essencial para a felicidade.

O trabalho de Ed Diener e Richard Easterlin sobre a correlação entre bem-estar subjetivo e renda sugere que, nos Estados Unidos, bem-estar subjetivo aumenta proporcionalmente de acordo com a renda – mas só até certo ponto. Sim, é horrível ter que trabalhar em dois empregos para poder morar num apartamento mínimo e ter um carro velho enquanto paga seus empréstimos estudantis. Mas quando sua renda alcança a renda média anual per capita, que hoje nos Estados Unidos está em cerca de 70 mil dólares, o bem-estar subjetivo se estabiliza. É verdade que ganhar menos pode diminuir seu sentimento de bem-estar, mas ganhar *mais* não vai necessariamente deixar você mais feliz![1] Isso sugere que todas as coisas caras que os anunciantes dizem que são a chave para a felicidade – um celular melhor, um carro luxuoso, uma casa enorme, um guarda-roupa de grife – não são na verdade tão importantes.

Não só riqueza, poder e um monte de brinquedos não são pré-requisitos para a felicidade; a realidade é que a cadeia de causa e efeito funciona realmente ao contrário. Andrew Oswald, Eugenio Proto e Daniel Sgroi, da Universidade de Warwick, verificaram que ser feliz tornava as pessoas cerca de 12% mais produtivas e, por isso mesmo, com mais probabilidade de progredirem.[2] Portanto:

Lembre-se!

Embora o sucesso não leve à felicidade, a felicidade contribui para o sucesso.

No entanto, nós continuamos a buscar o sucesso como nosso principal objetivo. Um dos primeiros psicólogos a prestar atenção em indivíduos felizes e sua trajetória psicológica foi Abraham Maslow. Em 1933, ele resumiu nossa busca pelo sucesso num frase profunda: "A história da raça humana é a história de homens e mulheres depreciando a si mesmos."

Embora um nível razoável de sucesso seja comum na nossa sociedade, aqueles que atingem os níveis mais altos geralmente têm uma coisa em comum, uma coisa que os diferencia do grupo. Todos eles, quase compulsivamente, amam aquilo que fazem. Muitos atletas, músicos e empresários bem-sucedidos alcançaram o sucesso porque amam tanto aquilo que fazem que se tornam especialistas naquilo só porque a atividade em si os deixa felizes. Como Malcolm Gladwell diz no livro *Fora de série*, se você passa 10 mil horas fazendo uma coisa, você se torna um dos melhores do mundo naquilo que faz.[3] E qual é a maneira mais fácil de passar tantas horas fazendo uma única coisa? Fazer algo que o torna feliz! Isso não seria melhor do que passar a vida inteira tentando alcançar o sucesso na esperança de que ele eventualmente conduza à felicidade? No trabalho, na nossa vida pessoal, nos nossos relacionamentos ou na vida amorosa, *no que quer que façamos*, nós deveríamos ir direto ao ponto:

Lembre-se!

Resolva a equação da felicidade.

O que é felicidade?

Quando eu estava no fundo do poço, em 2001, compreendi que jamais iria recuperar a felicidade que era minha por direito se ao menos não soubesse o que estava procurando.

Então, como engenheiro, comecei a desenvolver um processo simples de juntar os dados que precisava para determinar o que me fazia feliz. Primeiro, no entanto, hesitei porque a técnica era tão simples que parecia quase infantil. Mas então me ocorreu: se nosso modelo de configuração-padrão da felicidade humana é o bebê ou a criança pequena, talvez "infantil" ou "pueril" não seja uma coisa assim tão má.

Comecei simplesmente documentando cada ocasião em que me sentia feliz. Chamei isso de minha **Lista Feliz.** Você pode fazer a mesma coisa. De fato, por que não dar uma pausa agora mesmo, pegar papel e lápis e anotar algumas das coisas que o fazem feliz. Em termos de tarefas, essa não é muito difícil. A lista pode ser apenas uma curta sucessão de frases que vão direto ao ponto e completam a sentença abaixo:

"Eu me sinto feliz quando ______________________."

Não seja tímido. Não há motivo para ser sentir inibido porque ninguém jamais precisa ver a sua lista. Você pode incluir as coisas óbvias, como coçar o pescoço do seu cachorro ou ver um lindo pôr do sol, e coisas simples como conversar com seus amigos ou comer ovos mexidos. Não existem respostas erradas. Escreva tantas quantas você consiga lembrar.

Quando terminar, pelo menos como um primeiro passo, volte e sublinhe alguns tópicos que, se você fosse obrigado a estabelecer prioridades, estariam no topo da lista das coisas que o fazem mais feliz. Esta lista de prioridades será muito útil em nossas discussões mais adiante.

Aqui vão algumas boas notícias: o próprio ato de criar sua Lista Feliz já é uma experiência muito boa, tanto que, quando você terminar, deverá sentir-se revigorado e animado. Eu trabalho na minha lista pelo menos uma vez por semana, acrescentando coisas novas. Não só isso me faz sorrir, mas me ajuda a cultivar algo que os psicólogos dizem que contribui para a felicidade a longo prazo: uma atitude de gratidão, que ocorre quando você reconhece a verdade a respeito da nossa vida moderna e o fato de que existem muitos motivos para ser feliz, afinal de contas.

Então vá em frente e divirta-se. Vou fazer um café e esperar por você. (*Por falar nisso, eu me sinto feliz quando tomo uma xícara de café com toda a calma!*)

A equação da felicidade

Meu palpite é que sua lista consistiu quase inteiramente de momentos comuns da vida – um sorriso no rosto do seu filho, o aroma de café quente de manhã, coisas que acontecem todo dia.

Então qual é o problema? Se o que provoca momentos felizes é tão comum e acessível, por que "encontrar" felicidade continua sendo um desafio tão grande para tanta gente? E por que, quando nós a "encontramos", ela desaparece com tanta facilidade?

Quando engenheiros se deparam com um conjunto de dados brutos, a primeira coisa que fazemos é formar um diagrama com eles e tentar achar uma linha tendencial. Então vamos aplicar isso à nossa Lista Feliz e encontrar o padrão comum entre os diferentes exemplos de felicidade citados nela. Você consegue enxergar a tendência?

Os momentos que o deixam feliz podem ser muito diferentes dos momentos que me deixam feliz, mas a maioria das listas vai convergir para a seguinte proposição: a felicidade ocorre quando a vida parece estar indo do seu jeito. Você se sente feliz quando *a vida se comporta do jeito que você quer que ela se comporte*.

Obviamente, o oposto também é verdadeiro: a infelicidade ocorre quando a sua realidade não corresponde às suas expectativas. Quando você espera que faça sol no dia do seu casamento, uma chuva *inesperada* representa uma traição cósmica. A sua infelicidade com essa traição pode durar para sempre, esperando para ser revivida sempre que você se sentir triste ou zangado com seu cônjuge. "Eu devia ter desconfiado! *Choveu* no dia do nosso casamento!"

A forma mais fácil para um engenheiro expressar essa definição de felicidade é numa equação: a **Fórmula da Felicidade**.

$$\text{Felicidade} \geq \text{Sua percepção dos Acontecimentos da sua vida} - \text{Suas Expectativas de como sua vida deveria ser}$$

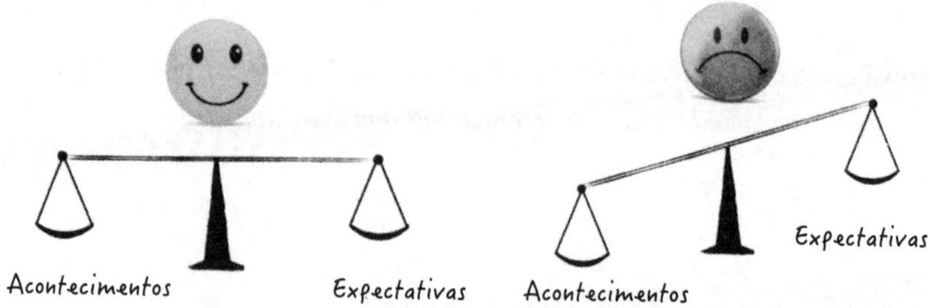

Isso significa que se você percebe os acontecimentos como iguais ou maiores do que suas expectativas, você é feliz – ou pelo menos não é infeliz.

Mas aqui está o complicador: não é o acontecimento que nos deixa infelizes; é o modo como o encaramos que faz isso.

Felicidade num pensamento

Há um teste simples que uso para reafirmar esse conceito. É o **Teste do Cérebro em Branco**. É muito simples. Relembre um momento em que você se sentiu infeliz. Por exemplo: *Fiquei infeliz quando um amigo foi indelicado comigo*. Não se apresse e reflita sobre esse pensamento, revirando-o em sua cabeça e ficando tão infeliz quanto puder. Fique remoendo essa ideia do mesmo modo que costumamos fazer quando deixamos pensamentos como esse estragarem o nosso dia.

Leve um tempinho para encontrar um pensamento desses – e, por favor, aceite minhas desculpas por estar pedindo para você pensar em algo que o aborrece. Agora aplique o Teste do Cérebro em Branco: sem mudar nada no mundo real, remova o pensamento – mesmo que seja só por um instante. Como fazer isso? Ocupe o seu cérebro com outro pensamento (leia algumas linhas de um texto como você está fazendo agora ou ponha uma música para tocar alto e cante junto). Ou tente a Teoria do Processo Irônico, na qual você acaba se obrigando a pensar em algo tentando não pensar naquilo. Fique repetindo para si mesmo *Não pense em sorvete, Não pense em sorvete...* até não conseguir pensar em nada mais além de sorvete.

Como você se sente agora? Durante o breve momento em que parou de pensar no comportamento indelicado do seu amigo, você ficou aborrecido? Imagino que não. Embora nada tenha mudado a não ser o seu pensamento, houve uma mudança no seu estado de ânimo. Nada mudou quanto à atitude do seu amigo, mas você não se sentiu mais tão mal. Dá para entender o que isso significa? Depois que o pensamento vai embora, o sofrimento desaparece!

Quando uma pessoa ofende você, ela não pode deixá-lo infeliz de verdade, a menos que você transforme esse acontecimento num pensamento, depois fique remoendo-o em seu cérebro e então permita que ele o perturbe.

Lembre-se!

É o pensamento, não o acontecimento em si, que está deixando você infeliz.

Mas pensamentos nem sempre são uma representação fiel dos acontecimentos reais. Então uma ligeira mudança no modo de pensar pode ter um impacto drástico em nossa felicidade. Sei disso porque um dos momentos mais felizes da minha vida foi quando o meu lindo Saab *teve perda total* numa colisão.

Eu amava aquele carro. Era um Turbo 900 de um verde brilhante, tipicamente inglês, com uma capota macia bege, e um dia Nibal saiu com ele e acabou batendo de frente com um caminhão. Meu brinquedo se foi, mas fiquei radiante de felicidade porque o airbag e todos os itens de segurança que o Saab era famoso por ter tinham funcionado exatamente como planejado, e Nibal não sofreu nem um arranhão. Perdi meu carro, mas e daí? Minha esposa amada saiu ilesa do acidente!

Agora imaginem: se Nibal tivesse estacionado o carro em algum lugar e ele fosse destruído por um caminhão, eu teria ficado desolado. Os resultados teriam sido os mesmos – carro destruído e Nibal a salvo –, mas minha experiência do acontecimento teria sido muito diferente. O acontecimento em si foi irrelevante. O que importou foi o modo como o encarei.

Então aqui vai a pergunta de 50 milhões de dólares: se os acontecimentos permanecem como são, mas mudar o modo como pensamos a respeito deles muda o que sentimos em relação a eles, poderíamos ficar felizes simplesmente mudando nossos pensamentos?

É claro! É isso que já acontece o tempo todo.

Quando uma pessoa que lhe fez uma grosseria pede desculpas, o pedido de desculpas não apaga o fato, mas faz com que você se sinta melhor, simplesmente porque o gesto muda a sua forma de pensar sobre o que aconteceu. Ele cria um melhor alinhamento entre o mundo interno emocional e o mundo externo dos eventos e equilibra a sua Fórmula da Felicidade. Você começa a concordar com o mundo. Assim, a vida se torna mais parecida com o que você deseja que ela seja, e você se sente feliz de novo – ou pelo menos deixa de se sentir infeliz.

A mesma reviravolta acontece quando você descobre que a pessoa não quis dizer aquilo ou que você interpretou mal o que ela disse. Nem uma sílaba do que foi dito mudou, mas mudou a forma de você pensar no que foi dito, equilibrando a equação e não deixando motivos para a infelicidade.

Existe ampla evidência de que nós podemos realmente gerenciar nossos pensamentos. Nós fazemos isso sempre que nos pedem para completar uma determinada tarefa (por exemplo, o que você está fazendo agora ao instruir o seu cérebro a ler estas linhas). Nós dizemos ao nosso cérebro exatamente o que fazer e ele obedece. Ao pé da letra!

Dor *versus* sofrimento

Assim como nossa Lista Feliz consiste principalmente em coisas comuns, existem muitos momentos na nossa vida diária dos quais não gostamos. Até os bebês, nosso modelo de configuração-padrão de felicidade, ficam mal-humorados com várias coisas: fraldas molhadas, serem deixados sozinhos por muito tempo, fome, dormir pouco. Esses momentos de desconforto podem ser curtos, mas servem a um objetivo prático, crucial. O desconforto de uma fralda molhada faz o bebê chorar, o que faz com que a mãe, o pai ou a babá mude a fralda, o que significa que o problema é resolvido antes de causar uma assadura. Assim que o desconforto imediato desaparece, o bebê volta a ficar feliz.

Da mesma forma, a maior parte dos desconfortos diários da vida adulta não apenas é passageiro, mas também útil. O vazio no estômago faz com que a pessoa coma. O mau humor causado pela insuficiência de sono faz com que vá para a cama. A espetadela de um espinho faz com que se recolha o dedo, a dor de um tornozelo torcido faz com que o deixemos em repouso para que ele possa ficar curado. Até mesmo uma forte dor física existe como uma forma importante de troca de mensagens entre nosso sistema nervoso e nosso ambiente físico. Sem dor para nos ajudar a evitar perigos, nós iríamos fazer, sem querer, todo tipo de coisas para nos machucar, e jamais teríamos sobrevivido.

Lembre-se!

Por mais que os detestemos, a dor e os desconfortos da vida são úteis!

Nós sentimos dor – e nos curamos. Você queima o dedo, coloca um pouco de gelo nele e pronto. Quando o tecido começa a se recompor e a inflamação ou irritação vai embora, a dor cumpriu seu objetivo. O cérebro não sente mais a necessidade de proteger a região machucada, então ele retira os sinais, e adeus dor. É por isso que, fora um ferimento sério ou uma doença crônica, a dor física normalmente não é impedimento para a felicidade.

Pode ser menos óbvio, mas a dor emocional diária é semelhante no sentido em que também tem uma função de sobrevivência. Ser deixado sozinho por muito tempo pode ser perigoso para um bebê, então a solidão prolongada se torna assustadora, e ele chora para chamar o responsável. Como adultos, o sentimento doloroso de isolamento, também conhecido como solidão, assinala que talvez precisemos mudar nosso modo de agir, procurar mais as pessoas e tentar com mais afinco nos conectar. Sentimentos dolorosos de ansiedade podem nos estimular a nos preparar seriamente para algum exame ou apresentação. Sentimentos de culpa ou vergonha podem nos levar a pedir desculpas e melhorar, restabelecendo assim importantes elos sociais.

Quando você sente desconforto emocional, fica um pouco magoado por alguns minutos, horas ou dias, dependendo da intensidade da experiência. Mas quando você para de pensar nisso, o sentimento de mágoa vai embora. Quando o tempo passa e a lembrança desaparece, você consegue admitir e aceitar o que sentiu, extrair a lição que puder do fato e seguir em frente. **Quando a dor não é mais necessária, ela desaparece naturalmente**.

Mas não é assim com o sofrimento.

Quando deixamos, a dor emocional, até mesmo a mais trivial, tem a capacidade de ficar remoendo ou de vir à tona muitas e muitas e muitas vezes, enquanto nossa imaginação reproduz interminavelmente a razão para a dor. Quando *escolhemos* deixar que isso aconteça é que modificamos nossa configuração-padrão para felicidade e reiniciamos a preferência para *sofrimento desnecessário*.

A força da imaginação também permite que aumentemos o sofrimento, se assim o quisermos, acrescentando nossa própria dor *simulada*: "Eu sou um idiota por ter ofendido o meu amigo. Eu não sirvo para nada. Eu mereço ser castigado e sofrer." A camada adicional de diálogo interno só leva a um sofrimento mais profundo e mais longo, fazendo-nos remoer a história até que ela nos deixe infelizes. Mas não se engane, a infelicidade que sentimos então não é produto do mundo à nossa volta – o acontecimento já terminou enquanto nós continuamos a sofrer. É obra do nosso próprio cérebro. Nesse sentido:

Lembre-se!

> **Nós deixamos nosso sofrimento se arrastar como uma forma de dor autoimposta.**

Nem todo pensamento do mundo, enquanto não for convertido em ação, tem impacto na realidade de nossas vidas. Ele não muda os acontecimentos de modo algum. O único impacto que ele tem é dentro de nós, na forma de sofrimento e tristeza desnecessários. Antecipar coisas horríveis no futuro ou ruminar a respeito de momentos horríveis do passado não é a experiência útil, instrutiva e inevitável da dor do dia a dia. Essa *extensão* prolongada da dor é um sério vírus em nosso sistema porque:

Lembre-se!

Sofrer não traz nenhum benefício. Nenhum!

O interessante é que, assim como temos a capacidade de nos entregar ao sofrimento, também temos a capacidade de corrigir as falhas dos nossos sistemas de dor se quisermos. Mas nem sempre fazemos essa escolha.

Imagine que você precisa tratar o canal de um dente e o dentista lhe oferece (a) o procedimento-padrão, com alguns dias de recuperação; ou (b) um tratamento de canal com dias adicionais de dor lancinante. Por que motivo você escolheria (b)?

Sinto dizer, mas todo dia milhões de pessoas fazem exatamente isso: elas efetivamente escolhem o tratamento de canal com mais dor. Tudo começa quando você aceita a ideia que lhe vem à cabeça como uma verdade absoluta. Quanto mais se apega a esse pensamento, mais você prolonga a dor.

No dia em que meu filho adorado partiu, tudo escureceu. Eu achei que tinha o direito de sofrer pelo resto da minha vida, que não havia outra escolha a não ser fechar a porta e apodrecer. Na realidade, eu tinha duas escolhas possíveis: (a) eu podia escolher sofrer pelo resto da minha vida, e isso *não* traria Ali de volta; ou (b) eu podia escolher sentir a dor, mas interromper os pensamentos infelizes, fazer tudo que pudesse para honrar a memória dele, e isso ainda *não* traria Ali de volta – embora pudesse tornar o mundo um pouco mais fácil de suportar. Duas escolhas. Qual delas você escolheria?

Eu escolhi (b).

Por favor, não me entenda mal. Sinto saudade de Ali em todos os minutos de todos os dias. Sinto saudade do sorriso dele e do abraço confortador nas vezes que mais precisei deles. Essa dor é *muito* real, e imagino que ela vai durar para sempre. Mas não resisto a ela. Não tenho pensamentos incessantes de sofrimento em meu cérebro para aumentá-la. Não amaldiçoo a vida nem me comporto como vítima. Não me sinto enganado. Não sinto ódio nem raiva do hospital ou do médico, e não culpo a mim mesmo por tê-lo levado para lá. Esses pensamentos não adiantam nada. **Eu escolho não sofrer**. Isso me ajuda a colocar a vida em perspectiva e seguir em frente de forma positiva, enviando meus melhores votos para Ali e mantendo viva uma lembrança alegre dele.

Você faria essa escolha numa situação difícil? Supondo que você pudesse e que isso fosse possível, **você escolheria pôr fim ao seu sofrimento?** Eu entendo que você possa ter passado por coisas terríveis na vida, a dor da perda, doença ou privação. Mas, por favor, não deixe que esses pensamentos o convençam de que você *tem que sofrer*, de que você não merece ser feliz.

Lembre-se!

A felicidade começa com uma escolha consciente.

A vida não prega peças; ela é apenas dura, às vezes. Mas mesmo então nós temos duas escolhas: ou fazemos o melhor que podemos, aceitamos a dor e interrompemos o sofrimento, ou sofremos. Qualquer que seja a escolha, a vida ainda será dura.

Não se esqueça disso. **Você sabe *o que* fazer**. Agora vou mostrar *como* fazer.

Capítulo Dois

6-7-5

Um pensamento pode causar anos de sofrimento. Sementes de pensamento crescem até se tornarem monstros raivosos. Ainda assim, nós acreditamos em nossos pensamentos e deixamos que eles nos dominem. A felicidade depende inteiramente do modo como controlamos cada pensamento.

Mas ao contrário do que se acredita comumente, nós não temos apenas dois estados de espírito – felicidade e tristeza. Dependendo dos tipos de pensamento que temos, podemos cair num amplo espectro de estados de espírito:

- Permita que os seus pensamentos sejam afetados por ilusões e você ficará preso no *estado de confusão*.
- Tenha pensamentos negativos e você acabará no *estado de sofrimento* (infelicidade).
- Interrompa seus pensamentos por meio de diversão e você vai cair no *estado de evasão*.
- Tenha pensamentos positivos e aceite os acontecimentos da vida e você alcançará o *estado de felicidade*.
- Erga-se acima da confusão de pensamentos, aceite a vida como ela realmente é e você vai viver permanentemente em *estado de alegria*.

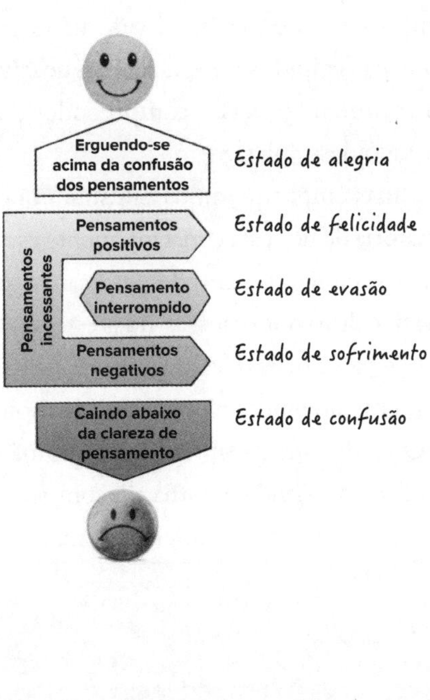

Compreender a diferença entre esses estados e as razões que fazem você terminar num ou noutro vai ajudá-lo a construir um modelo sólido de felicidade – um modelo que vai conduzi-lo até ela toda vez que você se utilizar dele. Vamos investigar cada um desses estados em detalhe, começando de baixo e subindo até o estado de alegria.

O estado de confusão

Você às vezes sente que a tristeza o sufoca como se você estivesse preso em areia movediça? Você às vezes sente que é incapaz de dissipar a névoa que o cerca, que tolda a sua visão e prejudica o seu julgamento? Quando você acha que a vida está contra você e sua infelicidade é merecida, está no estado de confusão.

Nossa confusão é causada por ilusões que aprendemos a aceitar desde a mais tenra infância. Nós aprendemos a navegar no mundo acreditando que as ilusões são reais. Quando você permite que essas ilusões penetrem sua interpretação do mundo à sua volta, seu julgamento vai carecer de objetividade, suas tentativas de resolver a equação da felicidade vão sempre produzir resultados incorretos, e a confusão resultante vai levar a um sofrimento profundo. Por que nós aprendemos a viver com essas ilusões, antes de mais nada?

Imagine que pediram para você dar uma volta lentamente numa pista de corrida vazia. Você, assim como a maioria dos motoristas, iria provavelmente se dar bem mesmo sem entender os fundamentos de mecânica ou da lei da gravidade que afetam o trajeto. É quando as coisas dão errado, ou se tornam desafiadoras, que o comportamento desinformado não é mais suficiente. Se a pista ficasse cheia de motoristas rápidos e a única saída possível fosse correr até a linha de chegada, você iria realmente precisar compreender a fundo como o carro funciona, se quisesse sair vivo dessa pista.

Um exemplo que ajuda a ilustrar por que as coisas dão errado é a Ilusão do Tempo. A maioria de nós está constantemente estressada pela natureza ilusória do tempo. Nós ficamos sem tempo, nós desperdiçamos tempo e achamos que ele passa mais rápido a cada dia, devorando nossas vidas estressantes enquanto somos incapazes de fazer com que ele passe mais devagar ou pare. O ritmo implacável nos sobrecarrega. Ele parece realmente uma pista rápida cheia de motoristas doidos.

Quando estamos aprisionando numa ilusão, não adianta tentar resolver a equação da felicidade. A vida se torna tão confusa que nós nem tentamos. Começamos a aceitar que nosso destino é ser infelizes. Então nosso sofrimento dura mais e é mais profundo.

O estado de sofrimento

Quando um pensamento triste nos vem à mente, nós sofremos. Nós o ficamos remoendo. Por que deixamos pensamentos prolongarem nossa dor quando tudo o que realmente queremos é ser felizes? Por que nos permitimos ficar preocupados com o resultado de um teste quando a preocupação não vai ter nenhum impacto no resultado final? Por que recordamos obsessivamente um incidente do passado, nos atormentando com remorsos, quando nosso sofrimento não pode mudar o que já aconteceu? Por que deixamos que nossos pensamentos nos privem da nossa configuração-padrão – ser felizes?

Manter vivos nossos pensamentos negativos, ao que parece, é apenas parte do design original do cérebro humano. Os ciclos intermináveis de pensamentos incessantes estão lá para servir o nosso instinto mais básico: **sobrevivência.**

Nos ambientes hostis onde nossos ancestrais moravam, eles precisavam de respostas do tipo *lutar* ou *fugir* para sobreviver. As regras básicas eram essas: é mais seguro ver algo como uma ameaça quando não é do que ver algo como seguro quando é uma ameaça. E é melhor fazer isso rápido. Por isso, o cérebro deles lidava com a informação que o mundo real fornecia para eles de uma forma que era suficiente para sobreviver, embora não fosse um reflexo fiel da verdade.

A programação de sobrevivência original da humanidade permanece até hoje. Quando avaliamos um acontecimento, nosso cérebro tende a errar por excesso de precaução. Tendemos a considerar o pior cenário para nos prepararmos para ele, e tendemos a transformar a verdade de modo que nosso cérebro limitado possa processá-la de forma rápida e eficiente. Está tudo muito bem até você perceber quantas vezes isso leva à infelicidade.

Embora alguns acontecimentos realmente não correspondam às nossas expectativas, geralmente damos atenção excessiva a alguns que não merecem essa atenção. A maioria dos acontecimentos, quando vistos com objetividade, é absolutamente consistente com o que *deveríamos* esperar da vida. Não há nada, absolutamente nada, realmente *errado* em relação a esses acontecimentos, a não ser talvez o modo como pensamos a respeito deles.

Mantemos esses acontecimentos vivos e dolorosos, e ficamos presos a eles, sofrendo, acreditando que nossas percepções *imaginárias* frustraram nossas expectativas.

O design original do cérebro humano incluiu características que assegurassem a sobrevivência da nossa espécie. Essas mesmas características se tornaram *pontos cegos* que iludem o modo como o nosso cérebro funciona hoje. Perturbado, nosso cérebro raramente nos diz a verdade, e isso arruína constantemente nossa Fórmula da Felicidade.

No momento que eu revelar, nesta nossa conversa, os pontos cegos e mostrar como repará-los será muito *divertido*.

O estado de evasão

Por falar em diversão, o passatempo favorito do mundo moderno, aqui vai uma ideia errada que nos afasta da felicidade que buscamos: **muitas vezes o que pensamos que é felicidade na realidade não é!**

Às vezes deixamos de perceber a distinção entre *felicidade* e *diversão*. Trocamos nossa felicidade verdadeira por armas de distração em massa: festas, bebidas, comida, compras em excesso ou sexo compulsivo.

Em termos biológicos, sentir-se bem tem um papel importante como parte da nossa máquina de sobrevivência. O cérebro humano usa isso para impulsionar comportamentos de sobrevivência que não estão relacionados a perigos imediatos. Para conseguir isso, o cérebro enche nosso corpo de serotonina, oxitocina e outras substâncias químicas que causam prazer durante ações que ele quer nos encorajar a realizar com mais frequência. Reprodução, por exemplo, é vital para a nossa espécie, mas viver sem filhos não representa nenhum perigo imediato para pais em potencial. Sem o prazer associado ao sexo, essa função de sobrevivência tão importante teria sido ignorada. Fazer sexo nos dá prazer – e isso leva a nossa espécie a se reproduzir e multiplicar.

Então a diversão é útil, mas algumas pessoas buscam se divertir em desespero, *como fuga*, porque estão com medo de seus pensamentos complicados. Nesse sentido, a diversão que elas buscam é como um ***analgésico*** para aliviar o sofrimento. Diversão é um analgésico eficaz porque ela imita a felicidade, desligando o pensar incessante que sobrecarrega nosso cérebro – por um tempo.

Lembre-se!

Sem os pensamentos, nós voltamos à nossa configuração-padrão: felicidade!

Assim que o prazer imediato desaparece, entretanto, os pensamentos negativos voltam e restabelecem o sofrimento. E por isso estamos sempre buscando mais prazer.

Da mesma forma que ocorre com os analgésicos, quando o efeito passa, você engole outro, até que chega uma hora em que tomar analgésicos comuns não diminui mais a dor. É quando tentamos injetar prazeres mais radicais em nossas vidas: esportes radicais, festas mais loucas e todas as formas de indulgências excessivas. Quanto mais intenso o barato, mais rapidamente o efeito vai passar e nós iremos mergulhar mais fundo no sofrimento. Quando esse ciclo se torna insuportável, alguns recorrem a medidas desesperadas e entorpecem quimicamente o cérebro usando drogas ou álcool numa última tentativa de silenciar seus pensamentos.

Recorrendo à diversão como fuga, nós deixamos nossa equação da felicidade não resolvida e ignoramos os problemas que estão na base da nossa infelicidade. A diversão, então, apesar de provocar momentos curtos de alegria, se torna realmente um inibidor da verdadeira felicidade.

Mas a diversão não é de todo má. Aliás, a diversão em si não é nada má.

Um uso sensato da diversão é como um **botão de emergência** para permitir intervalos momentâneos de paz para que você possa calar a voz em sua cabeça, inserindo ao mesmo tempo algum bom senso na corrente incessante de pensamentos. Sempre que achar que os pensamentos em sua cabeça estão ficando realmente negativos, busque um prazer saudável – digamos, uma atividade física, música ou uma massagem –, e isso irá sempre desligar o botão.

Um uso ainda mais sábio da diversão é quando você agenda doses regulares de prazeres saudáveis, que podemos definir como prazeres que não causam prejuízo aos outros nem a si mesmo. Diversão, então, pode funcionar menos como um analgésico e mais como um **suplemento de felicidade** que você ingere regularmente para se conservar saudável. Como empresário, aprendi que só podemos melhorar naquilo que medimos. Então estabeleça uma *cota de diversão*. Eu faço isso! Tenho uma cota diária de música e uma cota semanal de comédia, ginástica e outras atividades que me dão prazer. Com prazer suficiente em sua vida, fica mais difícil para o seu cérebro sequestrar o seu dia com uma corrente ininterrupta de conversa fiada.

Mas não se esqueça: diversão e prazer em todas as formas são apenas um estado temporário de fuga – um estado de alheamento. Então não permaneça nesse estado por muito tempo. Passe rapidamente por lá a caminho da felicidade genuína e duradoura.

O estado de felicidade

A felicidade está toda num pensamento – o pensamento *certo* – aquele que está alinhado com a realidade e que resolve positivamente a equação da felicidade. O engraçado é que não vamos discutir diretamente a felicidade neste livro. Vamos discutir como parar o sofrimento, o que vai restaurar a sua configuração-padrão de felicidade. Quando enxergar a verdade da sua vida e a comparar com expectativas de vida realistas, você vai remover as razões para ser infeliz e compreender que, mais vezes sim do que não, está tudo bem, e então se sentirá feliz. Para cada acontecimento da nossa vida, resolvemos corretamente a equação da felicidade quando largamos as ilusões e corrigimos os pontos cegos. Mas para continuarmos felizes quaisquer que sejam as reviravoltas da vida, temos que buscar alcançar um estado ainda mais elevado.

O estado de alegria

Aqueles que alcançam a alegria não só estão aceitando a vida como ela é, mas estão totalmente imersos nela. Eles são como os artistas e escritores – e engenheiros – sobre os quais o psicólogo Mihaly Csikszentmihalyi escreve, que estão em tal harmonia com o momento presente que entram num campo de beatitude atemporal que ele chama de "fluxo" – só que eles "fluem" com cada pequena coisa que a vida coloca em seus caminhos, seja ela qual for. Eles alcançam um estado de felicidade ininterrupta que chamei de *alegria.*[1]

Uso a palavra *alegria* por escolha, mas paz interior, quietude, calma, tudo isso chega perto do estado a que me refiro. Talvez uma mistura de tudo isso esteja mais próxima da realidade, mas nenhum desses termos, sozinho, captura o verdadeiro sentido.

Uma amiga minha nasceu sem olfato. Um dia ela me pediu para descrever como era o perfume de uma rosa. Eu me esforcei para encontrar as palavras. O que se pode dizer? Uma rosa cheira, bem, como uma rosa! A única maneira de apreciar o perfume de uma rosa é cheirando-a. Com alegria é a mesma coisa. Só o que posso fazer é ajudar você a senti-la uma única vez, e então você saberá como é.

Quando você passa por um lugar desconhecido, recorre constantemente a um mapa para checar sua localização. Quarteirão a quarteirão, você compara o mapa com o local onde está. Isso é semelhante ao que você faz quando resolve a sua equação da felicidade, refletindo sobre cada acontecimento da sua vida à medida que ela passa.

Mas quando o caminho é familiar, e você está em sintonia com ele, você não precisa de um mapa. Você só precisa se orientar a partir de alguns marcos importantes e seguir intuitivamente na direção do seu alvo sem precisar pensar muito.

E é isso que acontece com a alegria. Ela nasce, antes de tudo, de um entendimento profundo da topologia exata da vida. Ela vem como um resultado de se ter analisado a Fórmula da Felicidade de uma altura de 20 mil pés e compreendido que a vida, com suas engrenagens poderosas, *sempre* se comporta como *sempre* se comportou e *sempre* se comportará. Dessa forma, você estabelece expectativas realistas; então, mesmo quando a vida é dura, ela não o pega mais de surpresa porque você já espera uma certa dureza ao longo do caminho.

Solavancos desagradáveis na estrada também surgem quando você percorre um caminho familiar – eles não são agradáveis, mas são previsíveis, então você passa por eles calmamente, sem estresse. O longo tempo passado na fila da caixa no supermercado, você percebe, é o que você deve esperar, assim como deve esperar que o trabalho seja exigente, que o seu chefe seja chato, e que o dinheiro acabe no fim do mês. É assim que as coisas são – solavancos no caminho da vida. Nenhuma surpresa.

Se a diversão suspende seus pensamentos, e a felicidade surge quando o seu cérebro vive em harmonia com os acontecimentos da sua vida, então a alegria acontece quando os pensamentos não são mais necessários porque a análise terminou, e a equação foi resolvida de forma permanente.

Meu extraordinário filho, Ali, tinha uma tatuagem nas costas que servia de lema para ele: **A gravidade da batalha não significa nada para aqueles que estão em paz**. Essa tatuagem o descrevia perfeitamente. Com essa convicção, ele passou pela vida como um velho sábio. Nada podia perturbar sua calma. Ele se ergueu acima do pensamento e lá encontrou a alegria.

O maior mito sobre alegria é que ela está reservada para monges que desistem do caminho acelerado da vida. Mas isso não é verdade. A alegria pode ser combinada com tudo o que você faz – até nos mais estressantes estilos de vida.

Quando eu negociava na bolsa de valores, meu primeiro grande prejuízo me pegou de surpresa. Passei dias sofrendo, me arrependendo das minhas ações e me culpando. No entanto, continuei arriscando na bolsa durante anos e ainda sofri perdas muito maiores do que aquela primeira, mas permaneci totalmente calmo e sereno. Depois que se conhece a verdadeira natureza do mercado e se sabe que perdas ocasionais – "ondulações", como eu costumava chamá-las – fazem parte do jogo, você interrompe o sofrimento localizado e foca na visão de conjunto. Embora a vida de um investidor raramente seja apenas alegria, a capacidade de criar uma expectativa realista a respeito do risco inerente ao mercado e ficar acima das ondulações quando elas ocorrem é a habilidade que você precisa ter para alcançar alegria.

Lembre-se!

A verdadeira alegria é estar em harmonia com a vida exatamente como ela é.

Mas como você encontra a alegria?

Você faz isso caminhando pela vida como por um caminho familiar. Você procura os marcos para guiá-lo – **você procura A Verdade**.

Um modelo de felicidade

A cada dia da vida, novas coisas acontecem. Novas expectativas são estabelecidas, e novas equações da felicidade exigem soluções. A maior parte de nós se move aleatoriamente para um estágio diferente a cada novo acontecimento. Nós todos já demos alguns passos na direção da felicidade... antes de mergulhar no caos. Nós todos já encontramos um atalho por meio da diversão por breves momentos... antes de enfrentar um pouco mais de sofrimento.

Você já se cansou disso, não é? Um estado de alegria ininterrupta é conquistado quando você procura a solução direta para isso. E então...

Lembre-se!

Você não deve se contentar com nada menos do que alegria.

Mas alcançar a felicidade contínua não é tão fácil quanto passar uma noite com os amigos, fazer uma aula de ioga ou comprar um carro novo. Há ilusões para abandonar, pontos cegos para restaurar, analgésicos para rejeitar e, finalmente, há verdades sobre as quais refletir.

Está na hora de começar seu treinamento para a felicidade. Como engenheiro, vou lhe passar a direção de forma breve – não num tom exuberante como o que os gurus da felicidade usam hoje em dia. Não se trata de ciência espacial. Você precisa apenas se lembrar de três números: 6-7-5.

Isso funciona da seguinte forma: existem **seis Grandes Ilusões** que o mantêm confuso. Quando você usa essas ilusões para tentar entender a vida, nada parece fazer sentido. O sofrimento é profundo e duradouro.

Em seguida, **sete Pontos Cegos** toldam o seu julgamento da realidade da vida. A imagem distorcida resultante deles o torna infeliz.

Elimine as seis ilusões, corrija os sete pontos cegos – e pare de tentar fugir – e você quase sempre alcançará a felicidade.

Mas se você quiser que sua felicidade dure, precisa se apoiar em **Cinco Verdades definitivas**.

Junte tudo isso e terá a Fórmula da Felicidade:

Abandone as ⑥ Grandes Ilusões

Corrija os ⑦ Pontos Cegos

Apoie-se nas ⑤ Verdades Definitivas

O seu treinamento começa amanhã.
Vejo você no

⑥

Parte Dois

GRANDES ILUSÕES

6 grandes ilusões nos fazem mergulhar no caos e prejudicam nossa capacidade de entender o mundo. A vida se torna uma luta. A maior parte das tentativas de resolver a equação da felicidade falha porque usamos como inputs ilusões, que são incapazes de ver o mundo como ele é, e nos perguntamos por que a vida tem que ser tão cruel. Quando não nos deixamos enganar por essas ilusões, é como se um peso fosse retirado das nossas costas, nossa visão se torna clara e a felicidade se torna uma visita frequente.

Capítulo Três

Aquela vozinha na sua cabeça

Preste atenção.

Você pode ouvir essa voz?

A que está bem dentro da sua cabeça?

Pare de ler por um minuto e tente desfrutar de um momento de silêncio. Veja quanto dura esse momento antes que aquela voz surja na sua cabeça para falar de todas as coisas que você tem que fazer durante o dia, para fazer você se lembrar da pessoa mal-educada que encontrou na rua e para deixá-lo preocupado ou com medo de não receber aquela promoção pela qual está esperando.

Os elementos específicos podem variar, mas a corrente interminável de falatório é algo que todos nós compartilhamos. Ela nos deixa preocupados com o que ainda vai acontecer; nos rebaixa; nos disciplina; discute, briga, debate, critica, compara e raramente faz uma pausa para tomar fôlego. Dia após dia nós ouvimos aquela voz que não para de falar.

Embora ter uma voz em sua cabeça seja algo bastante normal, isso não faz dela uma coisa boa. Não deveríamos ignorar a infelicidade, a dor e a tristeza que ela nos causa. Deveríamos?

Talvez valha a pena passar algum tempo tentando entender mais a respeito dessa voz. Vamos começar com o básico: Quem está falando? Essa voz é *você* falando com *você mesmo*? Por que você precisaria falar com você mesmo se é você que está falando?

A voz não é você

Se existe uma coisa que vai mudar a sua vida para sempre é reconhecer que a voz que fala com você **não é você!**

Pense um minuto sobre isso. É tão simples que nem precisa de prova. Uma posição privilegiada é um pré-requisito para a percepção. Para observar alguma coisa, você precisa estar fora dela. Só quando os astronautas nos enviaram fotos da Terra foi que conseguimos vê-la. Você não pode ver seus próprios olhos nem seu próprio rosto, porque eles são a parte de você que vê. A imagem deles refletida num espelho é apenas um reflexo. Não são os seus olhos realmente nem seu rosto.

Se você ouve alguém falando no rádio, esse alguém não é você. Da mesma forma, para você perceber uma voz falando em sua cabeça, você e a voz precisam ser duas entidades separadas.

Não está convencido? Então reflita: o que acontece quando, durante alguns segundos, você para de pensar? Todos nós fazemos isso às vezes. Isso quer dizer que por estes curtos momentos você deixa de existir? Que você não é mais você? Quem, então, está desfrutando do silêncio? A resposta é *você*. O verdadeiro você. Quando você abre os olhos de manhã, naquele breve momento antes que a corrente de pensamentos comece, e olha para o despertador, quem está olhando? Quem nota a luz do sol do lado de fora antes que o pensamento assuma o comando e comece a narrar o dia? A mesma pessoa que tem que ouvir o falatório incessante daquela vozinha na sua cabeça pelo resto do dia. Esse conceito vai ficar claro em breve, quando discutirmos quem é a voz. Mas por ora a verdade é simples:

Muito importante!

A vozinha na sua cabeça não é *você*!

Mesmo que esse detalhe pareça simples, ele deve revolucionar o modo como você encara seus pensamentos. A vida moderna supervaloriza drasticamente a lógica e o pensamento. Nós chegamos ao ponto de igualar nosso próprio ser ao pensamento. A famosa afirmação de René Descartes, "Penso, logo existo", parece ter muita aceitação na cultura ocidental dominada pelo cérebro – mas ela é verdadeira?

Quando você acredita que você é aquilo que você pensa, você se identifica com seus pensamentos. Em outras palavras, se você tem um pensamento que parece malicioso, pode achar que *você* é malicioso. Entendeu? Mas pensamentos maliciosos não são a mesma coisa que uma pessoa maliciosa. Pensamentos maliciosos são simplesmente apresentados à sua consideração; é isso que o cérebro faz. O que você faz com esses pensamentos é uma escolha sua. **Você não tem que obedecer**.

Quando finalmente compreender que você não é aquilo que pensa, terá desmascarado a mais profunda das ilusões: a Ilusão do Pensamento. Você não é seus pensamentos. Os pensamentos existem para servi-lo.

O que Descartes deveria ter dito era:

Lembre-se!

Eu existo, portanto penso.

Mas se a voz não é você, quem é ela? Em desenhos animados, ela é representada como uma discussão entre um diabinho em seu ombro esquerdo e um anjinho no seu ombro direito, cada um deles cochichando coisas em seus ouvidos. Em *Um novo mundo*, Eckhart Tolle chama essa voz de ‘o Pensador”. Algumas religiões pensam nela como sendo o demônio propondo seus planos diabólicos. Outros a chamaram de “o Murmurador” ou “o Companheiro”. A única coisa que esses nomes têm em comum é que eles identificam aquela voz como uma outra entidade, uma entidade que tenta convencê-lo a fazer coisas que de outra forma você não faria sem um pouco de convencimento.[1]

Uma amiga minha chama a voz em sua cabeça de “Becky”. Quando perguntei a ela por quê, ela disse que aquele era o nome da garota de que ela menos gostava na escola, aquela que sempre a mandava fazer coisas que ela não queria fazer.

Você pode chamar a sua voz do que quiser. A natureza exata dela é irrelevante para o resto da nossa conversa. O que importa é que você reconheça que ela existe, admita que ela não é você e compreenda como ela se comporta. Eu a chamo simplesmente de cérebro – porque é isso que ela é.

O cérebro

Formado por mais de 200 bilhões de neurônios com centenas de trilhões de conexões entre eles, o cérebro é, de longe, a máquina mais complexa do planeta. Se você contar cada neurônio como um pequeno computador, o seu cérebro teria trinta vezes mais neurônios do que o número de computadores e dispositivos que compõem toda a internet.[2] Ele faz interface com os seus sentidos e controla suas funções musculares, movimentos, ações e reações. Ele é capaz de análises complexas, cálculos matemáticos e lógica, mas também do tipo negativo de falatório incessante que o impede de ser feliz. Ele é o instrumento mais valioso que temos. Infelizmente, não vem com manual de instruções, e pouquíssimos de nós aprendemos realmente a otimizar o seu uso.

Imagine o desperdício que seria se você ganhasse o carro esporte mais rápido do mundo e a única parte dele que usasse fosse o sistema de áudio. Ou imagine que você o levasse para fora da estrada, onde ele atolaria já que não foi feito para andar nesse tipo de terreno. Ou, pior ainda, se você nunca tivesse recebido treinamento para ser piloto de corrida, mas dirigisse como um louco, acabando por ferir a si mesmo e a outras pessoas.

Nós cometemos todos esses erros quando usamos nosso cérebro. Nós o usamos pelas razões erradas; não utilizamos suas melhores habilidades; e permitimos que ele descontrole nossos pensamentos – fazendo com que acabemos com nossa vida e a vida de outras pessoas. Podemos melhorar isso, mas primeiro temos que entender por que usamos o cérebro dessa forma.

Para entender por que essa máquina complexa fala tanto, vamos voltar para o tempo em que ela não falava nada e observar um bebê recém-nascido. Antes de aprender a falar, o cérebro é silencioso. Nós ficamos ali deitados observando o mundo e interagindo com ele. À medida que ficamos mais velhos, notamos que nossos pais usam palavras para transmitir mensagens: *mamadeira, comida, fralda, banho*. Somos elogiados quando repetimos essas palavras, então desenvolvemos esta habilidade de chamar tudo pelo nome, mesmo quando não há ninguém por perto para ouvir. As palavras se tornam nosso único método para compreender e comunicar conhecimento. Nós começamos a narrar o que observamos para nos ajudar a entender as coisas. Quando somos pequenos, fazemos isso em voz alta; depois, quando isso se torna socialmente inadequado, começamos a narrar internamente. Daí em diante, isso nunca mais para.

Nos anos 1930, o psicólogo russo Lev Vygotsky observou que a fala interior é acompanhada por pequenos movimentos musculares na laringe. Baseado nisso, ele argumentou que a fala interior era criada a partir da internalização da fala em voz alta. Nos anos 1990, neurocientistas confirmaram a hipótese dele, usando imagens do cérebro para demonstrar que áreas, tais como o lobo inferior frontal esquerdo, que estão ativas quando falamos em voz alta, também estão ativas durante a fala interior. Essa voz dentro da sua cabeça é realmente o seu cérebro falando, embora você seja a única pessoa capaz de ouvi-lo.

real chamado espaço-tempo. Cara, essas coisas ainda me dão dor de cabeça, mesmo depois de tantos anos de estudo.

Isso parece difícil de acreditar? Deve mesmo parecer. Porque é difícil de acreditar. Mas a matemática fala claramente. E se o tempo é realmente assim estranho e exótico, então por que nós achamos que o conhecemos tão instintivamente? O pão de forma espaço-tempo não se parece nada com o tempo que conhecemos no dia a dia, esse que nos deixa tão estressados. De fato, o tempo fica ainda mais estranho e desconhecido à medida que o estudamos mais profundamente.

A razão de estarmos geralmente limitados à nossa fatia particular de espaço-tempo se deve a um fenômeno da física chamado de “a flecha do tempo”. Esse é o motivo pelo qual nós temos a liberdade de nos mover para qualquer lugar nas três dimensões do espaço, mas de só podermos existir na fatia “agora” do espaço-tempo. Esse é um conceito complicado. Vai ser mais fácil de entender se passarmos de pães de forma para trens.

Imagine que o universo inteiro está enfiado dentro de um trem: cada galáxia, estrela e planeta, e cada grão de areia e ser vivo. Esse trem parte para uma viagem, não de uma cidade para outra, mas para uma viagem através do tempo. Como passageiro desse trem, você pode se mover para onde quiser, mas não pode mudar nem a direção nem a velocidade do trem, que está limitado a um só trilho que é a flecha do tempo. Você vai nessa viagem sem nenhum controle sobre sua posição ou orientação, saltando de uma fatia de “agora” para a próxima ao longo da dimensão tempo.

Lembre-se!

O tempo não está se movendo; é você que está se movendo através do tempo.

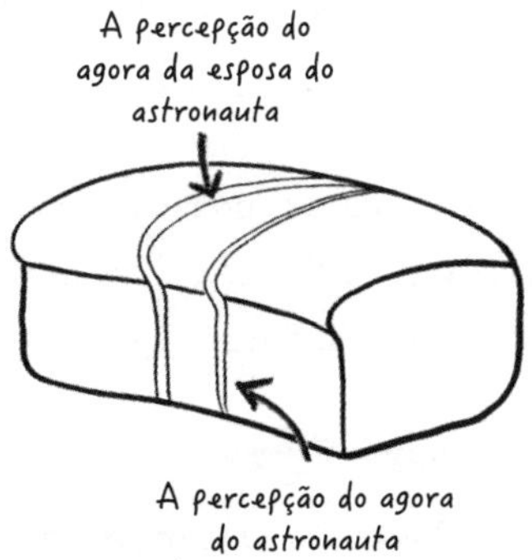

Então nós estamos sempre posicionados para experimentar a fatia corrente de agora, mas mesmo isso é relativo. Segundo Einstein, *a velocidade na qual você se move afeta a sua experiência de tempo*. Na sua viagem de volta à Terra, no papel daquele astronauta que mencionei antes, você estaria se movendo em velocidades astronômicas que o levariam a cortar o pão de forma do espaço-tempo num determinado ângulo. Em consequência disso, teria uma percepção muito diferente de "agora" do que sua esposa em casa, na Terra. Como o resto de nós, ela iria experimentar uma fatia de tempo que incluí acontecimentos em diferentes partes do mundo, todos eles ocorrendo simultaneamente. Ela poderia estar dando comida ao seu filho enquanto assiste a um noticiário na tevê mostrando imagens da guerra na Síria, e enquanto ouve um vizinho comemorar na sala ao lado o fato do New England Patriots ter vencido seu quinto Super Bowl. Esses fatos estão acontecendo simultaneamente conforme percebidos aqui na Terra dentro da sua fatia de tempo. Mas, viajando em velocidade astronômica, o astronauta, você, veria diferentes pontos no espaço *em tempos muito diferentes*. À medida que a velocidade distorce o espaço-tempo, a percepção dos pontos mais próximos chegam até ele mais depressa do que os pontos mais distantes no caminho que está seguindo, então acaba fatiando o pão de forma de forma angular. O resultado disso é que a fatia de tempo dele pode incluir a destruição do Muro de Berlim em 1989, a morte da mãe dele de câncer em 2016 nos Estados Unidos e a descoberta da cura do câncer dez anos mais tarde no Japão! Todos esses acontecimentos vão parecer como se estivessem ocorrendo ao mesmo tempo porque estão ocorrendo num "lugar" diferente na sua fatia de espaço-tempo. Nossa, minha cabeça está doendo de novo.

O motivo pelo qual eu estou falando sobre os complexos aspectos científicos do tempo é porque **quanto mais você souber a respeito do tempo, mais você vai entender que, na realidade, ele não se parece nada com o que nós pensamos dele**. O tempo como nós geralmente o vemos é uma ilusão que tem muito pouco a ver com o que ele é realmente ou como se comporta. O tempo que nós pensamos conhecer não existe (como você viu no experimento da cápsula). Nada sobre o modo como experimentamos individualmente o tempo é absoluto.

Lembre-se!

O tempo muda para todo mundo.

Como o tempo muda e se modifica de pessoa para pessoa e de uma situação para outra, não se pode deixar de concluir que ele não é real. O tempo fracassa completamente no teste da permanência. O tempo é uma ilusão porque, e isso é muito interessante:

Lembre-se!

O tempo não passa no teste do tempo!

A visão de um gato sobre o tempo

Deixando de lado a teoria, nós todos ficamos constantemente estressados com o tempo. Você tem um prazo importante para um projeto no trabalho, e o estresse faz você ficar rabugento. Ou você está nervosa por estar solteira porque o seu relógio biológico está disparando o alarme e você quer ter uma família. Ou você está praguejando no trânsito porque sua filha está esperando por você para um programa depois da escola e você está atrasada. Mas por que o seu cachorro ou o seu gato não têm insônia por nada disso? Nenhum outro organismo vivo reage ao tique-taque de um relógio nem conta os dias, meses e anos. Como você notou, os animais simplesmente reagem aos acontecimentos. Fome? Vamos comer. Escuro? Vamos dormir. É um modo de viver que tem um grande apelo!

Mesmo dentro de nossa própria espécie, as culturas humanas diferem muito em suas visões do tempo. Eu, por exemplo, cresci numa cultura que era mais baseada em acontecimentos do que no relógio. Então acho estranho que países do Ocidente valorizem tanto reuniões que começam e terminam "na hora". Já participei de reuniões nos Estados Unidos em que todo mundo começa a guardar os papéis e a se preparar para sair quando se aproxima a hora marcada para o final, *mesmo que mais alguns minutos pudessem levar a um grande avanço*. Atrasar a reunião seguinte para focar na grande oportunidade ali à mão acontece raramente, se é que acontece.

Ao contrário, no Oriente Médio e na América Latina, os eventos tendem a ter um horário elástico para começar e continuam pelo tempo que for necessário. Se uma reunião está indo bem, ela vai demorar o tempo que for preciso. Da mesma forma, quando planejam uma reunião social, amigos podem combinar de se encontrar depois do trabalho, mas alguns vão aparecer às sete, outros às oito e alguns às onze e ninguém ficará ofendido ou estressado porque todo mundo vai apreciar a companhia de quem quer que esteja no evento enquanto estiverem lá. É meio parecido com a atitude de um gato em relação ao tempo.

Você ficaria surpreso em saber que culturas baseadas nos eventos são mais comuns globalmente do que culturas baseadas no relógio. Embora possam parecer despreocupados em comparação com seus pares ocidentais focados na eficiência, homens e mulheres de negócios em muitas partes da América Latina, do Oriente Médio, do sul da Europa, do subcontinente indiano e da África são extremamente hábeis em estabelecer relações sociais e em trabalhar juntos. Eles estão buscando sua própria definição de sucesso. Mas, ao fazer isso, eles também estão buscando resolver a equação da felicidade.

Embora eu não defenda que uma pessoa se atrase com frequência, seja relapsa ou preguiçosa, eu pediria que você pensasse nos méritos de ser o mestre da tarefa em vez de ser o escravo do relógio.

Ainda mais em desacordo com o Ocidente estão as culturas asiáticas que chamamos de "atemporais", com sistemas de pensamento um tanto diferentes dentre os quais o budismo é o mais conhecido. Os ponteiros do relógio giram e acontecimentos vêm e vão, mas um budista permanece inteiramente focado no momento presente. Esse estado de atemporalidade é fundamental para alcançar o Nirvana. A capacidade de viver inteiramente no momento presente oferece a paz de viver num eterno paraíso, especialmente quando você compreende que embora a eternidade seja vista como um tempo muito longo, ela é na realidade a ausência de tempo. Ela é atemporal.

Lembre-se!

O tempo é vivenciado de formas muito diferentes nas diversas culturas. Pode haver uma maneira melhor de lidar com o tempo do que aquela a que estamos acostumados.

O tempo como nós o entendemos desempenha um papel importante em criar — e perpetuar — a infelicidade. Quando se trata de alimentar o Ciclo do Sofrimento, o tempo nos afeta num nível muito profundo. Para escapar de suas algemas, vamos voltar para dentro do cérebro e dos pensamentos que ele cria em relação ao tempo.

Passado e futuro

No capítulo 3 nós aprendemos sobre a voz em nossa cabeça e nos conscientizamos de que você é mais do que o fluxo constante de pensamentos que são gerados pelo seu cérebro. Isso é importante para resolver a equação da felicidade porque essa voz é quase sempre a mensageira de pensamentos que levam à dor e ao sofrimento. Quando você examinar os pensamentos em si, irá notar que poucos deles têm algo a ver com o momento presente. Eles estão quase sempre presos ao passado ou ocupados prevendo o futuro. Isso é particularmente verdadeiro em relação aos pensamentos infelizes. Quase todas as emoções ancoradas no momento presente, entretanto, são felizes (atente para o fato de que a dor física não é uma emoção). Interessante, não é?

Para testar isso em mim mesmo, me sentei e examinei todos os estados emocionais que sinto no dia a dia. Depois atribuí a eles um tempo verbal (passado, presente, futuro) e um valor (negativo ou positivo). Aqui está o que encontrei:

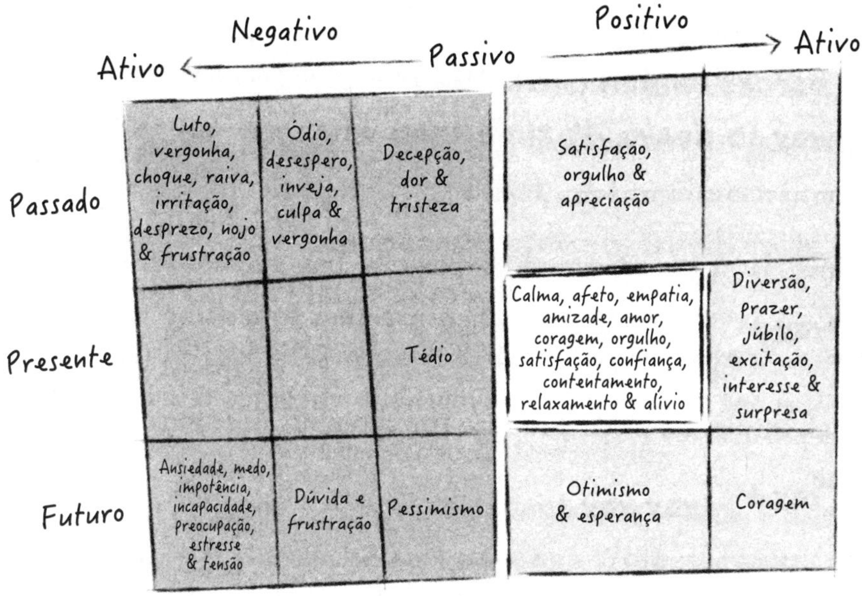

Espere! Espere! Não pule o quadro. Estude-o detalhadamente.

Embora todas as emoções sejam sentidas no presente, elas tendem a ter uma âncora no passado ou no futuro. Arrependimento, por exemplo, é sentido no presente, mas se refere a algo que já aconteceu. Por favor, reserve um momento para examinar o Quadro Negativo-Positivo. Leia a lista de sentimentos ligados ao passado e ao futuro, depois compare-os com os sentimentos ligados ao presente. Existe uma diferença significativa, você não acha?

Muito importante!

Emoções felizes estão ancoradas quase sempre no presente.

Agora faça essa pergunta a si mesmo: você já vivenciou *alguma coisa* que aconteceu fora do momento presente? Sei que a princípio parece tolice, mas tire um *tempo* para parar e pensar sobre isso antes de dar uma resposta apressada.

O passado que consideramos um aspecto tão importante de nós mesmos não passa, na verdade, de um registro de momentos que chamamos de lembranças. Ele é apenas um conjunto de pensamentos em seu cérebro, e uma coleção sabidamente não confiável. Apesar da tentação de ver o passado como real, ele não é. O único tempo que existe realmente é o momento que você vivencia como *agora*, e quando esse momento é substituído pelo seguinte, nós o chamamos de passado. Isso se aplica a esse momento em que você está lendo estas palavras. Ah, eu quero dizer *este*. Não, este. Assim que o momento presente passa (e ele não dura muito!), deixa de existir. Passou. Para sempre.

Nada também acontece no futuro. Como poderia acontecer? O futuro ainda não aconteceu, e ele só acontecerá se todas as suas infinitas possibilidades caírem num momento que ocorre num instante do agora. Então, nós podemos dizer com certeza que, quando os seus pensamentos e sentimentos estão focados no futuro, você está apenas imaginando coisas! Além do mais, você não tem nenhuma maneira de garantir que de todas as infinitas possibilidades das coisas ocorrerem a que você está imaginando é aquela que irá realmente ocorrer. Quais são as chances? Como alguém que gosta de matemática, posso dizer a você que elas não são boas!

Infelizmente para a felicidade, o seu cérebro está preso à ideia de que o momento seguinte é mais importante do que aquele no qual estamos. Por outro lado, o momento que já passou é mais *familiar* – e, portanto, talvez mais confortável – do que esse em que estamos agora. Esses vieses do cérebro são o que nos move com facilidade para um estado de confusão mental, fazendo-nos remoer o passado ou nos preparar para um futuro imaginado, deixando de parar e viver no presente, embora o presente seja tudo o que realmente existe.

Muito importante!

Quando estamos focados no passado ou no futuro, estamos vivendo em nossos pensamentos e não na realidade.

O impacto de viver em pensamentos é muito profundo. Você já notou a rapidez com que sua vida passou? Você às vezes não tem a impressão de que os últimos vinte anos simplesmente evaporaram sem que você tenha sequer notado? Existe um bom motivo para isso.

Se você não está no aqui e agora, então você está simplesmente na sua cabeça. Não há outro lugar para se estar. Se os últimos vinte anos parecem apenas uma semana, pode ser porque você só passou uma semana daquele tempo vivenciando realmente a vida, estando inteiramente presente. Nos outros dez e meio milhões de minutos, você esteve apenas vagando em sua cabeça. Que desperdício!

Estou dizendo que todas as suas lembranças não tem nenhum valor? De jeito nenhum. Existem lembranças maravilhosas baseadas em tempos que você estava no agora. Os momentos a que estou me referindo são aqueles em que você estava na sua cabeça se preocupando com o passado ou o futuro. Você não se lembra desses pensamentos porque eles não são memoráveis. Foram um desperdício porque *poderiam* ter estado no agora, criando lembranças!

Quando penso sobre o modo como desperdiçamos nossas vidas, não posso deixar de me lembrar na letra da canção de Pink Floyd intitulada apropriadamente "Time". Especificamente este verso: "*And then one day you find/ Ten years have got behind you./ No one told you when to run,/ You missed the starting gun* [Então, um dia, você descobre/ Que se passaram dez anos./ Ninguém lhe disse quando correr,/ Você não ouviu o tiro de largada]."

Seu cérebro é viciado em tempo

Se pensamentos passados e futuros deixam você infeliz e podem levá-lo a desperdiçar grandes períodos de sua vida, então por que é tão difícil focar no agora? Qual é o defeito em nosso design que torna tão difícil fugir de nossas preocupações com o passado e o futuro, embora elas aumentem nosso sofrimento? É o seguinte: o tempo é a base de onde surge o próprio pensamento.

Para entender isso melhor, vamos tentar meu exercício favorito. Eu o chamo de Teste da Consciência Plena. Sente-se. Respire fundo, relaxe e feche os olhos. Mantenha-os fechados por cerca de um minuto. O tempo não precisa ser exato; você está apenas limpando sua paleta visual. Agora abra os olhos por alguns segundos e olhe em volta. Não faça mais do que observar o que estiver perto de você. Depois torne a fechar os olhos.

Agora, com os olhos ainda fechados, descreva silenciosamente para si mesmo o que viu. Isso não é um teste de memória; estamos apenas querendo uma descrição do que você tiver observado. Tente detalhar ao máximo o que observou, mas seja o mais factual possível. Cuidado para não deixar que seus pensamentos se intrometam e interpretem o que você viu. Atenha-se a afirmações do tipo: *Olho pela janela do meu apartamento à noite e vejo água se estendendo até um horizonte de palmeiras e prédios de dois andares entremeados de arranha-céus altos e cintilantes. A noite está começando a cair, e vejo ainda algumas nuvens no horizonte. Mais acima, o céu está bem mais escuro e pontilhado de estrelas.*

Você está vendo que pode levar vários minutos para descrever o que observou em poucos segundos apenas? O ato de observação exige apenas atenção, mas descrever o que observou introduz processos mentais bem mais extensos. Ainda assim, como você está limitando esses pensamentos a uma descrição do que acabou de ver, eles estão sempre no presente do indicativo. Eles não têm carimbo de tempo passado ou futuro, e por isso são mais fluidos e calmos do que seriam de outra forma.

Está vendo? Conectar-se ao presente não exige muita acuidade mental. Se o seu cérebro se limitar a descrever o que estiver acontecendo ao seu redor no momento, ele não terá muita coisa que dizer. A voz em sua cabeça poderia soar mais ou menos assim: *sofá azul à frente. Duas fontes de luz. Uma luminária de chão e uma vela. A chama da vela tremeluzindo na brisa. O cheiro de pão saído do forno.* Não é exatamente uma conversa, é? Isso porque não existem prós e contras. Não existe drama até introduzirmos o passado e o futuro.

Recorro frequentemente a esse exercício para me ancorar ao presente. Ele me acalma e me faz lembrar de duas importantes características da atenção: nós não precisamos de pensamentos para ficar atentos, apenas de *presença*, e mesmo quando introduzimos pensamentos, se os focarmos no momento presente ficamos menos estressados. Dar ao seu cérebro a tarefa de simplesmente descrever o que está em volta dele deixa os pensamentos mais calmos, mais fluidos e mais relaxados do que o fluxo incessante de pensamentos que levam você para além do aqui e agora.

Experimente esse exercício outra vez. Você não precisa fechar os olhos depois que tiver aprendido o jeito. Observe a xícara de café em cima da sua mesa mas resista à tentação de rotular o líquido como bom ou ruim, quente ou frio, ou de imaginar se a xícara vai acabar deixando uma marca no seu móvel de madeira. Limite seus pensamentos ao que você vê neste momento: *uma xícara de cerâmica branca cheia de café até a metade sobre uma mesa de madeira laqueada.*

Quando você sintoniza no momento presente, você o aceita tal como é. Você não o compara nem o julga, e não imagina como ele poderia ser diferente no futuro nem se é melhor ou pior do que foi no passado. Você está 100% em harmonia com a Fórmula da Felicidade. Os acontecimentos atendem totalmente as suas expectativas quando você observa o mundo como ele é. Que tranquilidade! ☺

Entretanto, a maioria dos nossos pensamentos vem com um carimbo de tempo. Eles estão baseados no passado ou no futuro, o que os torna mais inclinados a conduzir à infelicidade. Para julgar, você precisa comparar uma observação atual com outra que você fez no passado. Para ficar ansioso, você precisa pensar no futuro e antecipar que ele vai ser pior do que o presente. Para ficar entediado, você precisa desejar uma situação diferente da que está ocorrendo no presente. Para ficar envergonhado, você precisa recriar um momento que não existe mais. Para ficar infeliz, você precisa focar no que você quer e ainda não tem. Com a exceção da dor, ninguém jamais sofreu pelo que está acontecendo no momento presente. Pense nisso por um minuto. É verdade. Até para você.

Sem o tempo, o Ciclo do Sofrimento é interrompido no seu início. Remova o tempo, e o pensamento original não surge. Todo pensamento estressante ou infeliz existe fora do aqui e agora, enquanto que toda observação do aqui e agora leva você para um lugar tranquilo. O tempo e a mente são inseparáveis. Quando você remover o carimbo do tempo dos seus pensamentos, não irá sobrar nada infeliz em que pensar.

Muito importante!

Se você quiser ser feliz,
viva no aqui e agora.

Use o tempo. Não deixe que ele use você

Nesse estágio da conversa, descobri que um monte de gente começa a defender a importância do tempo. Elas perguntam: “Como eu poderia simplesmente funcionar se não planejasse para o futuro? Quem eu seria sem o meu passado? O mundo todo caminha de acordo com o relógio, então como você espera que eu comece a ignorar completamente o tempo? E quanto ao fato de eu ter que estar no trabalho todo dia às nove da manhã?”

Essas são boas perguntas!

Para começo de conversa, digamos que existem dois tipos de tempo: o tempo do relógio, que tem algumas utilidades práticas, e o tempo do cérebro, que não tem. O tempo do relógio tem a ver com um acontecimento específico posicionado em determinadas coordenadas no tempo mecânico. Os pensamentos associados ao tempo do relógio são práticos, têm a ver com atividades, tais como *Imagino quanto tempo vou levar para chegar ao consultório do médico.* Eles levam a respostas precisas, tais como *Isso geralmente leva vinte e cinco minutos, mas é melhor eu acrescentar mais quinze minutos por causa do trânsito na hora do rush.* Eles não são complicados nem carregados de emoção, e não demoram a ir embora. Planejar chegar na hora para um compromisso ou para pegar seus filhos na escola e reservar tempo para as coisas que são importantes para você são exemplos de tempo do relógio. Eles são logísticos e são benignos. Eles nos ajudam a cumprir com nossas obrigações. Eles nos ajudam a manter nossa pontualidade.

O tempo do cérebro, no entanto, tende a se prender a pensamentos sobre o passado e o futuro. Ele se perde em cenários intermináveis — e improváveis — sobre como um evento irá ocorrer no futuro. O tempo do cérebro é obcecado com eventos passados que não ocorreram como você desejava. Os pensamentos no tempo do cérebro tendem a saltar de um para outro. Eles não levam a uma ação específica e, como sonhos, eles são vagos. Quando você fica perdido no tempo do cérebro, você pode de repente descobrir que, de acordo com o tempo do relógio, a ampulheta da sua vida está muito mais vazia do que você imaginava.

Enquanto os seus pensamentos estão descrevendo eventos no momento presente ou estão orientados para o tempo do relógio como forma de atender suas necessidades práticas, você está bem. Então fique de olho nos seus pensamentos para ver se eles têm um carimbo de tempo. Se tiverem, então se desviaram do presente e, provavelmente, não estão resolvendo nenhum problema prático. Seus pensamentos se desviaram para a confusão interminável de passado e futuro. Fique no presente, e você terá conseguido sair da mais dominante das seis grandes ilusões, a Ilusão do Tempo.

Mas e se o agora não for um momento feliz?

Quando falo com as pessoas sobre tempo e felicidade, um dos comentários que costumo ouvir muito é o seguinte: "Mas, para mim, permanecer no momento presente não funciona. Eu me sinto infeliz no aqui e agora." Quando nos sentamos para explorar por que as coisas não estão felizes agora, entretanto, a conversa é sempre mais ou menos assim: "Sinto vergonha por ter desperdiçado o ano passado farreando e não ter dado atenção suficiente aos meus estudos. Minhas notas foram horríveis, e agora todo mundo acha que sou burro." Respondo dizendo que esse pensamento doloroso pode estar acontecendo agora, mas que ele está ancorado no passado. Nada vai mudar o que aconteceu no ano passado. Isso foi naquele momento. Agora estamos no momento presente, e tudo o que você pode fazer neste momento é focar nos seus estudos e trabalhar muito para se dar bem *agora*.

Uma mulher me diz: "Estou infeliz porque todos os caras que conheço são uns babacas. Eu nunca vou encontrar o cara certo, e, se não encontrar, vou passar o resto da minha vida sozinha." Minha resposta? A sua infelicidade está presa a pensamentos ancorados no futuro. Como você sabe que o amor da sua vida não está sentado sozinho num café ali na esquina? Ou que se casar apressadamente não vai deixar você bem mais infeliz do que está hoje? Divirta-se neste momento, e você irá conhecer um monte de gente que vai gostar de se divertir com você.

Outra pessoa dirá. “Trabalhei tanto para ter aquela promoção, mas não consegui. Não posso acreditar que vou passar o resto da vida neste emprego sem futuro!” Esse pensamento, observo, está ancorado tanto no passado quanto no futuro – mas não no agora. Então eu pergunto: “Como você pode ter certeza? O próximo emprego que aparecer talvez seja muito mais adequado para você. Sim, é decepcionante não conseguir a vaga que você estava esperando, mas todo o esforço que fez já ficou no passado. Graças a essa dedicação você agora está mais capaz, mais competente e mais experiente.”

Toda vez que você examinar seus pensamentos, vai notar que tudo o que o está aborrecendo tem raízes num passado que você não pode mudar ou num futuro que pode ser totalmente diferente do que você espera. É melhor deixar de lado o passado ou o futuro e dar o melhor de si naquilo que você está fazendo agora. Este é o momento, o único com que você pode contar. Viva-o plenamente, e o resto vai se resolver por si mesmo.

Às vezes pode ser difícil manter esse enfoque. Por exemplo, um amigo um dia me disse: “Para mim, o momento presente de que você tanto fala é um pesadelo. Acabei de falar no telefone com o médico e a biópsia mostrou que tenho câncer, estágio quatro. O médico não recomenda cirurgia, e está me dando entre seis e dezoito meses de vida.” Eu respondi: “Essa é uma notícia muito desagradável. Sinto muito mesmo em saber disso. Gostaria que você não tivesse que passar por isso. Mas talvez você não tenha que acrescentar sofrimento a um diagnóstico tão difícil. Enquanto procuramos o melhor tratamento possível, eu gostaria que você se lembrasse de que *neste momento* você está vivo, então saboreie cada segundo que você tem neste planeta com seus amigos e sua família. Na verdade, é só isso que você pode controlar. Sei que não parece assim, mas não se esqueça de que você não é diferente do resto de nós. Qualquer pessoa que você conhece poderia deixar este mundo nos próximos dezoito meses, ou nos próximos dezoito dias. A única diferença é que o resto de nós não está pensando sobre isso, então não está sofrendo. Quanto ao futuro, seja otimista, mas viva o *agora*. Afaste o pensamento do que pode acontecer no futuro, e isso fará com que você não sofra.”

Muito importante!

Neste exato momento, não há absolutamente nada de errado.

Viva aqui e agora

O título deste capítulo é a pergunta "Alguém sabe que horas são?". Essa é uma pergunta traiçoeira. Não importa em que lugar do mundo você esteja lendo este livro, *o tempo é agora*. Nunca haverá outro tempo. Qualquer outra interpretação do tempo é apenas um desvio para a ilusão.

Antes de terminar este capítulo, vou pedir a você para entrar de novo naquela cápsula para mais uma viagem. Dessa vez a pesquisadora informa orgulhosamente que a tecnologia agora move a cápsula *instantaneamente* entre as estações. Ela não demora tempo algum para chegar do outro lado. "Nós também acrescentamos um monte de coisas para vivenciar em cada estação", diz ela, "e por isso alguns voluntários reclamaram que a viagem passa despercebida e que eles teriam preferido demorar mais tempo para curti-la. Então nós acrescentamos outra característica, um botão que você pode apertar sempre que quiser seguir para a estação seguinte. Se você não apertar o botão, a cápsula partirá automaticamente de cada estação todos os dias à meia-noite. Você pode apertar o botão 75 vezes de acordo com sua vontade para chegar do outro lado ou vivenciar a viagem completa de 75 dias. A escolha é sua." Então ela diz: "Ou são 75 anos? Não consigo lembrar. Não importa, ela vai passar num piscar de olhos de qualquer maneira."

"Essa é uma escolha fácil", você diz. "Vamos embora. Vejo você do outro lado." Enquanto fecha a porta, ela diz: "Ah, esqueci de mencionar, não vou poder me encontrar com você lá. Quando você chega ao final, morre. Esta viagem é tudo o que você tem." Ela aperta o botão de partida, fecha a porta e manda você para o outro lado.

Agora que você está no controle (de certa forma), vai apertar o botão rapidamente e acabar logo com isso, ou vai passar cada dia vivenciando integralmente cada estação? Vai passar o tempo em cada estação pensando no septuagésimo quinto dia? Vai passá-lo lamentando os dias que já se foram? Ou vai passar cada dia vivenciando aquele dia e tudo que ele tem a oferecer?

Decida-se.

Muito importante!

A vida é agora, e o agora é fantástico.

Capítulo Sete

Houston, temos um problema

Você larga a caneta com um grande sorriso no rosto. *Deu um trabalhão*, você pensa, *mas valeu o esforço*. Você toma um gole do seu café, se recosta na cadeira e lê mais uma vez suas anotações. *Esse percentual da minha renda mensal vai para o meu plano de aposentadoria, e esse percentual vai para a poupança. O cartão de crédito e a prestação da casa estão no débito automático na minha conta. Tenho seguro do carro, seguro de vida, seguro saúde, seguro invalidez, seguro da casa, seguro contra fraude de cartão de crédito e, além de todos esses, o seguro guarda-chuva.*

Será que deixei passar alguma coisa? Não, parece completo, você diz orgulhoso, em voz alta, embora não tenha ninguém ali para ouvi-lo.

Você se inclina para a frente, pega a sua calculadora, e torna a checar os números.

Clique, clique, checa. Está tudo em ordem. Você atira o bloco sobre a mesinha com um gesto confiante e se estica para trás com as mãos atrás da cabeça. *Bravo! Você tem tudo sob controle.*

Esses são os melhores momentos de todos, não são? Quando sentimos que fizemos o nosso dever de casa, pensamos em todos os cenários possíveis, seguimos os conselhos dos especialistas e planejamos um caminho claro à frente. Isso nos dá a paz de espírito de saber que está tudo sob controle e que vamos ficar bem.

A verdade sobre controle

Muitas pessoas que conheço, no mundo todo, estavam exatamente nessa situação em 2008. Elas achavam que tinham calculado tudo, até que estourou a bolha do mercado imobiliário nos Estados Unidos, provocando a maior crise econômica que o mundo enfrentou desde a Grande Depressão. A queda violenta do mercado levou embora a maior parte do que as pessoas tinham; as empresas para as quais elas trabalhavam faliram; algumas não conseguiram pagar suas dívidas, e outras até perderam suas casas. Num período de poucos meses, muitas foram de "Tudo calculado!" para "O que foi que aconteceu?". Algumas se recuperaram e algumas ainda estão sofrendo, mas todo mundo aprendeu que as coisas podem dar errado e frequentemente dão. Muito errado.

Nossa necessidade de segurança e controle é algo instintivo. Em outras espécies, a sobrevivência é uma questão de correr quando o tigre aparece, mas nós, humanos, carregamos o peso de ser muito mais sofisticados. Podemos prever o perigo e planejar nossa rota de fuga antes mesmo de o tigre ter nascido. Podemos examinar o terreno e identificar cada ameaça possível, inclusive aquelas que são extremamente hipotéticas. Podemos tomar medidas preventivas, erguer cercas e colocar câmeras de vigilância. Além disso, podemos ampliar nossos planos para incluir aqueles que amamos porque nos importamos com eles – e porque a segurança deles faz parte da nossa segurança emocional. Esse conjunto muito humano de habilidades de sobrevivência é, em parte, o motivo pelo qual ainda estamos aqui enquanto tantas outras espécies não estão. Nós somos capazes de assumir o controle – ou pelo menos acreditamos que assumimos o controle – enquanto que o melhor que outros seres podem fazer é reagir adequadamente quando o problema surge.

Desde o início da Era Industrial, a humanidade levou esse controle a um outro nível. Construir uma via férrea, erguer um prédio alto e produzir um iPhone em massa exigem um planejamento e um controle extremamente complicados. Centrais de atendimento onde cada palavra é gravada, serviços de entrega com rastreamento em tempo real – o limite de até onde podemos ir para eliminar a incerteza continua a ser ampliado. Nossa capacidade de permanecer eficientes no ambiente simulado e supercontrolado chamado trabalho nos faz acreditar que podemos controlar meticulosamente nossas vidas pessoais também. E eu não sou nenhuma exceção.

Embora a vida tenha me dado mais do que preciso e me garantido um futuro de independência financeira, eu ainda planejo tudo meticulosamente. Tenho a minha carreira mapeada nos mínimos detalhes cinco anos à frente. Planejo meus investimentos, poupança e onde vou morar, planos que naturalmente incluem também a minha família. Comprei propriedades para garantir nossa prosperidade, planejei a educação das crianças e investi em seguros de vida e planos de poupança para que meus entes queridos tenham o que precisarem mesmo depois de minha morte.

Eu tinha páginas de planos detalhados e então, bem, você sabe o que aconteceu. Quatro dias após o início de nossas (bem planejadas) férias de verão, Ali foi internado no hospital "errado" onde um erro medido em milímetros levou à sua morte. Que tal isso para controle?

Esse acontecimento trágico e inesperado não fazia parte do plano. Nós dizemos que não podemos nos planejar para mudanças tão dramáticas quanto essa porque elas são inteiramente inesperadas, mas isso é mesmo verdade? Quantas vezes essas coisas acontecem? O tempo todo!

Sei que você talvez não goste de ouvir isso, mas só nos Estados Unidos os erros médicos são a terceira principal causa de morte, e estima-se que o número de vidas perdidas esteja entre um quarto e meio milhão por ano. Em países onde os processos por imperícia médica não estão tão avançados, esses números são multiplicados por milhões. Outros erros humanos, como imperícia ao volante e violência, tiram a vida de mais milhões de pessoas. Embora a morte inesperada esteja à nossa volta, nós preferimos pensar nela como algo extremamente improvável.

Da mesma forma, preferimos ignorar a maior parte das catástrofes que ocorrem centenas, milhares e milhões de vezes por dia. Desastres naturais, crises econômicas, fraudes, falências – acontecimentos impactantes ocorrem todo dia em toda parte. Eu chamo esses acontecimentos de *guinadas* porque eles nos levam para um caminho que não estávamos esperando. E nosso caminho pela vida parece dar uma guinada com uma certa frequência.

Cisnes e borboletas

No seu best-seller, *A lógica do cisne negro*, Nassim Nicholas Taleb demonstra que acontecimentos raros e improváveis ocorrem com muito mais frequência do que ousamos pensar. Seus exemplos incluem o começo da Primeira Guerra Mundial, os ataques do 11 de Setembro e o surgimento da internet. As repercussões desses "cisnes negros" imprevistos tocaram a vida de cada pessoa no planeta![1]

Pensem por um minuto em quantos acontecimentos semelhantes ocorreram no seu período de vida e quantos cisnes negros pessoais moldaram a sua própria vida. Taleb argumenta que nossa cegueira em relação ao acaso, particularmente a desvios importantes, se estende muito mais longe do que nossa consciência é capaz de compreender. Isso combina com o que o meteorologista Edward Lorenz chamou de "Efeito Borboleta", a capacidade que acontecimentos aparentemente insignificantes e não relacionados possuem de causar grandes mudanças. Lorenz usou uma série de modelos de condições climáticas em que, depois de fornecer as condições iniciais, ele acrescentou pequenas mudanças na velocidade do vento. Embora essas mudanças fossem quase imperceptíveis – ele as comparou com o movimento produzido pelo bater das asas de uma borboleta –, o resultado final mudava de forma significativa, levando à especulação de que o bater de asas de uma borboleta no Brasil pode causar um furacão na Flórida.[2] Trilhões de efeitos borboleta estão nos afetando a cada minuto. Eles alteram nossos caminhos mais do que somos capazes de imaginar.

Para usar a vida de Ali como exemplo, o cisne negro foi o erro médico, mas muitos efeitos borboleta também levaram à tragédia de perdê-lo, inclusive a proximidade da nossa casa daquele hospital específico, a repetição de dores de barriga facilmente tratáveis e a bactéria que deve ter iniciado a inflamação do seu apêndice. Tudo isso ocorreu meses ou anos antes. Eu poderia ter controlado ou planejado todos esses eventos? Não. O controle é uma ilusão.

Muito importante!

Entre cisnes negros e efeitos borboleta,
***nada* está sob nosso controle.**

A abrangência do seu controle

Antes de mergulharmos em águas mais profundas, quero salientar que não é minha intenção aqui deprimir você. Como qualquer empresário bem-sucedido lhe dirá, o sucesso (que, no nosso caso, é a felicidade) não vem de ignorar os fatos desagradáveis. Vem do realismo e da objetividade em compreender a vida com todas as suas imperfeições. A felicidade vem da nossa capacidade de lidar com a realidade com base em fatos, não em ilusões.

Reconhecer nosso controle limitado não deveria nos deixar desesperados. Encarado de frente, esse fato deveria nos levar a um caminho realista em direção à felicidade. Tudo começa com o entendimento da verdadeira natureza do nosso controle. Nós achamos que estamos no controle de tudo – do nosso dinheiro, amigos e carreira. Mas, honestamente, quanto controle você tem realmente sobre essas coisas às quais está apegado? Digamos, por exemplo, o seu dinheiro. O seu dinheiro está realmente sob seu inteiro controle? "Claro", você diz, "é o meu dinheiro suado. Eu posso fazer o que quiser com ele. Posso escolher gastá-lo, doá-lo para caridade, investi-lo ou poupá-lo."

Mas pode mesmo? E se o seu banco falir? Isso já aconteceu antes. E se as taxas subirem? Você já considerou como a inflação está levando embora o seu dinheiro, o seu poder de compra, enquanto você não pode fazer nada a respeito?

A sua carreira também não está totalmente sob seu controle. A sua empresa pode fechar ou decidir cortar funcionários. Da mesma forma, você não tem controle absoluto sobre seus bens, seus amigos ou sua saúde. Nós todos perdemos coisas e pessoas que amamos, e todos ficamos doentes às vezes. O que deve fazer você pensar: existe alguma coisa que esteja sob nosso controle total?

Sim, duas coisas: **suas *ações* e sua *atitude*.**

Suas ações

Como engenheiro, executivo sênior e empresário, sou maníaco por controle. Durante anos tentei exercer controle total sobre cada aspecto da minha vida. No trabalho, queria que cada pessoa, cada sistema e cada dado disponível correspondesse inteiramente às minhas expectativas. Na minha vida pessoal, tentei controlar minha esposa, o progresso dos meus filhos e até o número de roupas sujas para colocar na máquina de lavar para conseguir o consumo ideal de água e eletricidade em casa.

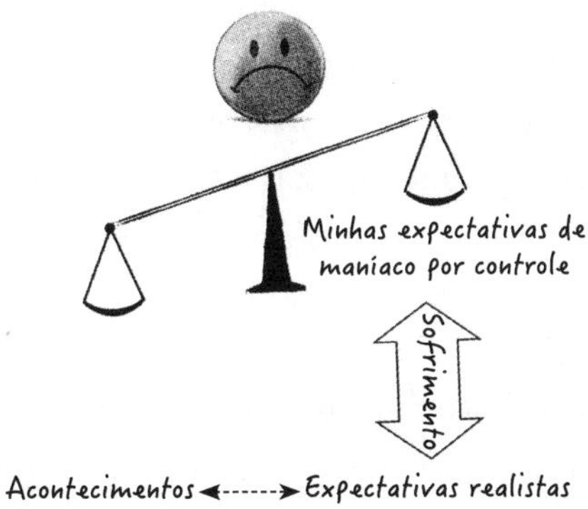

Contudo, por mais que eu tentasse, os acontecimentos do mundo real me desafiavam. Então o que foi que eu fiz? Tentei com mais tenacidade. Ficava em estado de sofrimento constante, e foram necessários anos de rejeição, raiva e frustração para que eu visse a luz e aceitasse a verdade: *Eu não estava no controle*. Quando entendi isso, senti um peso de uma tonelada retirado dos meus ombros. Minhas ações continuaram comprometidas, mas meu apego a resultados desapareceu completamente.

Minha primeira revelação ocorreu quando um amigo me ensinou a respeito do conceito hindu de desprendimento, quando você busca alcançar seus objetivos sabendo que os resultados são impossíveis de prever. Quando algo inesperado acontece, o conceito do desprendimento nos diz para aceitar a nova direção e tentar de novo. Não há tristeza nem arrependimento, e não há sofrimento pela perda do controle.

Inicialmente, resisti a esse ensinamento. Foi difícil submeter meu destino ao que parecia ser puro acaso. Mas então li uma história maravilhosa. Para praticar abrir mão do controle, os primeiros muçulmanos deixavam seus cavalos soltos. Mas só quando eles aprendiam a "amarrar o cavalo e se desapegar" é que eles realmente abriam mão do controle. Foi então que aprendi o que vim a chamar de *aceitação comprometida*.

Lembre-se!

Aja com responsabilidade primeiro, depois abandone a necessidade de controle.

A beleza da aceitação comprometida é que ela não diminui suas chances de sucesso. Pelo contrário: não é a sua expectativa de sucesso que leva a resultados; é a sua ação responsável que os provoca.

Aqui está uma pequena charada que expressa a mesma lição. No meu trajeto de casa para o trabalho não há sinais de trânsito. Quando dirijo dentro do limite de velocidade, são exatamente onze minutos de um ponto a outro. Na segunda-feira, eu esperava chegar ao trabalho em nove minutos; na terça-feira, eu queria que o trajeto durasse quinze; na quarta-feira, eu estava totalmente calmo e cheguei a tempo para a minha primeira reunião; na quinta-feira, estava estressado, preocupado e cheguei atrasado; na sexta-feira, apreciei realmente o trajeto. Todos os dias agi como deveria e dirigi exatamente dentro do limite de velocidade. Quanto tempo eu levei para chegar no trabalho em cada dia da semana passada?

Onze minutos!

Se você fizer exatamente a mesma coisa, irá sempre alcançar o mesmo resultado independentemente de suas expectativas, frustrações, pressões ou alegria. A qualidade das suas ações não deve variar, e nem a sua persistência diante dos desafios.

Fiz da prática da aceitação comprometida a minha prioridade.

Foquei em fazer o melhor que podia a cada minuto em cada situação. Continuei a mirar alto, mas permaneci emocionalmente desprendido dos resultados. Se errasse um alvo, olhava para trás, aprendia e tentava de novo como se nada estivesse perdido – porque nada realmente tinha sido perdido. No trabalho, percebi que não podia controlar cada um dos meus funcionários, especialmente os que eram realmente inteligentes. Não podia obrigar um cliente a comprar meu produto, e não podia fazer os engenheiros produzi-lo de acordo com minhas especificações, ou subsidiá-lo para precificá-lo como gostaria, ou oferecer facilidades de pagamento. Todo mundo tem um objetivo diferente, e eu precisava levar em conta todos eles. Aprendi a fazer o melhor que podia sem exercer, ou esperar, controle total.

Na minha vida pessoal, simplifiquei ainda mais: planejo, mas não tento controlar nada além do momento presente. Como Ali, aprendi a fazer o melhor que posso em cada situação e confiar que tudo vai dar certo.

Sua atitude

Enquanto as ações são as alavancas visíveis do sucesso, a atitude é que realmente decide o jogo. Vejam a história de Tim e Tom.

Quando o despertador tocou, Tim apertou duas vezes o botão de soneca, então percebeu que ia chegar atrasado para o seu compromisso das nove horas. Ele saltou da cama apavorado e viu que estava chovendo tanto que ele com certeza chegaria ainda mais atrasado. Ele não tomou café e correu para o carro, com uma aparência desleixada e de mau humor. *Hoje vai ser um dia horrível*, pensou. Já tenso, deixou o estresse tomar conta dele e começou a trocar de faixas, socando o volante e gritando "Anda logo!". Então — BAM — o carro de trás bateu no dele. Foi só uma batidinha no para-choque, mas ele abriu a porta, correu para o outro carro e bateu violentamente no capô, gritando e xingando, furioso. O comportamento de Tim estava tão descontrolado que ele acabou passando o dia inteiro na delegacia. *Eu sabia que ia ser um dia horrível,* ele pensou. *Tudo por causa da chuva.*

Agora vamos rever a mesma sequência de acontecimentos — apertar duas vezes o botão de soneca e chuva — só que dessa vez é Tom que está vendo que não vai conseguir chegar na hora para o seu compromisso das nove horas. Então ele faz um bom café, toma banho e faz a barba e veste sua camisa predileta, depois pega um CD da Tina Turner, *I Can't Stand The Rain*, porque ele sabe que vai ser uma viagem longa e lenta. *Adoro chuva. Hoje o dia vai ser bom*, pensa ele. Ele liga para se desculpar com a pessoa com quem tinha um compromisso e descobre que ela também está presa no trânsito. Ele vai bebericando seu café enquanto dirige, batucando no ritmo da música, sentindo-se muito bem. Então — BAM — o carro de trás bate no seu para-choque. Curioso, ele salta e vê que não tinha sido grande coisa. Ele sorri para a outra motorista e diz: "Você está bem?" Aliviada, ela salta do carro, e ela é linda. "Ei, prazer em conhecê-la!", balbucia Tom. Ela ri e diz: "Prazer? Acabei de bater no seu carro!" "Ah, mas foi uma batidinha de nada," responde Tom. Então ela torna a rir e diz: "Adoro a música que você está ouvindo." E aí por diante. Parece uma cena de uma comédia romântica. A chuva acentua o romantismo, e logo os dois percebem que aquele vai ser um dia inesquecível – tudo por causa da chuva.

O que a chuva tem a ver com isso?

Muito importante!

Escolha a sua atitude!

Uma vez fiz um curso sobre gestão de mudanças em que passamos a maior parte do tempo assistindo ao filme *Apollo 13*, aquele em que Tom Hanks faz o papel do astronauta Jim Lovell, cuja missão foi calculada para pousar na Lua, mas um tanque de oxigênio explode dois dias depois do lançamento. De repente, o sucesso não era mais uma questão de conseguir pousar na Lua, mas se a tripulação conseguiria voltar para a Terra.

Há um longo momento de silêncio quando a tensão aumenta, e então o silêncio é rompido pela voz calma, confiante, *quase alegre* de Lovell dizendo, "Houston, temos um problema." Não há nenhum traço de pânico. Se você tivesse acabado de entrar na sala, pensaria que o problema era apenas um pneu furado. Ele então começa a descrever o que aconteceu e pede conselho sobre como lidar com a situação. Passo a passo, a tripulação planeja uma solução engenhosa e, no fim, eles voltam para casa.

Isso concluiu o treinamento. O instrutor não tinha mais nada a dizer porque a atitude calma e segura de Lovell era o que estávamos ali para aprender.

A vida está destinada a lhe dar algumas cartas ruins de vez em quando. Você não precisa fazer um grande estardalhaço de cada acontecimento inesperado. O seu caminho pode ser redirecionado, mas nada está perdido a menos que você resolva desistir. Prepare-se para o que der e vier com a atitude correta. Como disse Oscar Wilde:

Muito importante!

"No fim vai dar tudo certo. Se não está certo ainda, então o fim ainda não chegou."

Crescer na ausência de controle

Não há nada errado em planejar e tentar assumir o controle. O modo como reagimos quando algo de inesperado acontece é o que nos faz sair dos trilhos. Quando as coisas mudam, reagimos tentando exercer mais controle numa tentativa de voltar para os trilhos. O que deveríamos fazer era olhar para a situação com uma perspectiva aberta e nova e tentar usar os novos acontecimentos em nosso favor, apesar de eles terem ocorrido fora do nosso controle.

Em álgebra, quando uma incógnita é irrelevante para a solução de uma equação, nós o cancelamos. Por exemplo, se A+C=2B+C, não importa realmente para resolver a equação qual é o valor de C. A será sempre igual a 2B não importa qual seja esse valor, então tratamos C como se ele não existisse e resolvemos o resto da equação. C representa tudo o que você não pode controlar.

No filme *A vida é bela*, Roberto Benigni faz o papel de um pai judeu preso junto com o filho durante a Segunda Guerra Mundial e enviado para um campo de concentração. Apesar da miséria, da doença e da morte que os cercam, o pai convence o filho de que o campo é, na verdade, um jogo complicado em que realizar certas tarefas fará com que eles ganhem pontos, e que quem conseguir mil pontos primeiro vai ganhar um tanque. Vistos dentro do contexto de que é tudo um jogo, os guardas são maus apenas porque eles querem o tanque para si mesmos, e os números cada vez menores de crianças (que, na verdade, estão sendo mortas nas câmaras de gás) significam apenas que elas estão se escondendo para ganhar mais pontos. O pai percebe que o sofrimento a que seu filho está sendo exposto é inevitável; a melhor coisa que ele pode fazer é permanecer alegre e brincalhão para ajudar o filho a sobreviver.

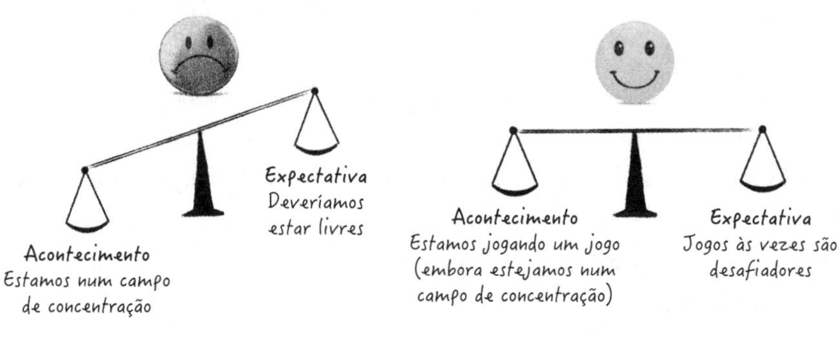

De vez em quando nós podemos enfrentar uma dificuldade inevitável. Se você não puder fazer nada para mudar sua circunstância atual, então retire o ambiente que o cerca da sua Fórmula da Felicidade e resolva a equação usando o resto da sua vida.

Quando a vida fica difícil, alguns de nós acham que o jogo está perdido e que a vida venceu. Mas a vida não está tentando derrotar você. A vida não é nem mesmo um participante – o jogo é seu.

Cada um de nós recebe um conjunto de cartas – algumas boas e algumas não tão boas. Se você ficar focado nas ruins, vai ficar paralisado culpando o jogo. Use as boas e as coisas melhoram: a sua mão muda e você vai em frente.

O meu ídolo da felicidade, Sua Santidade, o Dalai Lama, é um exemplo maravilhoso desse tipo de compromisso. Ele foi exilado do seu país. Seu povo foi submetido a violência e teve que suportar anos de privação. Entretanto, com sabedoria e paz ele fez o que estava sob seu controle e aceitou o que não estava. Ao fazer isso, ele se tornou um embaixador da felicidade para o mundo inteiro.

Minha atitude

No meu caso, nada me ajudou mais a superar a tragédia de perder Ali do que a compreensão da Ilusão do Controle. Existe algo que eu possa fazer para trazê-lo de volta? Havia algo que eu pudesse ter feito para salvá-lo? Existe algum modo de passarmos mais um minuto juntos? Existe sofrimento suficiente que possa ser recompensado com a chance de tornar a vê-lo? Não! ☹

Ajustei o lado da expectativa da minha Fórmula da Felicidade com base na verdade: Ali morreu. Agora eu só posso controlar minhas ações e minha atitude. Escolho ser positivo e grato pelos anos que ele nos abençoou com sua presença. Escolho honrar a vida dele com minhas ações. Isso está dentro do meu controle. Vou transformar a tristeza em felicidade e fazer o que puder para a vida dele continuar através da vida daqueles que irão usufruir dos benefícios das contribuições que fizer em homenagem a ele. Vou distribuir os investimentos que planejei para ele e os carros luxuosos que ele nunca apreciou. Vou transformar tragédias em sorrisos. Sempre que me sinto deprimido ou derrotado, eu o ouço cantando um verso da canção de um dos seus videogames favoritos: "Não faz sentido chorar por cada erro. Simplesmente continue tentando até não ter mais bolo." É assim que se ganha o jogo da vida. Isso é tudo o que posso controlar.

Capítulo Oito

É melhor pular

Nunca conheci alguém que não tivesse medo de alguma coisa. Você já? Alguns podem esconder muito bem, mantendo pose de corajosos, e alguns podem até não saber que a motivação de muitas de suas ações é o medo. Mas todo mundo tem pelo menos um medo que governa sua vida e limita sua liberdade. Isso ocorre porque o medo é o avô de todas as ilusões, aquele que governa todas elas.

Mesmo que você seja o presidente dos Estados Unidos, uma das pessoas mais poderosas do mundo, existe alguma coisa da qual você tem medo. (Aliás, seria legal se você estivesse lendo o meu livro, Presidente ☺.)

Acredito que posso ajudar você a vencer os seus medos, mas você precisa ser franco e honesto consigo mesmo. O caminho é complicado, mas vou demonstrar o processo passo a passo de modo que você possa finalmente viver livre das ansiedades que o estão imobilizando.

Admita que você tem medo

Muitas pessoas não percebem a verdadeira extensão dos próprios medos, o quanto eles são profundos e abrangentes. Nenhum problema pode ser resolvido até que seja identificado com precisão, então, o primeiro passo para lidar com o seu medo é admitir que você tem medo.

Imagine pegar tudo o que você deveria fazer na semana que vem e resolver não fazer. Você pode parar de ir para o trabalho? Por que não? É por medo de perder a sua

fonte de renda? Ou você está preocupado com o que possam pensar de você? Você pode deixar as portas destrancadas? Por que não? Você tem medo que alguém entre e roube a sua tevê? Você tem medo que alguém ameace sua vida? Você pode parar de falar com aquele amigo chato? Pode parar de tomar suas vitaminas? Pode parar de pagar seu seguro saúde? Pode tirar seus filhos da escola? Você pode distribuir todo o seu dinheiro? Por que não? Medo!

É normal ter medo. O errado é se comportar como se não tivesse, porque isso leva a decisões erradas. Nós temos a tendência de inventar motivos para explicar por que as escolhas que fazemos não são causadas pelo medo. Se o seu relacionamento não está dando certo, mas você não consegue terminá-lo, você vai achar uma razão perfeitamente justificável para persistir nesse sofrimento. "Quero ficar com meu/minha parceiro/a porque o/a amo", argumenta você. Pergunte a si mesmo o que faria se outra pessoa surgisse, alguém incrivelmente bonito, maduro e gentil, que o/a amasse perdidamente e lhe desse tudo o que você quisesse. E se não tivesse nada a temer? Você continuaria nesse relacionamento? Se não, então não é amor; é o medo de perder o que você tem e o medo de ficar sozinho.

O medo nem sempre é óbvio. Ele vem em formas muito diferentes. A ansiedade é um resultado direto dos medos que deixamos permanecer conosco. Ela resulta de pensamentos recorrentes ou de projeções de acontecimentos imaginários. A frustração é causada pelo medo de que novas tentativas não contribuirão para que você alcance seu objetivo e que o fato de não alcançá-lo resultará num futuro pior do que o simples fracasso. A repulsa é o medo de interagir com algo que representa um possível descontentamento ou prejuízo. O pesar é causado em parte pelo medo de como a vida será depois da perda, o medo pela segurança dos entes queridos diante do mistério da morte e o medo da própria morte. A vergonha é o medo da rejeição por causa de ações passadas. A inveja e o ciúme são causados pelo medo de ser menos do que o outro. O pessimismo é o medo de que a vida esteja sempre querendo prejudicar você, que os momentos futuros serão piores do que o presente. Toda emoção negativa que você sentir terá traços de medo.

Seja o que for, existe sempre alguma coisa que assusta a cada um de nós — ou que pelo menos nos *preocupa* — o suficiente para nos manter fechados dentro de uma rotina, deixando de experimentar todos os diferentes sabores da vida.

Mas nós não admitimos isso. Achamos que o medo é sinal de fraqueza. Ele nos torna vulneráveis. Então fingimos coragem, estufamos o peito e ocultamos nossos medos. Nós praticamos nosso disfarce por tanto tempo que acabamos acreditando nele. Mas pense nisso: quando é que um baiacu está completamente inflado? Encher-se de ar não é sinal de que ele é corajoso, mas sim sinal de que está com medo, com muito medo.

Quando você achar difícil admitir os seus medos, faça uma pergunta diferente a si mesmo: *Você é livre?*

Essa pergunta me ajudou a descobrir meus medos, um por um. E eram muitos. Eu não tenho mais vergonha em admitir isso — é inerente ao fato de ser humano. Ao longo dos anos, consegui vencer alguns medos, mas ainda luto com muitos outros. O principal deles é um medo profundo do fracasso. Isso me leva a exagerar e a estabelecer metas irrealistas para mim mesmo. Nas minhas relações pessoais, faço tudo para garantir que os meus entes queridos estejam cuidados e visivelmente felizes o tempo todo. Quando isso não acontece, considero isso um sinal do meu fracasso e o medo toma conta de mim. Convenci a mim mesmo durante anos que eu sou só um perfeccionista, mas isso é mentira. Tenho medo do fracasso.

Pronto, falei. Admito que tenho medo. Agora é a sua vez.

Não é nenhum bicho de sete cabeças: se existe algo que você quer fazer, mas não consegue, então você não é *livre*, mesmo não estando numa prisão. Pense nos muros invisíveis do seu cativeiro. Chame-os do que quiser — ou simplesmente chame-os de medo.

Compreenda o que é o medo

Todo medo tem origem numa reação condicionada. A maior parte do tempo nosso condicionamento provoca uma dose sutil, mas suficiente, de medo que impede que sejamos totalmente livres, mesmo se o motivo original para o medo não exista mais, e mesmo quando a realidade subjacente à ameaça se torna insignificante.

Na primeira metade do século XX, a psicologia foi dominada pelo estudo das respostas condicionadas. Em 1942, o pai da escola behaviorista de psicologia, John B. Watson, disse: "Deem-me meia dúzia de bebês saudáveis e garanto escolher um deles ao acaso e treiná-lo para se tornar qualquer coisa que eu queira – médico, advogado, artista e, sim, até mesmo mendigo e ladrão."[1]

Para Watson, isso não era conversa. Em 1920, ele realizou uma experiência eticamente duvidosa para demonstrar "condicionamento clássico" com um bebê de nove meses. Mostraram ao pequeno Albert um rato branco, um coelho, um macaco e diversas máscaras. Sem nenhum medo condicionado ainda nele, Albert interagiu positivamente com todos eles. O seu favorito era o rato branco, até o dia em que Watson provocou um ruído intenso ao dar uma martelada numa barra de aço fora do campo de visão de Albert no momento em que o rato foi mostrado a ele. O barulho alto e súbito fez o pequeno Albert começar a chorar. A sequência foi repetida sete vezes ao longo de sete semanas; no fim, bastava Albert ver o rato para demonstrar imediatamente sinais de medo. Ele chorava e tentava se afastar engatinhando, mesmo na ausência do barulho alto. Uma vida inteira de medo foi criada.

Eu pessoalmente vi uma fobia ser desenvolvida na minha encantadora filha. Aya devia ter cerca de um ano de idade e estava sentada no chão, brincando calmamente numa noite de verão. Nós tínhamos deixado as janelas abertas e uma barata voadora entrou e pousou bem na frente dela. Sem ter sido condicionada a ter medo de baratas, Aya a agarrou como se ela fosse apenas outro brinquedo. Ela olhou para Nibal e sacudiu a mão, totalmente satisfeita com seu "novo brinquedo".

Para Nibal, entretanto, baratas são mais perigosas do que uma explosão nuclear. E sua reação foi mais alarmante do que o martelo batendo na barra de aço atrás do pequeno Albert. Ela deu um grito de terror, começou a chorar e chamou por mim pedindo ajuda. Segundos depois, a visitante indesejada tinha ido embora. Não houve nenhuma vítima humana, mas Aya ficou condicionada. Anos depois, quando tentei fazer uma brincadeira que tinha a ver com baratas, seu medo tinha ficado ainda mais forte. Ela gritou, chorou e saiu correndo. Ela se lembra disso como um dos meus piores comportamentos até hoje. Desculpe, minha Aya querida.

Nomeie o seu medo

Acrófobos têm medo de altura; claustrofóbicos têm medo de lugares fechados; nictofóbicos têm medo do escuro; e aicmofóbicos têm medo de injeções ou agulhas (um dos meus terrores). Como esses medos estão ligados a coisas tangíveis, eles são bem visíveis e fáceis de identificar. Mas e quanto ao medo da rejeição social?

Com alguns medos, há uma definição muito mais fluida daquilo que tememos e isso os torna muito mais difíceis de precisar. Existem tantos medos ocultos. Nós vivemos com eles enquanto eles nos devoram por dentro. Algumas pessoas temem não ter dinheiro para comprar o que precisam; elas ficam agarradas a uma tentativa interminável de acumular o máximo que podem, mas nunca se sentem seguras, não importa quanta riqueza tenham acumulado. Outras temem perder a liberdade; isso pode incluir perder a liberdade da mobilidade física, perder a liberdade de expressar livremente sua opinião, ou perder a capacidade de tomar decisões livremente por causa de controles externos tais como um patrão, uma estrutura corporativa, ou até mesmo um relacionamento estável, como o casamento.

Algumas temem o desconhecido, o fracasso, ou não corresponder às expectativas. Algumas temem perder o controle; outras temem a solidão, a rejeição social ou o ridículo. Todos nós tememos a morte e, consequentemente, muitos de nós tememos envelhecer. E a lista não tem fim.

Quais são os seus medos? Se você acha difícil admiti-los, isso pode ser devido a outro medo mais abrangente: *o medo de enfrentar os seus medos.*

Num nível básico, muitos de nós tememos descobrir quem somos realmente e o que precisamos mudar em nós. A negação nos permite protelar enquanto aprendemos a limitar nossas vidas para lidar com nossos medos. Esse é um dos seus medos? Se for, então está na hora de enfrentá-lo. Está na hora de admitir que você é humano. E como todos os humanos, sempre haverá algum medo para enfrentar.

Os jogos de medo do seu cérebro

O medo de enfrentar os seus medos é apenas um dos muitos jogos que o cérebro joga para garantir que você seja totalmente obediente e para mantê-lo sob controle. Quando os jogos começam, o seu cérebro tenta construir um conceito lógico que esconda a fonte verdadeira do seu medo, que você vai descobrir que se origina de outro sofrimento, bem escondido, profundamente enterrado. Nossos medos são difíceis de revelar porque eles se escondem e se modificam.

Em sua forma pura, o medo é um mecanismo de defesa que é desencadeado para avisar você da proximidade do perigo. O medo alerta você para que você possa tomar as medidas necessárias para evitar o sofrimento, seja ele físico ou psicológico. Mas o sofrimento em si é apenas um mecanismo também controlado pelo seu cérebro. A dor de tocar num fogão quente não acontece na sua mão. O sinal é transmitido para o cérebro, que o rotula como sendo dor. Da mesma forma, os cientistas podem simular a experiência da dor simplesmente estimulando certas partes do cérebro. Isso torna a dor apenas uma outra forma de pensamento.

Nesse sentido, você poderia considerar que a dor não é real porque um evento idêntico – tocar um fogão quente – pode produzir uma reação inteiramente diferente. A tolerância individual à dor varia dependendo da situação. Quando saímos da primeira infância, por exemplo, somos capazes de suportar a fome por muito mais tempo do que quando bebês. Estudos clínicos publicados no *Journal of Psychosomatic Medicine* pediam aos participantes que mergulhassem suas mãos em água gelada e verificaram que a promessa de recompensa financeira podia levá-los a reprimir a dor e manter suas mãos submersas mais tempo do que aqueles que não receberiam recompensa alguma.[2]

Como a dor é só um pensamento, o cérebro pode ignorá-la, e você pode aprender a reprimi-la. É isso que os corredores de longas distâncias fazem. Às vezes você pode até aprender a apreciar a dor. A dor muscular depois dos exercícios é algo de que aprendemos a gostar porque se trata de uma sensação associada a crescimento e aperfeiçoamento.

Lembre-se!

Quando você quer e se esforça para isso, consegue vencer a dor.

Tudo o que se aplica a dor física também se aplica a dor emocional. Nós toleramos a dor emocional de formas diferentes, dependendo das circunstâncias, mas a maioria de nós consegue aprender a reprimi-la ou até a usá-la em nosso benefício. A dor da rejeição, por exemplo, é muito pior para um adolescente do que para alguém mais velho e menos inseguro.

Então por que nós geralmente não reprimimos a dor emocional? Porque, como acontece com a dor física, o nosso cérebro usa a dor emocional para nos resguardar de perigos. A diferença é que a dor física não pode ser gerada pelo nosso cérebro sob demanda, mas ele pode gerar a dor emocional usando pensamentos incessantes. E isso leva ao sofrimento.

Nossos cérebros repetem incessantemente cada lembrança dolorosa do passado e cada cenário possivelmente amedrontador do futuro, igual à simulação complexa de computador, numa tentativa de nos assustar e nos afastar de perigos antes que eles possam acontecer e independentemente da probabilidade de que eles venham mesmo a acontecer. Toda vez que nosso cérebro encontra possíveis ameaças em nossas simulações, nós as associamos com uma forma de medo, e mesmo que as ameaças não sejam muito importantes, o cérebro exagera o medo.

Digamos que você tem medo de falar em público. Se perguntarem por que você tem esse medo, sua resposta inicial poderá ser simplesmente "Porque sim". Mas se você for mais fundo, ultrapassar o mecanismo de defesa do cérebro, vai descobrir de onde esse medo vem realmente.

– Do que é que você tem realmente medo?
– Eu tenho medo de dizer alguma bobagem na frente de uma plateia grande.
– E por que isso assusta você?
– Porque eu posso ser rejeitado por isso.

Continue até não haver mais nada para descobrir. Você terá revelado as camadas de medos desnecessários que sofremos devido a um mecanismo cerebral que aprendi a chamar de *modelo de segurança*.

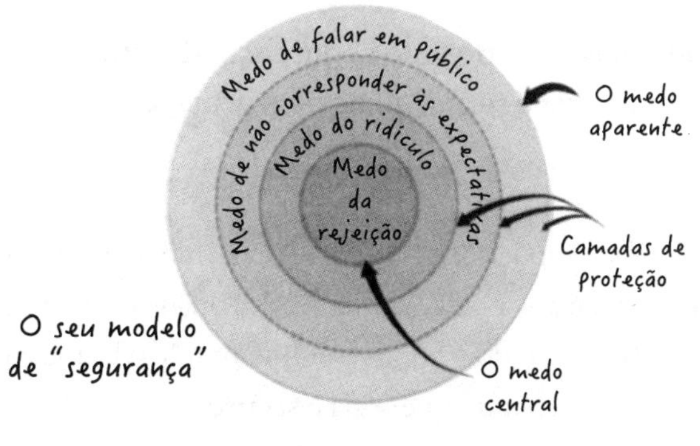

Para evitar um medo específico, o cérebro tende a procurar qualquer ameaça possível que possa provocá-lo — cada experiência dolorosa do passado e cada cenário possível de preocupação a respeito do futuro. Ele registra as ameaças que encontra como mais coisas a temer. É simplesmente *mais seguro* assim, pensa o cérebro; mas será mesmo?

Cada novo medo quase sempre causa mais insegurança. Em vez de ter apenas um medo para lidar, você agora tem muitos. O efeito é significativamente intensificado. Com mais a temer, o seu cérebro tenta com mais afinco manter você seguro. E assim o círculo vicioso continua: *mais* medo exige *mais* camadas de proteção.

Numa tentativa inútil de manter você o mais longe possível do perigo, o seu cérebro constrói o que ele acredita ser um *modelo de segurança*, uma estrutura complicada com um número grande de cenários amedrontadores com que se preocupar e mais barreiras — medos — para defender você contra eles. Nós tentamos tapar cada buraco e fechar cada fresta. Mas o que construímos é uma estrutura instável. *Quanto mais construímos, mais ameaçados nos sentimos e mais pontos fracos expomos.* É uma questão simples de matemática: quanto maior o número de pontos vulneráveis, mais nós ficamos expostos.

Camada por camada, nossa estrutura defensiva se torna a fonte principal da nossa fragilidade. A dor se torna desproporcional ao motivo que está por trás do nosso medo original. Tudo se torna insuportável, o medo se torna um modo de vida. À medida que nos esforçamos para estabilizar e expandir nosso modelo de segurança, fracassamos porque algum acontecimento inesperado irá fatalmente ameaçar uma parte ou outra. Toda vez que isso acontece, funciona como uma confirmação de que tínhamos um bom motivo para ter medo, e assim o círculo vicioso continua. A vida se torna realmente um longo filme de terror, um filme que não tem intervalos para anúncios.

Muito importante!

Não existe modelo de segurança. Quanto mais você tentar, mais irá fracassar.

Depois que construímos o modelo, fica difícil nos livrarmos dele. Nós fazemos deste modelo a base da nossa expectativa na Fórmula da Felicidade e comparamos a vida a ele conforme ela vai passando. Os dois nunca combinam. Nós ficamos desapontados, sofremos, e ficamos ansiosos achando que nada é seguro.

Coisas simples podem facilmente se tornar grandes ameaças porque, eventualmente, atravessando todas essas barreiras protetoras, elas nos conduzem aos maiores medos. "Se eu falar na frente dessas pessoas, vou tropeçar nas palavras. Se eu tropeçar nas

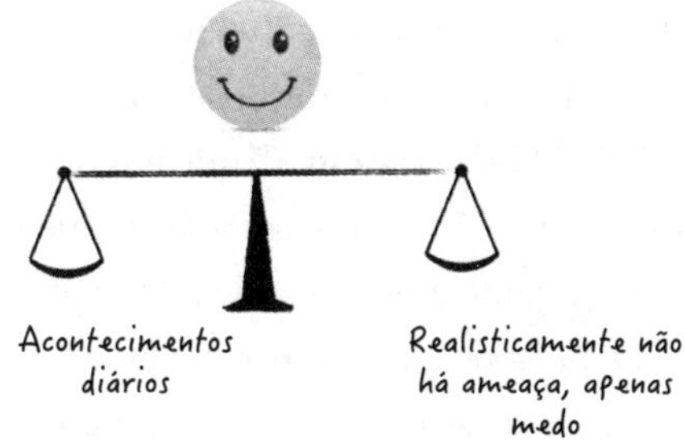

palavras, as pessoas não me levarão a sério." "Eu não gosto do calor. Ele vai estragar a minha maquiagem. Isso fará com que as pessoas me julguem. Se elas me julgarem, vão me rejeitar." Algo tão inofensivo quanto um dia quente se torna parte do medo da rejeição. *Tudo* se torna uma intromissão ao seu modelo de segurança. Nós nos tornamos eternamente infelizes, não porque a vida é injusta, mas porque nossas expectativas são totalmente toldadas pela Ilusão do Medo.

Yoda, o sábio mestre Jedi de *Star Wars*, resume tudo isso numa afirmação: "O medo é o caminho para o lado escuro. O medo leva à raiva. A raiva leva ao ódio, e o ódio leva ao sofrimento." Eu amo o Yoda.

A única maneira de escapar do círculo vicioso é destruí-lo em seu âmago, com todas as suas partes e de uma vez só. Enfrentar os seus medos um por um pode parecer difícil, mas é mais fácil do que você pensa.

Faça um juramento

Muitos de nós aceitam o sofrimento e passam a acreditar que a vida é assim mesmo. Suportamos o sofrimento por medo, geralmente sem nem mesmo saber o que tememos enfrentar. O primeiro passo no caminho da liberdade é encarar os seus medos e reconhecê-los. Em vez de se esconder, você precisa enfrentá-los.

Você sabe como os elefantes são mantidos em cativeiro? Por uma fina corrente. Aqueles gigantes de quatro toneladas poderiam quebrar a corrente sem o menor esforço, mas eles não o fazem porque aquelas correntes os prendiam quando eles eram bebês, e eles ficaram condicionados. Antes, eles tentaram muitas vezes se soltar, mas não conseguiram, então pararam de tentar. Nós nos comportamos da mesma maneira. Exageramos os nossos medos e paramos de tentar nos libertar.

Mas agora tenho quase certeza de que o seu cérebro está lhe dizendo: “Mas o medo *pode* ser bom. Não acredite nesse tal de Mo. Nossos medos é que nos protegem do perigo. Existem aspectos positivos no medo.”

Não! Não existem. O que nos mantém vivos e nos impulsiona para a frente são as nossas *ações*, não os nossos *medos*. O medo nos paralisa. Ele prejudica nossa capacidade de julgamento e nos impede de tomar as melhores decisões possíveis.

O medo do fracasso não governa o nosso melhor desempenho. Tudo o que ele faz é provocar ansiedade. O que realmente nos leva ao sucesso é o nosso esforço. E você não *precisa* ter medo para se esforçar. Olhando para trás, vejo que quando conseguia qualquer tipo de sucesso, o medo do fracasso geralmente me dominava e me fazia temer o trecho seguinte da jornada, e, com isso, eu me negava a chance de desfrutar dos melhores momentos da minha vida. O medo impediu que eu fosse feliz durante toda a jornada, até mesmo quando estava na hora de comemorar.

Lembre-se!

Não existem aspectos positivos no medo.
São suas ações e não os seus medos que o mantêm seguro.

Os pensamentos que levam ao medo estão sempre ancorados no futuro. O seu cérebro tenta fazer você acreditar que o minuto seguinte irá, provavelmente, ser pior do que o presente a menos que você faça algo para se proteger. Quando está com medo, você acredita que a vida está tentando enganá-lo e que está em perigo a menos que faça algo para se manter seguro.

Mas você realmente acredita que a vida, com toda a sua força, com seus recursos e conexões infinitos, está planejando sua próxima jogada apenas para pegar você? Você realmente acredita que a órbita do planeta e os ciclos de vida de mais de 7 bilhões de pessoas existem apenas para assustar você? Se a vida estivesse realmente querendo acabar com você, você acha que a sua frágil proteção iria mantê-lo seguro? Bem, você está enganando a si mesmo: ia virar churrasco, fácil, fácil.

Lembre-se!

A única coisa que a vida *quer* é ser desfrutada.

A vida quer que você experimente cada sabor que ela pode oferecer. Amargo não é pior do que doce; apenas são diferentes. A vida está sempre tentando atrair sua atenção enquanto você tenta bloqueá-la o máximo que pode. Ela está sempre oferecendo experiências, algumas para apreciar, outras para lhe ensinar alguma coisa à medida que você cresce e se desenvolve, mas você fica trancado dentro dos seus medos, recusando-se a vivenciá-las.

Agora seja honesto: quantas vezes o seu pior medo se tornou realidade, e quantas vezes não? Quantas vezes uma reviravolta do destino lhe deu mais do que você havia esperado?

O futuro será melhor do que espera. Ele sempre foi. **Você não estaria aqui se o seu presente correspondesse aos seus medos passados, estaria?**

Quando ficamos presos em ciclos de angústia a respeito do futuro, nós nos esquecemos de que o medo em si é prova de que estamos bem. Pense nisso: **se você pode permitir que o seu cérebro se preocupe com o futuro, então, por definição, neste momento você não tem com o que se preocupar.**

Lembre-se!

Neste exato momento, você está bem.

Muitas crianças choram no primeiro dia de jardim de infância. Elas esperneiam e gritam porque têm medo. Então, poucas horas ou dias depois, elas estão bem. Elas até gostam de lá. Qual é a transformação mágica que acontece? O jardim de infância muda para corresponder às expectativas delas? De jeito nenhum. Nada muda. Mas quando elas enfrentam seu medo, percebem que brincar com outras crianças o dia todo não é nada mau.

Nós fazemos isso repetidas vezes. Alguns de nós temem enfrentar um valentão; alguns temem fazer uma primeira apresentação em público; alguns temem sair de um relacionamento que já não é bom; alguns temem se aproximar de um desconhecido e dizer olá. Mas quando agimos apesar do nosso medo, percebemos que não há do que ter medo. É desafiador no início, mas depois que você vence o medo, percebe que valeu a pena.

Você está pronto para aceitar esse desafio?

Dê o salto

Para vencer o medo, você tem que ficar face a face com ele.

O modo mais fácil de pôr fim a todos os jogos de medo do seu cérebro é o seguinte: quando você souber qual é o seu medo, **obrigue a si mesmo a enfrentá-lo.** Se você tem medo de falar em público, busque a primeira oportunidade e se ofereça para ser um palestrante. Coloque-se num caminho sem volta. *Não pense, apenas faça.* Vai dar certo. Eu prometo.

Aqui está uma série de perguntas simples que irão guiá-lo através do desafio de vencer os seus medos. Como elas ajudam você a ver o que o seu cérebro está escondendo de você, eu chamo essa lista de **O interrogatório.**

Qual é a pior coisa que pode acontecer?

Assim que você fizer essa pergunta, o seu cérebro vai entrar em parafuso e começar a imaginar milhares de histórias de terror. Não resista. Colabore. Deixe o cérebro correr solto. Depois se concentre na coisa que é realmente a pior de todas. Não estamos interessados nos outros milhares de cenários, só no pior, mas realista, resultado. Use esse medo como exemplo: *Qual é a pior coisa que pode acontecer se eu falar em público?*

– Eu posso ser extremamente entediante e deixar todo mundo com sono.
– Isso não é tão ruim. O que é pior do que isso?
– As pessoas podem rir.
– Isso é o pior?
– Não, elas podem me expulsar do palco sob vaias.
– Tudo bem, isso seria bem ruim. Pode ser pior?
– É claro. O meu chefe poderia estar na plateia e eu poderia perder meu emprego.
– Ah, agora estamos chegando lá. Você pode pensar em algum cenário pior?
– Posso, um atirador maluco na plateia pode resolver atirar em mim.
– Vamos ser realistas. Falando sério, o que é que pode acontecer de pior?
– Eu já disse a você, eles vão me vaiar e meu chefe estará lá e vou perder o meu emprego.
– Tudo bem, acho que chegamos lá.

Essa pergunta faz você visualizar o pior cenário possível para o seu medo. Sei que você deve estar sofrendo agora só de pensar nisso. Me desculpe. Mas tenho ótimas notícias. Identificar o pior cenário possível ajuda você a chegar ao fundo do poço.

E de lá você só pode subir.

Vamos começar a subir. A próxima pergunta talvez o surpreenda.

E daí?

Essa pergunta é a grande virada para longe do medo e na direção da coragem. E daí se eu perder meu emprego? A minha vida vai acabar? Vou morrer de fome? E daí se me vaiarem? Vou deixar de existir? Além do pensamento em minha cabeça chamado vergonha, existe realmente algum dano que resulte do fato de ser vaiado? Se esse é o pior cenário possível, você percebe que se ignorar a dor associada a ele consegue sobreviver? Vamos continuar subindo.

Qual é a probabilidade disso acontecer?

Honestamente, qual é a probabilidade de ocorrer o pior cenário possível? Isso já aconteceu alguma vez com você? Quantas vezes você já viu isso acontecer com outra pessoa? Quantas vezes você viu palestrantes horríveis no palco, e quantas vezes você os viu serem vaiados? Faça as contas. Continue subindo.

Existe algo que eu possa fazer agora para evitar esse cenário?

Essa, meu amigo, é a minha pergunta favorita. É aqui que você transforma o seu medo em ação.

Comece a trabalhar e se prepare como um louco. Faça a sua palestra diante do espelho, do seu companheiro ou companheira e do cachorro uma centena de vezes. Faça isso até se sentir totalmente à vontade. Então torne a fazer. Estar preparado irá, no mínimo, reduzir ainda mais a probabilidade de ocorrência do pior cenário possível e ajudar você a saber que se preparou o melhor possível.

Essa, aliás, é a hora em que seu cérebro talvez comece a resistir, perguntando: "Por que você está fazendo isso comigo? Minha vida era tão fácil antes de você começar a ler este livro."

Ignore-o. Você está quase lá. Vamos em frente.

Consigo me recuperar?

Isso fica ainda mais interessante quando você pergunta a si mesmo: e se a ínfima probabilidade do meu pior cenário possível se realizar e eu for vaiado e perder meu emprego? Essa é uma situação da qual eu consigo me recuperar? Você poderia, quem sabe, reduzir suas despesas durante os próximos meses? Você acabará conseguindo outro emprego? Sim, e com um chefe melhor, eu espero. Vai ser um pouco desagradável, eu admito, mas isso vai passar assim como todas as outras experiências desagradáveis que você já teve na vida até agora.

Está se sentindo melhor? Nós seguimos o processo lógico correto e, ao fazer isso, desmascaramos o medo no qual você foi trancado pelo seu cérebro. Por baixo dessa máscara assustadora, existe apenas um gatinho inofensivo. O resto é nossa imaginação. O cenário mais assustador não vai ser o fim da sua vida. Quando você age, você reduz ainda mais as chances dele. E se ele vier a ocorrer, você encontrará um jeito de se recuperar. Que alívio!

Mas espere, isso ainda vai melhorar mais. Há mais degraus!

Seu cérebro tende a pensar sobre o que poderia dar errado. Assim ele pode planejar com antecedência como evitar as ameaças e garantir a sua sobrevivência. Mais duas perguntas podem ajudar você a afastar seus pensamentos de todas as coisas ruins que o amedrontam e pensar em todas as coisas boas que o aguardam, de modo que você possa dar o grande salto para fora do seu medo.

O que acontecerá se eu não fizer nada?

Ora, *essa* é uma boa pergunta. Qual é o preço do *status quo*? É um preço que você está disposto a pagar? Qual o preço que você pagaria se permanecesse nesse relacionamento abusivo? Qual o melhor caminho? Viver sozinho, mesmo que seja pelo resto da vida (pior cenário possível) ou ser maltratado? O que aconteceria se você ficasse preso num emprego que o está destruindo? Qual o preço que você tem que pagar se não enfrentar aquele valentão ou reconhecer que precisa reorganizar suas finanças?

Eu posso prometer o seguinte: o que você sofre quando permanece com medo é quase sempre mais devastador do que enfrentar esse medo. Essa é a razão pela qual o cérebro exagera tanto os seus medos: para torná-los uma ameaça maior do que a dor que você está sentindo. Ele tem que fazer isso, senão você se livrará deles facilmente!

A próxima pergunta é a melhor de todas.

Qual é o melhor cenário possível?

Sabe aquelas cenas de filmes de ação em que o agente secreto aciona um interruptor e o esconderijo dos bandidos desaba e explode numa exibição espetacular de fogos de artifício? Essa pergunta faz exatamente isso com a fortaleza do seu medo enquanto o seu cérebro fica assistindo horrorizado, sem compreender como você conseguiu isolá-lo num canto, subitamente amedrontado de que possa ter esgotado seus truques. Acerte-o enquanto ele está acuado nas cordas. Vença esse jogo.

Qual é a melhor coisa que pode acontecer? *Essa* é a pergunta a ser feita.

E se você largasse o emprego e voltasse a tocar piano? E se enfrentar o valentão o fizesse ir embora? E se todas as estrelas se alinhassem em seu favor? Você escreveria o próximo livro do Harry Potter? Mais importante, você ficaria feliz? As coisas geralmente dão certo. Por que você deixaria passar essa oportunidade?

O custo de não fazer nada é geralmente mais alto do que o custo de enfrentar o seu medo. E quando as coisas dão certo, a oportunidade faz o risco valer a pena.

Perceber que o seu medo é exagerado torna mais fácil para você decidir enfrentá-lo. Imaginar o que o espera do outro lado dá a energia que você precisa para agir. Dá a você a força para enfrentar a dor dentro de um processo de esperança de um futuro melhor.

Basta de cenários pessimistas criados pelo seu cérebro! Recuse-se a aceitá-los. Viva cada minuto da sua vida totalmente otimista em relação ao momento seguinte. Enfrente os seus medos, um por um, e os extermine. Eles nunca foram mesmo reais.

Está na hora

Descobri que quando você escapa dos seus medos, eles se levantam para enfrentá-lo. Como um sábio mestre, a vida irá testar você, medo a medo, para ver se você está pronto para ir para a lição seguinte. Depois que você vence um medo, o teste acaba e você nunca mais terá que enfrentá-lo. Mas se você se esconder, o teste — o medo — vai ficar aparecendo para assombrá-lo ao longo do seu caminho.

Como todo mundo que você conhece, eu me recusei a admitir meu medo para qualquer pessoa, inclusive para mim mesmo. Fingi que era corajoso. Eu temia o fracasso. Então continuei a me esforçar. Ter sucesso como empresário era uma resposta ao meu medo. Feche um negócio melhor, e você é bem-sucedido; fracasse em conseguir fechar um negócio, e você é um fracassado. Passei a maior parte da minha vida trabalhando e era paranoico em não cometer erros.

Mantive o meu medo vivo, então a vida – a suprema mestra – se encarregou de me colocar a prova. Tive que enfrentar meu medo quando discordei totalmente de um dos meus gerentes. A situação se tornou insustentável e fiquei muito perto de me demitir – ou de ser mandado embora. A dor foi bem real. Ficar sem emprego é a forma mais extrema do fracasso que eu temia. E foi então que percebi que uma mudança ia ser algo bom. Escolhi ir até o âmago do meu medo. Encontrei alegria na liberdade que minha vontade de sair me deu. Soube então que, se perdesse o emprego, a vida ainda encontraria um caminho. Então saí, e foi exatamente isso que a vida fez. Depois que meu medo desapareceu, o teste desapareceu junto com ele. Eu fui em frente e hoje amo o trabalho que faço. Não havia o que temer.

Eu queria o melhor para a minha família e meu maior medo era não corresponder às expectativas dela. Gostava do conforto que o dinheiro dava a eles, então passei a ter medo de perdê-lo. Aprendi a poupá-lo e investi-lo. Eu quase o venerava até que, um dia, fiz um péssimo investimento e fiquei muito perto de perder tudo. A vida me colocou face a face com meu medo, e percebi que ele não era tão assustador assim. Eu compreendi que precisava de muito menos dinheiro do que tinha imaginado, que as expectativas da minha família em relação a mim eram muito menores do que eu tinha colocado como meta, e que se o dinheiro fosse todo embora, a vida ainda encontraria um caminho. Eu me senti livre. Como eu não estava mais com medo, o teste acabou e nunca mais precisei me preocupar com dinheiro.

Teste após teste, meus medos desapareceram, até que, por um tempo, senti que vivia sem medo. Eu tinha muito a perder, mas nada que eu temesse perder. Não havia nada de que eu gostasse que alguém pudesse tirar de mim. Era uma sensação maravilhosa.

E então Ali morreu.

Não havia medo maior. Não havia nada nem ninguém no mundo que eu protegesse mais. Eu mantinha isso escondido bem no fundo, mas perder um dos meus filhos sempre foi o meu verdadeiro pesadelo.

Uma última vez, a vida me atirou no meio da arena para enfrentar meu maior terror. A dor foi insuportável. Ainda é, mas durante o processo, a vida apagou o meu último medo. Não há nada mais que possa ser levado embora. Com esse último movimento de peças no tabuleiro de xadrez, eu ganho, ou talvez eu perca. Seja como for, nunca haverá outro medo.

Enquanto eu rezo pelo bem estar de Aya, o raio de sol da minha vida, espero que esse teste esteja terminado. Não há necessidade de fazer o teste da coragem porque já passei por ele.

A morte é o maior de todos os medos, e aprender a enfrentar a sua própria morte é a forma derradeira de enfrentar os seus medos. Quando Ali morreu, eu morri, e digo isso no sentido mais positivo. A vida finalmente ganhou perspectiva. Eu tenho uma enorme sensação de paz. Não há mais nada a perder; não há mais nada a temer. Eckhart Tolle diz que isso é "morrer antes de morrer", viver a vida sabendo que, porque um dia tudo estará terminado, não existe realmente nada que você possua, então não existe nada que você tenha para perder.

Como um corredor de maratona, alcancei o meu limite de dor quando Ali morreu. Agora sei que o próximo passo é apenas um outro passo do caminho, até alcançar em paz a linha de chegada.

Choro toda vez que me lembro que o preço da minha liberdade foi a vida dele. Mas Ali também achou o seu caminho. Ele também está em paz.

Sei que você está feliz onde quer que esteja agora, Ali. Faltam só mais alguns dias gloriosos até eu ganhar aquele abraço de que tenho tanta saudade e ouvir você dizer sua saudação habitual: "*Ezayak ya aboya.*" Até lá vou tentar viver sem medo. Só então a jornada estará completa.

Não há um único dia na vida que valha a pena viver com medo. A vida vai colocar você face a face com seus medos a menos que você decida passar no teste antes que ele seja colocado diante de você.

Muito importante!

Aprenda a morrer antes de morrer.
Está na hora de enfrentar os seus medos.

Parte Três

PONTOS CEGOS

7 pontos cegos afetam o modo como nosso cérebro processa informações e confundem nossa percepção da realidade. Para garantir nossa sobrevivência, os setes pontos cegos se juntam à tendência do cérebro ao pessimismo. Isso interfere em nossa capacidade de resolver a equação da felicidade, causando um sofrimento desnecessário.

Capítulo Nove

É verdade?

Na raiz do relacionamento desafiador com nosso cérebro está o fato de que ele é um dispositivo que foi montado, testado e (principalmente) concluído há milhares de anos, num ambiente completamente diferente com exigências completamente distintas. Características que um dia foram vantajosas hoje entravam nossa aptidão para a felicidade. Apesar de seu imenso poder de processamento, o cérebro humano segue expelindo soluções para equações que pouco tem a ver com o mundo moderno – e menos ainda com a felicidade. Em razão de suas origens evolutivas, o mundo ao qual nosso cérebro responde é antigo, sombrio e aterrorizante. E assim são suas estratégias. Se nosso objetivo é utilizar esse dispositivo adequadamente, precisamos adaptar sua programação para que ela corresponda a esse novo ambiente operacional. Mas, antes, vejamos como tudo começou.

A origem dos pontos cegos

Um galho da moita que se encontra a poucos passos de um caçador na Pré-História sacode ligeiramente. O som captura a atenção do hábil caçador. Ele acena para os companheiros, instruindo-os a se abaixarem e permanecerem em silêncio enquanto ele investiga o que provocou o som. O caçador aguça seu olhar e sua audição e *filtra* todos os outros estímulos sensoriais. Toda a sua atenção está voltada para a moita. Tudo o mais fica em segundo plano.

O vento sopra vindo de trás dele em direção à moita. Ele avalia que por isso não sentiu o cheiro da fera que lhe mete medo. Essa é a estratégia que as feras usam ao atacar. Trata-se claramente de um predador esperto, um tigre talvez, e pela altura do galho que se mexeu o caçador *supõe* ainda que deve ser um tigre grande.

Cuidando para não fazer qualquer ruído, os caçadores prendem a respiração. A moita para de se mexer, indicando que a fera sabe que foi percebida. Em sua cabeça, o caçador da Idade da Pedra *prevê* uma batalha iminente. Ele imagina com precisão o ângulo e a velocidade do ataque. Ataque que está a apenas alguns segundos de acontecer, ele tem certeza, então acena para os companheiros para que recuem alguns passos.

Esse cuidado é resultado de experiências passadas dolorosas. Desde a primeira vez em que se aventurou na selva para caçar ao lado do pai, muitos bons caçadores se tornaram presas de uma fera selvagem em momentos de descuido. Embora muitas luas tenham passado, ele tem a *memória* de como as feras atacaram, jogaram suas vítimas no chão e arrancaram os músculos de seus ossos. Revive essa memória como se estivesse acontecendo diante de seus olhos, e seu coração começa a acelerar.

Não há um segundo a perder. Tentar processar os detalhes para analisar melhor a situação eliminaria as chances de fuga. O risco é muito alto. Ele precisa tomar uma decisão rápida, então *rotula* a situação como perigo claro e presente. Quando sua vida depende dela, a velocidade importa muito mais que investigações precisas.

Ele *sente* um pânico avassalador. Seu cérebro impõe esse estado inundando seu corpo com adrenalina para prepará-lo para uma reação de lutar ou fugir.

Conforme o pânico se instala, o cérebro *exagera*, vendo cada cenário possível como muito mais perigoso do que realmente é. Pode ser um bando de tigres, ele pensa. Podem nos cercar. Não adianta tentar fugir; todos vamos morrer. Mais galhos se agitam violentamente. Numa fração de segundo, por instinto, ele dá as costas para a moita e se prepara para correr – nesse instante, alguns pássaros alçam voo. Um pouco acanhado, o caçador olha para o céu e percebe que seu tigre não passava de um bando de pássaros. E daí que os últimos minutos foram um pouco estressantes, seu cérebro pensa. Pelo menos ainda estamos vivos.

Durante milênios, nosso cérebro foi sendo equipado com as sete características incríveis que acabei de ressaltar: filtros, suposições, previsões, memórias, rótulos, emoções e exagero. Sim, essas tendências podem ter garantido a sobrevivência da espécie há muito tempo. E nossos ancestrais não se ressentiam do desconforto que essas características causavam porque operavam num ambiente extremamente hostil. Para eles, fazia sentido supor o pior porque o pior acontecia com frequência.

Desenvolvemos a civilização e afastamos os tigres de nossas cidades, trocamos os territórios de caça pelas selvas do ambiente de trabalho, dos clubes e shoppings, mas continuamos contando com essas sete características. Raramente questionamos sua eficiência nesse ambiente "estranho". Assim como uma chave de fenda pode ser usada para apertar um parafuso ou furar nosso olho, o cérebro pode trazer vantagens ou desvantagens. As sete características de sobrevivência podem se tornar pontos cegos que agem contra nós e nos fazem infelizes, principalmente quando combinadas com outra tendência antiga que é a principal característica do cérebro.

Uma tendência para o mau humor

O modo como nosso cérebro opera me faz lembrar do meu primeiro carro, um carro usado, velho e judiado, mas era o que eu podia comprar. Com frequência, aquele carro manifestava um de seus muitos problemas mecânicos – as velas e a bobina de ignição falhavam e o radiador vazava. Além disso, ele nunca seguia uma linha reta, porque os pneus precisavam de alinhamento. Aquele carro era um desastre. A qualquer momento, uma ou mais daquelas falhas mecânicas ocorriam, causando problemas. Quando o radiador vazava, o carro superaquecia e, quando as velas de ignição falhavam, o motor rateava. Mesmo quando eu consertava alguns desses problemas mecânicos, o alinhamento continuava fazendo com que o carro puxasse para a esquerda.

Algo semelhante acontece com o cérebro. Com frequência, um ou mais dos sete pontos cegos distorcem nossa percepção. Cada um deles tem um efeito diferente sobre nós, enquanto o cérebro tenta dar sentido à vida. Além dos pontos cegos, no entanto ruim uma tendência geral persiste: a tendência ao mau humor e a desequilibrar a maior parte de nossos pensamentos.

Depois de um tempo, ficou perigoso dirigir aquele carro sem corrigir o problema do alinhamento. Quando isso foi resolvido, pude começar a consertar os demais defeitos um a um. Como um bom profissional, o mecânico fez uma inspeção minuciosa do carro para avaliar a extensão do problema. Vamos fazer o mesmo com nosso cérebro.

A inspeção do cérebro

Vamos analisar o cérebro por meio de dois testes rápidos: Checagem e Acompanhamento.

Checagem

Analise a imagem e tome nota do que vê num primeiro relance.

Você percebeu o urso de pelúcia na mão da garotinha, o livro caindo da mochila ou o parquímetro? O que você *viu* de fato? Foi o sinal vermelho para pedestres, o garotinho correndo, o carro em alta velocidade ou a garotinha se colocando em situação de perigo? Você percebeu o acidente prestes a acontecer? A maioria de nós percebe exatamente isso.

Agora veja o cenário completo. Você vai perceber que não há nada de errado. O carro, na verdade, está estacionado, há um guarda direcionando o trânsito e todos estão seguros. Por que não foi esse o cenário que você antecipou?

Tente aplicar a Checagem em sua vida diária. Em quase todas as situações, você perceberá que o cérebro tem uma tendência de enxergar o que está errado e que pode representar uma ameaça. Serão muito menos frequentes os momentos em que o cérebro vai perceber o que está dando certo ou o que é normal. É mais ou menos como nosso amigo caçador traduzindo o movimento de um galho como tigres, e não pássaros.

Acompanhamento

Divida um pedaço de papel ao meio e marque um dos lados com um sinal de positivo (+) e o outro com um sinal de negativo (–). Agora, observe o diálogo que acontece em sua cabeça; preste atenção em cada pensamento que surge durante o dia e faça uma marca no lado da página que corresponde ao tipo de pensamento. No lado positivo marque coisas como: *A vida é boa comigo; Ela vai me amar para sempre*; *Eu sou bonita*. Exemplos de pensamentos que devem ser marcados no outro lado são: *Eu não gosto desse emprego*; *Coisas ruins sempre acontecem comigo*; *Ele é um idiota*; *Estou gordo*.

Agora conte as marcas. Seu cérebro está produzindo principalmente pensamentos otimistas ou pensamentos pessimistas, reprovadores ou críticos (negativos)? A maioria das pessoas não precisa fazer o teste durante muito tempo para reconhecer que a maior parte de seus pensamentos é negativa, desconfiada, reprovadora e pessimista. É o que acontece com você também? Não fique chateado. Todos estamos no mesmo barco.

Muitas pesquisas demonstram que costumamos ter pensamentos negativos – autorreprovadores, pessimistas e assustadores – com maior frequência do que temos pensamentos positivos. O psicólogo Mihaly Csikszentmihalyi usa o termo “entropia psíquica” para indicar que a preocupação é a postura-padrão do cérebro.[1]

Raj Raghunathan e alguns colegas da Universidade do Texas conduziram um estudo similar ao Acompanhamento. Pediram que alunos mantivessem um registro “rigorosamente honesto” dos pensamentos que lhes surgiam naturalmente durante um período de duas semanas. O registro revelou que entre 60% e 70% dos pensamentos dos alunos eram negativos, um fenômeno conhecido como “dominância negativa”.[2] Essa proporção não pode ser subestimada. Segundo pesquisa da Fundação Nacional de Ciência dos Estados Unidos, isso pode significar alarmantes 35 mil pensamentos negativos por dia.[3]

Mas nossa tendência para a negatividade não se limita ao número excessivo de pensamentos desse tipo. **Nós também tendemos a dar um peso muito maior a esses pensamentos quando tomamos decisões**. O trabalho de Roy F. Baumeister, Ellen Bratslavsky, Catrin Finkenauer e Kathleen D. Vohs demonstra que as pessoas tendem a tomar decisões levando em consideração a necessidade de evitar uma experiência negativa, em vez do desejo de atrair resultados positivos, fenômeno conhecido como "teoria da perspectiva".[4] É por isso que, se um restaurante recebeu uma avaliação de uma estrela de um frequentador e uma avaliação de cinco de outro, é mais provável que você considere a avaliação negativa e decida não frequentá-lo, ainda que, estatisticamente, a avaliação de cinco estrelas pode ser tão real quanto a de uma.

Também dedicamos mais recursos do cérebro a informações negativas. Felicia Pratto e Oliver P. John, da Universidade da Califórnia, em Berkeley, conduziram um estudo no qual participantes deviam ler em voz alta uma série de palavras que apareciam em sequência na tela de um computador. As palavras apareciam em cores diferentes, e cada uma era o nome de uma característica de personalidade positiva ou negativa. As características eram irrelevantes para a tarefa, que era citar as cores o mais rápido que os participantes pudessem. Mas os participantes demoravam mais para identificar a cor quando a característica mostrada era negativa. Essa diferença no tempo de resposta indica que os participantes dedicaram mais atenção ao processamento das características em si quando elas eram negativas.[5]

Outra descoberta interessante foi que os participantes demonstraram maior memória incidental para as características negativas do que para as positivas, independentemente da razão entre características negativas e positivas da série. Isso implica que **tendemos a nos lembrar das características negativas com maior facilidade**. Como resultado, **tendemos a nos lembrar de coisas negativas com maior frequência**. Quando nos pedem para citar qualquer acontecimento emocional recente, tendemos a citar acontecimentos negativos com maior frequência do que acontecimentos positivos. Também tendemos a subestimar a frequência com que experimentamos acontecimentos positivos porque nos esquecemos das experiências emocionais positivas com maior frequência do que nos esquecemos das negativas.[6]

Socialmente, **tendemos a respeitar mais pessoas negativas do que pessoas positivas**. Clifford Nass, da Universidade de Stanford argumenta que vemos pessoas que têm uma perspectiva negativa do mundo como mais inteligentes do que pessoas que têm uma perspectiva positiva.[7] **Temos, inclusive, mais palavras negativas em nosso vocabulário** (o grupo que usamos para construir nossos pensamentos): por exemplo, 62% de todas as palavras relacionadas às emoções no dicionário de língua inglesa são negativas. Você conhece a proporção de palavras negativas na sua língua materna?

Nenhuma dessas tendências negativas é coincidência. São claramente um reflexo do projeto do nosso cérebro. Por exemplo, a amígdala emprega aproximadamente dois terços de seus neurônios para detectar experiências negativas e, quando o cérebro começa a procurar por más notícias, essas notícias são armazenadas na memória de longo prazo imediatamente, enquanto experiências positivas precisam receber nossa atenção por mais de doze segundos para serem transferidas da memória de curto prazo para a de longo prazo. Rick Hanson, pesquisador sênior do Centro de Ciências para o Bem Maior, de Berkeley, diz: “O cérebro é como um velcro para experiências negativas, mas um teflon para experiências positivas.”[8]

As evidências são esmagadoras e eu poderia seguir dando exemplos, mas o ponto principal aqui é:

Lembre-se!

Tendemos a ser negativos a maior parte do tempo.

Então por que nosso cérebro é tão mal-humorado? Para descobrir, teremos de deixar as pesquisas e entrar no mundo real.

Um advogado dedicado

O cérebro costuma procurar pelo que pode representar uma ameaça. Por que faria diferente quando seu único objetivo na vida é protegê-lo?

Imagine se a conversa dentro da cabeça do nosso amigo caçador fosse mais ou menos assim: “Calma, não há tigres aqui. Nem precisa confirmar. Entre naquela caverna. Vai ficar tudo bem.” Esse tipo de otimismo teria permitido uma vida menos estressante, mas é provável que fosse consideravelmente mais curta. Quando a sobrevivência está em risco, é melhor prevenir do que remediar.

O papel do cérebro não é encorajá-lo; é tentar protegê-lo. É por isso que ele costuma se comportar como um advogado. Dedicados a proteger seu negócio de qualquer ataque possível, bons advogados escrevem centenas de páginas de contratos e documentos legais que antecipam qualquer coisa, por menor que seja, que possa dar errado. A maior parte dessas coisas nunca vai acontecer, mas, caso aconteçam, eles não querem ser os responsáveis por não ter dado atenção a elas, colocando seu negócio em risco.

Porque prioriza a sobrevivência em detrimento da felicidade:

Lembre-se!

Nosso cérebro tende a criticar, julgar e reclamar com bastante frequência.

Também tende a ignorar os acontecimentos felizes, uma vez que não oferecem benefícios para a sobrevivência. Isso faz com que a maior parte das conversas na nossa cabeça seja, bem, mal-humorada!

Esse mau humor representa uma divergência com a vida. Apresenta uma visão na qual os acontecimentos contradizem as expectativas de uma vida segura e sem ameaças. Considere essa divergência na Fórmula da Felicidade e o resultado será infelicidade.

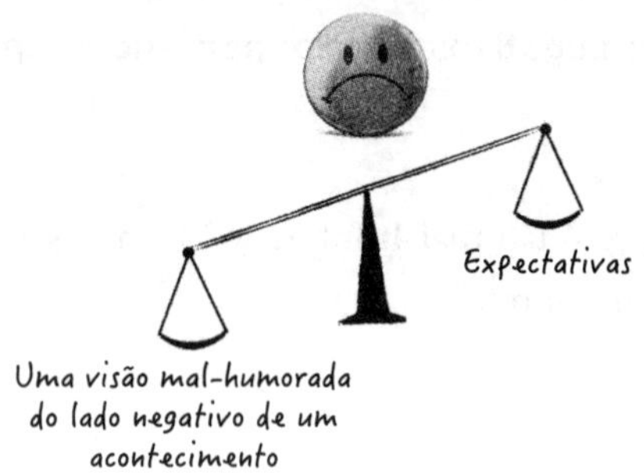

Dada a obsessão cega do cérebro por mantê-lo vivo, ele ignora o óbvio: que **as coisas negativas que vivenciamos são a exceção que interrompe a constante de coisas positivas.**

Não acredita em mim? Então responda à seguinte pergunta: Qual é a norma: saúde ou doença? Tempo bom ou tempestades? Com que frequência você enfrenta terremotos em comparação com terrenos sólidos?

Lembre-se!

A vida é quase inteiramente composta de coisas positivas.

Ignorar os acontecimentos positivos é contrário ao bom senso. É como a tinta preta neste papel branco. Nossos olhos são treinados a olhar o preto – a tinta –, mas a maior parte daquilo que está diante deles – o papel – é branca. Quando você escolhe se concentrar no branco, e não no preto, percebe ângulos e perspectivas diferentes que também estão ali, talvez até em maior número. Pare com o mau humor.

Lembre-se!

Concentre-se no branco na página, não no preto da tinta.

Somente a verdade, nada mais que a verdade

Agora, vamos voltar aos sete pontos cegos. Você se lembra de como o caçador reagiu ao movimento do galho? Compare aquela reação à seguinte cena comum.

Ao entrar no escritório e colocar suas coisas sobre a mesa, você sem perceber esbarra num lápis, que cai no chão. Esse acontecimento, por si só, é insignificante. Seu cérebro, no entanto, pode iniciar a seguinte conversa:

Perdi meu lápis. Não consigo encontrá-lo em lugar nenhum (*filtro*).
Eu amo aquele lápis (*emoção*). Tive tantas reuniões de sucesso com ele (*memória*).
Sem aquele lápis, talvez perca o meu emprego. Meus filhos não vão ter o que comer (*exagero*).
Alguém roubou meu lápis (*suposição*). Deve ter sido a Emily (*suposição*).
Ela é má (*rótulo*).
Se eu deixar isso acontecer uma vez, vou ser o capacho do escritório (*previsão*). Hoje é um lápis, amanhã será meu emprego (*exagero*).
Quando você se senta para preparar um plano de ataque, a Emily passa e diz:
— Ei, você deixou cair o lápis.

Todos já vivenciamos algo parecido. Você já percebeu que está reagindo com exagero ao comentário de um amigo e acaba descobrindo que ele não queria dizer o que você ouviu? Você já previu um desastre futuro que não tinha nenhuma base de verdade que o sustentasse?

No cenário anterior, é só um lápis, certo? Mas o seu cérebro fez dele a sua desgraça. Se nossos pensamentos podem transformar um acontecimento tão insignificante num drama tão sério, então talvez seja necessário que façamos uma pergunta óbvia, porém rara:

Muito importante!

Quanto do fluxo constante de pensamentos na minha cabeça é verdade?

Não há lugar melhor para responder a essa pergunta do que aquele dedicado inteiramente à descoberta da verdade: o tribunal de justiça. Mas dessa vez não vamos permitir que o cérebro permaneça em sua zona de conforto e se comporte como um advogado conservador mal-humorado. Em vez disso, seu cérebro será o suspeito. Você, por outro lado, vai desempenhar o papel de um jurado cuja tarefa é descobrir a verdade. E, num tribunal, lembre-se, é **"a verdade, somente a verdade, nada mais que a verdade"**.

De acordo com essa orientação, ouso dizer que *nenhuma* das conversas infinitas na sua cabeça é "somente" a verdade. ***Isso mesmo – nenhuma!***

"É uma declaração e tanto, Mo. Prove", dirá você. Provo.

Primeiro, eu gostaria de convocar um especialista para que ele explique os sete pontos cegos detalhadamente.

Filtros

A imagem que vemos do mundo está sempre incompleta porque o cérebro omite partes da verdade para se concentrar no que ele considera prioridade. O que percebemos passa por um filtro, deixando-nos um pequeno fragmento da verdade.

O mundo nos enche de informações a cada segundo de cada dia. Por meio dos sentidos, podemos observar cada variável. A temperatura do ambiente, a claridade da luz, os sons de fundo, o movimento de uma mosca, as palavras de um amigo e milhões de outros estímulos. A maior parte dessas informações não é relevante para cada decisão que precisamos tomar a cada instante. E o poder do cérebro, embora supere em muito o do maior supercomputador já inventado, ainda é limitado. Como resultado, o cérebro otimiza seus recursos cuidadosamente filtrando detalhes que são irrelevantes para a situação em questão. Isso permite que ele se concentre dos dados essenciais que parecem mais críticos à decisão que precisa tomar.

Quando você tenta atravessar a rua, sua visão disponibiliza informações sobre os carros que se aproximam, sua velocidade e direção. O cérebro calcula a distância que é preciso percorrer. Com conhecimento instintivo de trigonometria e dinâmica, ele avalia a existência de um ponto de colisão. O cérebro instrui os olhos a se concentrarem e procurarem por semáforos ou placas de trânsito e aguça a audição para que detecte buzinas de motoristas tentando alertá-lo. Ele coordena seus movimentos musculares para que você olhe para a esquerda e para a direita como precaução extra para garantir que não ocorram surpresas – então você decide seguir em frente.

Fazemos tudo isso numa fração de segundo. Mas se você tentasse programar essa funcionalidade num robô, logo perceberia o quanto é difícil alcançá-la. Evitar obstáculos exige um cálculo espacial muito complexo aliado a uma operação avançada de coordenação muscular. Isso exige muito poder de processamento. E, como qualquer erro, por menor que seja, pode colocar a vida em risco, o cérebro leva essa tarefa muito a sério e dedica a ela toda a sua atenção. Então o que ele faz? Filtra.

Enquanto atravessa a rua, você não presta atenção aos aromas que o rodeiam. Ouve buzinas e sirenes, mas silencia quase todos os outros sons irrelevantes, como o canto dos pássaros na árvore da esquina e o choro de um bebê atrás de você. Se os carros se aproximam a uma velocidade alta o suficiente para atrair toda a sua atenção, até mesmo uma mulher bonita de saia curta ou o Brad Pitt atravessando na sua direção passarão despercebidos. Sim, o filtro é eficaz a esse ponto.

Depois de ler o que está escrito
neste quadro, talvez você perceba que o
o cérebro humano costuma
não informá-lo de que o
o artigo "o" se repetiu
algumas vezes e foi filtrado
em todas elas.

Daniel Simons e Christopher Chabris projetaram o Teste de Atenção Seletiva para demonstrar a eficácia desse tipo de filtro. Eles pediram aos participantes que assistissem a um vídeo curto de duas equipes com camisetas brancas ou pretas passando uma bola de basquete. Os participantes deviam contar o número de passes feitos pela equipe branca, o que não parece uma tarefa muito complicada. O cérebro humano, no entanto, leva esse tipo de tarefa muito a sério, e se concentra *mesmo*. Faça o teste antes de seguir com a leitura. Procure por ele no YouTube (*selective awareness test*).

A maioria dos observadores conta o número certo de passes, mas, quando perguntados sobre o gorila, mais da metade interroga: "Que gorila?"[9]

Experimentamos esse tipo de filtro quando entramos numa sala de cinema. No início, notamos os lugares vazios, as pessoas, o cheiro da pipoca e a luz irritante da placa que indica a saída. Quando o filme começa a nos atrair, filtramos todas as outras coisas e dedicamos toda a nossa concentração a ele. Ficamos alheios ao entorno e, se o filme for bom o suficiente, não percebemos nem a passagem do tempo.

Os filtros são usados para reduzir reações de dor ou emoção quando enfrentamos uma situação que ultrapassa nossa capacidade de superação. A dor extrema é filtrada quando quebramos um osso, por exemplo, para que o cérebro possa se concentrar em procurar ajuda. No caso da perda de um ente querido, o primeiro estágio do processo de luto é a famosa negação, que é, por si só, um mecanismo usado pelo cérebro para lidar com o estresse filtrando o acontecimento e desconsiderando a perda como se ela não tivesse acontecido.

Quando os filtros são levados ao extremo, a capacidade de concentração passa a atrapalhar. Às vezes ficamos obcecados com uma coisa que nos deixa infelizes, e filtramos quaisquer sinais positivos que poderiam mudar nosso estado de espírito. Quando fazemos isso, absorvemos cada vez mais sinais que corroboram o filtro e confirmam os motivos pelos quais nos sentimos infelizes. Ao filtrarmos a verdade, as variáveis da Fórmula da Felicidade são distorcidas. Sofremos, não porque a vida não nos dá exatamente o que esperávamos, mas porque não percebemos o que ela nos deu de fato.

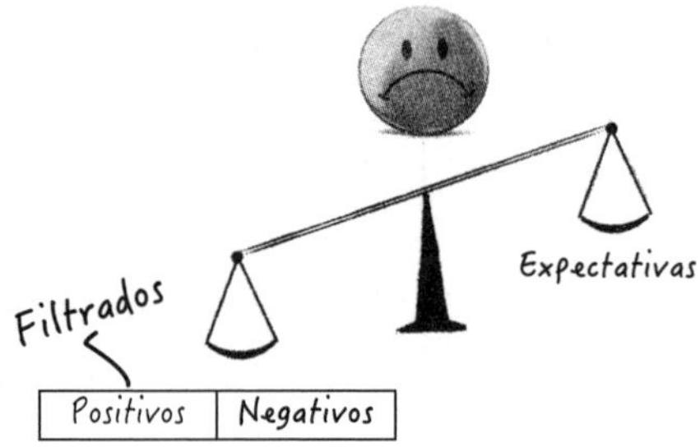

Se fizer a conta e perceber o quanto é filtrado, você ficará chocado com o resultado. Qualquer que seja o momento considerado, a quantidade de fatores filtrados é infinitamente maior do que a quantidade de fatores absorvidos. Faça o teste. Largue o livro por um instante e olhe em volta. Observe a magnitude dos detalhes complexos que passaram despercebidos – foram filtrados – enquanto você se concentrava nas páginas deste livro. Conte o número de objetos que passa a perceber, as cores, os cheiros e os sons omitidos enquanto seus filtros estavam ativos. Agora calcule rapidamente o quanto da verdade isso representa e você perceberá que, por causa dos filtros:

Lembre-se!

A história que o cérebro nos conta está *sempre* incompleta.

Suposições

Para tomar decisões, o cérebro precisa de um conjunto coerente e compreensível de informações. Depois de filtrar a maior parte da verdade, o cérebro então passa a supor quaisquer informações que pareçam estar faltando. A leitura de palavras que contêm erros ortográficos, por exemplo, é uma demonstração clara dessa habilidade.

Suposições distorcem a verdade até mesmo no nível físico da percepção visual. O termo que uso aqui, *ponto cego*, costuma ser usado quando alguém não percebe algo importante. Mas, em termos anatômicos, pontos cegos são partes do campo visual que não conseguimos ver porque faltam à retina as células necessárias na conexão com o nervo ótico. Sem células que detectem a luz, uma parte do campo de visão passa despercebida; parte essa que seria vista como um ponto preto não fosse pela capacidade do cérebro de fazer suposições. O cérebro preenche o ponto cego tomando como base detalhes e informações percebidos pelo outro olho, substituindo o ponto cego pela imagem provável. Embora a imagem resultante pareça perfeita, isso não é totalmente verdade, uma vez que partes dela são geradas pelo cérebro.

Tentar supor o que está faltando talvez seja benéfico, mas mudar o que você vê para corresponder à expectativa do cérebro é ir um pouco longe demais. Um famoso experimento realizado por Edward Adelson, do MIT, demonstra o modo como o cérebro faz isso usando a imagem de um tabuleiro de xadrez. Qual dos quadrados – (A) ou (B) – é mais escuro? A resposta é clara, não é? O quadrado (A) é obviamente mais escuro que o quadrado (B).

Mas essa resposta está incorreta! Observe a mesma imagem com todos os quadrados esmaecidos, exceto (A) e (B) (você mesmo pode fazer isso cobrindo parcialmente a imagem original). Qual quadrado é mais escuro agora? Quando vemos a imagem assim, enxergamos a verdade. A sombra do cilindro escurece o quadrado branco (B), deixando-o no mesmo tom do quadrado iluminado (A). Em razão de nossa familiaridade com o padrão de um tabuleiro de xadrez, no entanto, o cérebro supõe qual "deveria" ser o tom de (B) e usa essa informação para montar a imagem que acabamos vendo de fato.

O mais incrível desse truque é que, mesmo depois de saber a verdade – que os dois quadrados apresentam exatamente o mesmo tom –, se você olhar de novo para a primeira imagem, seu cérebro, teimoso, vai apresentar a mesma imagem que "supôs" anteriormente. Tente!

Agora pegue esse conceito relacionado à visão e aplique-o aos pensamentos em geral. Você perceberá que supomos coisas o dia todo. Supomos que um homem é mais forte que uma mulher, que cabelos grisalhos são sinal de sabedoria, que rico significa bem-sucedido, que a cor da pele... fiquemos por aqui. Somos presa dessas suposições tendenciosas o tempo todo.

E em nossos círculos sociais modernos, as suposições se multiplicam e deformam completamente nossa percepção da realidade. Vivemos num mundo onde as ameaças não são mais tigres, mas colegas de trabalho sórdidos, amantes infiéis e crises econômicas. Esses acontecimentos são tão complexos que ninguém é capaz de compreender os detalhes infinitos e confusos que os compõem. Conforme preenchemos as lacunas de cenários tão complexos, os acontecimentos se fundem em histórias elaboradas que filtram partes importantes da verdade. Se a realidade apresentada ao cérebro é "Minha chefe não atingiu a meta no trimestre passado", talvez você suponha que ela está sob pressão e, portanto, com medo de ser substituída. Isso pode fazer com que suponha que ela está perseguindo você e, portanto, ainda que sem fundamento, que está tentando levá-lo a falhar. Concluindo, você supõe que sua chefe é sua inimiga e se comporta de acordo.

Se adotasse uma visão mais positiva, você observaria o mesmo fato – "Minha chefe não atingiu a meta no trimestre passado" – e construiria uma história bem diferente.

Poderia supor que é necessário que sua equipe atinja a meta nesse trimestre, e, portanto, que sua chefe fará tudo o que puder para que você seja bem-sucedido. Concluindo: poderia supor que sua chefe é sua aliada e se comportar de acordo.

Ambos são cenários plausíveis, mas nenhum deles é indiscutivelmente verdadeiro. Ambos são apenas uma sequência de suposições que precisam ser comprovadas conforme mais fatos ficam disponíveis.

Dezenas de situações parecidas acontecem todos os dias. Para conseguir acompanhá-las, o cérebro faz suposições cada vez mais frequentes e mais rápidas – e segue em frente. Isso costuma resultar em histórias que contêm mais suposições do que fatos.

Infelizmente, como o cérebro mal-humorado é projetado para priorizar a sobrevivência, frequentemente compomos histórias negativas que acabam nos deixando tristes ou preocupados. Mas lembre-se, essas histórias não são reais, porque:

Lembre-se!

Uma suposição nada mais é que uma história gerada pelo cérebro. Não é a verdade!

Previsões

O cérebro faz suposições para preencher as lacunas. E qual é a maior lacuna? O futuro. Não sabemos o que está por vir. O futuro pode seguir milhões de caminhos diferentes. Nada é certo, mas isso não detém nosso cérebro. Ele preenche as lacunas sem pudor.

O cérebro pode ligar dois ou mais pontos do presente e do passado para estabelecer uma tendência e projetar cenários futuros fictícios com base apenas na extrapolação. Por exemplo, se o namorado da sua melhor amiga a traiu, e aquele cara atraente da novela traiu a namorada *dele*, seu cérebro pode ligar os dois pontos e estabelecer uma tendência possível: *todos* os homens traem. O cérebro então extrapola essa tendência e prevê que o *seu* namorado vai trair você. Seu mecanismo de previsão começa, então, a compor uma história: você se lembra de que, na semana passado, seu namorado disse “Oi” para a vizinha, a mesma que deu em cima dele naquele dia, há um ano. *Traidor!* Você prevê no que isso vai dar. Considera sua previsão verdadeira, acima de qualquer dúvida, e já sabe o fim da história. Precisamente? Nem um pouco – mas pelo menos a história está completa. E é aí que as coisas ficam mais interessantes.

Quando prevê que seu namorado vai traí-la, você começa a agir como se isso já tivesse acontecido, e pode ser que ele acabe cumprindo essa expectativa. Se isso acontecer,

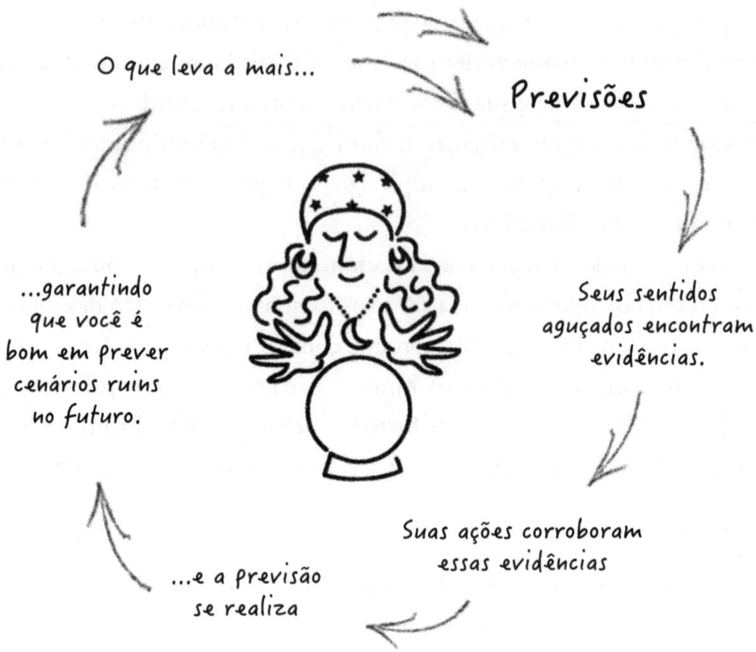

você dirá: "Viu só? Eu disse que isso ia acontecer. Vitória. Minha previsão se realizou!" Mas trata-se de uma previsão ou de uma motivação? E com que frequência os medos em relação ao futuro nos ajudam a criar a realidade que tememos? Nunca saberemos.

Eu só sei o seguinte:

Lembre-se!

Prever que algo vai acontecer acaba preparando o terreno para que aconteça mesmo.

Nós extrapolamos, projetamos e prevemos o dia todo e, conforme a previsão vai mudando nosso comportamento, ela costuma se realizar. Quanto mais isso acontece, mais começamos a acreditar que nossas previsões são a verdade. O cérebro, esperto, não apresenta mais as previsões como cenários futuros *possíveis* que podem acontecer ou não. Em vez disso, ele apresenta o cenário futuro como fato que deve ser considerado em nossa avaliação dos acontecimentos atuais – e a esperança de felicidade se vai.

Mas o fato é o seguinte:

Lembre-se!

Suas previsões nada mais são do que possibilidades futuras geradas pelo cérebro. Elas não precisam acontecer. Elas não são a verdade!

Memórias

O cérebro então olha para trás e mistura nossa percepção de acontecimentos atuais com memórias do passado. No trabalho, por exemplo, imaginamos que algo não vai dar certo só porque já tentamos aquilo antes e falhamos. Essa propensão não leva em conta a possibilidade de que as circunstâncias da primeira tentativa podem ter sido completamente diferentes. Ofuscar as possibilidades atuais com reminiscências de um esforço no passado leva a decisões que não têm como base a realidade da situação atual, pelo menos não integralmente.

Todos fazemos misturas desse tipo. Na vida pessoal, costumamos criar impressões de uma pessoa a quem estamos sendo apresentados com base em lembranças de alguém que seja parecido com ela. Misturamos memórias com a realidade atual para criar uma visão aumentada definida pelo passado.

Se misturar um galão de água pura com uma só gota de tinta, o líquido resultante, por mais diluído que seja, não será mais puro. As memórias são como essa gota de tinta. Misturá-las à realidade atual cria uma história maior, mais rica e mais familiar, mas que não é mais um reflexo puro da verdade. Então fica ainda pior.

Se uma substância invisível – digamos, um vírus – for misturada àquele mesmo galão de água, os riscos ainda podem ser controlados. Mas esse galão contaminado for jogado na fonte principal de suprimento de água, você pode ter certeza de que cada gota de água estará contaminada por um longo período. E isso, infelizmente, é o que fazemos quando misturamos reminiscências com a realidade atual.

Vemos as memórias como arquivos de acontecimentos passados – do que aconteceu de fato. Mas, na verdade, as lembranças não são nada mais que uma descrição do que nós *pensamos* que aconteceu. E, como nosso pensamento é sempre distorcido pelos pontos cegos do cérebro, ele *não* costuma corresponder à verdade. Aumentamos essas histórias do passado, por mais imprecisas que sejam, com a realidade pura dos acontecimentos presentes, produzindo uma mistura perigosa e considerando-a verdadeira.

Você e sua namorada podem ir a um lugar bonito pela primeira vez e acabar brigando, então sua lembrança do lugar é registrada como triste. Quando for para lá numa próxima vez, sua percepção a respeito do lugar será contaminada por aquela memória e sua avaliação do lugar tende a ser triste. Esse é o seu galão contaminado. Então as coisas ficam ainda piores. Você registra a nova experiência – composta de uma realidade atual ampliada por uma reminiscência triste do passado – como uma nova memória triste pronta para ser reciclada e virar a história seguinte. A margem de erro de nossa percepção se multiplica a cada repetição de ciclo de misturar o passado e o presente. Esse *looping* infinito distorce progressivamente nossas percepções em ciclos consecutivos e nos afasta cada vez mais da verdade.

Não contamine sua percepção da realidade atual.

Lembre-se!

Suas memórias não são nada mais do que um registro do que você acha que aconteceu. Com frequência, elas não correspondem à verdade!

Rótulos

As memórias ampliam a verdade com uma série de acontecimentos do passado. Os rótulos também vêm do passado, mas são mais potentes. Tomam a forma de uma etiqueta simples sem a memória de um acontecimento específico ligado a ela. O cérebro julga e rotula tudo, então transforma o resultado dessa análise em códigos curtos ao remover o contexto e os detalhes. Ele usa esses rótulos para possibilitar decisões rápidas, mas, ao fazê-lo, sacrifica a precisão.

Um homem do Oriente Médio com uma barba longa é automaticamente rotulado como terrorista. Um dia cinzento e chuvoso é rotulado como ruim, e um carro com aparência exótica é rotulado como rápido. Esses rótulos são resultado de associações repetidas. Se pessoas que têm determinada aparência são mostradas com frequência no noticiário ao lado de um apresentador nervoso repetindo a palavra *terrorista*, o cérebro passa a associar essas duas coisas. Isso permite que o cérebro seja muito mais rápido. Ele não precisa refazer a análise e a associação; em vez disso, com um acesso rápido ao banco de dados, ele pode tomar decisões numa fração de segundo com base no rótulo disponível.

Pode ser útil olhar em volta na próxima vez em que você estiver num lugar lotado e reparar quantos julgamentos em forma de rótulos você faz. Ela é *baixinha*. Ele é *assustador*. Está *claro demais*. Isso é *muito caro*. Que *pechincha*. Todos esses rótulos condenam algo ou alguém a uma categoria – de louvor ou crítica – e impedem que se faça uma análise mais profunda para observar a verdade nua e crua.

Rotular é tão instintivo que até macacos o fazem. Num experimento famoso, vários macacos foram colocados numa jaula grande onde um cacho de bananas estava pendurado no alto de uma escada. Quando um macaco via as bananas e começava a subir a escada para pegá-las, o pesquisador espirrava um jato de água gelada nele. Depois espirrava um jato de água gelada em todos os outros macacos. O macaco que estava na escada se afastava dela e todos os outros ficavam sentados no chão, molhados, com frio e muito insatisfeitos. Logo, no entanto, a tentação das bananas convencia outro macaco e ele começava a subir a escada. E mais uma vez o pesquisador espirrava um jato de água gelada em todos os macacos. O grupo logo percebeu a ligação. Quando o próximo macaco ousado tentava se aproximar da escada, os outros logo o puxavam e batiam nele para evitar o jato de água. Os macacos associavam o ato de subir a escada com a experiência desagradável e criavam um rótulo. Mesmo quando não eram mais atingidos pelo jato de água, eles continuavam evitando pegar as bananas porque, para eles, a associação era clara: escada = água gelada. Deixavam de comer as bananas porque os rótulos, por natureza, escondem uma parte interessante da realidade.

Os rótulos antecipam análises, o que nos leva a desconsiderar o contexto. Quando subir a escada disparava o jato de água, fazia sentido evitá-la, mas, quando o contexto mudou, o rótulo só serviu para manter os macacos com fome, desnecessariamente.

E perdemos grande parte da realidade porque o contexto dos rótulos varia de acordo com a cultura, a idade e milhares de outras variáveis. No Ocidente, por exemplo, acredita-se que uma mulher magra e bronzeada deve ser rica e ela é rotulada como tal. Essas características parecem indicar que ela tem tempo para cuidar da aparência e ficar ao sol. Em muitas partes da África, ao contrário, mulheres ricas costumam ser mais rechonchudas e ter a pele mais clara; essas características indicam que elas têm acesso a bastante comida e não precisam trabalhar ao sol. Uma mulher africana magra e de pele escura provavelmente seria rotulada como pobre.

Qualquer coisa que restrinja nossa capacidade de perceber a realidade também restringe nossa capacidade de resolver a equação da felicidade. Quando rotulamos, transformamos as possiblidades diversas dos acontecimentos reais em mera aproximação – um julgamento precipitado que pode não corresponder à verdade. E sempre que usamos variáveis falsas na equação da felicidade, não conseguimos resolvê-la corretamente e sofremos. Além disso, rotular nos priva do prazer de viver uma vida plena ao transformá-la num pequeno punhado de cores e nomes quando, na verdade, o mundo é uma miscelânea infinita e diversa. Quando rotulamos, limitamos a riqueza que a vida tem a nos oferecer.

O rótulo sempre foi o ponto cego a que Ali mais se opunha. Na redação que escreveu na admissão da universidade, ele contou sobre como sofria ao viajar entre o Oriente e o Ocidente por causa dos dreadlocks incríveis que usava quando era adolescente. No Ocidente, era rotulado pela aparência culturalmente inaceitável. Ele escreveu: "Como as pessoas podem saber quem eu sou de verdade sem conhecer mais do que minha raça e meus dreadlocks?" Mas os rótulos nunca o levaram a mudar. Quando tinha 14 anos, o pai da garota que ele amava pediu a ele que ficasse longe de sua filha em razão de sua origem. Como era honesto, Ali parou de ligar e mandar mensagens para ela durante mais de dezoito meses, até que essa honestidade fez com que o pai percebesse que tinha rotulado Ali. Ele acabou mudando de opinião e permitiu que eles ficassem juntos. Ali seguiu fiel a si mesmo, independentemente de como costumava ser rotulado. Quando deixou este mundo, seu professor de língua inglesa escreveu um texto em que o descrevia como "o cara que seguia o próprio ritmo sem culpa". Já eu me lembro dele como o cara que me ensinou a ver a verdade de diferentes maneiras, das quais talvez a mais importante tenha sido:

Lembre-se!

Fora de contexto, os rótulos costumam esconder a verdade.

Emoções

As emoções nos tornam humanos, mas, quando as misturamos com a lógica, elas podem prejudicar nosso discernimento. Embora a maior parte das nossas decisões seja (idealmente) guiada pela lógica, a maior parte das nossas ações é guiada pelas emoções. Trabalhamos duro em razão da ambição, do amor e do desejo. Nós nos escondemos em razão do medo e da timidez. Mesmo políticos e executivos aparentemente frios são motivados a agir por emoções de orgulho, ansiedade e medo. Nossas emoções estão sempre presentes porque representam um componente crítico da máquina de sobrevivência.

Se o tigre que assustou nossa espécie durante os anos dos homens da caverna aparecesse, uma emoção extrema – pânico – tomaria conta de nosso corpo. O cérebro ficaria totalmente alerta, percebendo não haver tempo para conversa fiada. Ele suspenderia o processo normal de pensamento e direcionaria todos os seus recursos físicos para a situação imediata. A adrenalina inundaria o corpo – e é nesse momento que o milagre aconteceria. Ou você correria para um lugar seguro ou atacaria o tigre, cortando sua garganta com um golpe confiante. Para habilitar esse tipo de superpoder, as emoções precisam assumir o controle.

Hoje, apesar da ausência de ameaças físicas, nosso cérebro moderno ainda não se permite ficar ocioso. Segue ocupado ligando emoções a ameaças imaginárias. Acontecimentos que nosso ancestral das cavernas nem imaginaria parecem ser cruciais para nosso bem-estar emocional. Se você pudesse perguntar ao homem das cavernas de onde viria seu "sustento", ele ficaria confuso e responderia: "Amanhã vamos caçar." E se nenhuma caça aparecer? "Então vamos no dia seguinte." E o que vai acontecer quando você ficar velho e não puder mais caçar? "A tribo vai caçar." E o plano de saúde, a escola das crianças e sua aposentadoria? "Como?"

Compare nosso estilo de vida moderno ao estilo de vida do passado e você entenderá por que a vida se tornou tão estressante. Apesar de mais hostil, a vida naquela época era muito mais simples, porque as emoções dos nossos ancestrais estavam em harmonia com as normas do reino animal. Antílopes, assim como nós, sentem medo. Quando um tigre se torna uma ameaça iminente, o antílope logo passa da calma ao medo e ao pânico. Seu coração começa a bater mais rápido e uma reação milagrosa acontece: ele corre como o vento. Ao longo da perseguição, o antílope se esquiva de maneira ágil e pula obstáculos, superando o poderoso tigre. Alguns minutos depois, consegue escapar do perigo, então, com a mesma rapidez, volta ao estado de calma e para para comer grama fresca como se nada tivesse acontecido. O tigre, por outro lado, não para porque a presa escapou. Não fica se culpando por ter sido muito lento e não fica envergonhado diante dos outros tigres. Quando a presa escapa, o tigre também volta ao seu estado de calma e fica ali sentado, sem se incomodar com as moscas na sua cara. Inspirador!

Nós, humanos modernos, temos outro comportamento. Costumamos estar às voltas com alguma emoção e, frequentemente, com muitas – às vezes contraditórias – ao mesmo tempo. Muitas dessas emoções nos mantêm em estado de insatisfação. Mas as mantemos ativas – às vezes durante toda a vida – embora nem sempre sejamos capazes de admitir sua influência.

Esse fluxo constante de emoções humanas levanta a questão: será que somos tão racionais quanto pensamos? Num dos diálogos de Platão, Fedro descreve a razão como um cocheiro que mantém as emoções de seus cavalos sob suas rédeas. Essa imagem reflete a tendência ocidental de desconfiar das emoções, o que ajudou a construir uma cultura prostrada diante do altar da racionalidade. Somos treinados, principalmente nos relacionamentos profissionais, a priorizar a lógica, minimizar as emoções e mantê-las encobertas quando elas surgem. A ironia é que nossas emoções continuam no controle. A realidade que escondemos é que tendemos a tomar decisões tendo como base primeiro as emoções, para só então reunir dados que apoiam a decisão que tomamos. Quando quer muito comprar uma tevê, você decide em segundos que se trata de um ótimo negócio e só depois começa a procurar por razões que corroborem essa decisão. Ao procurar pelo lado bom do negócio que lhe foi apresentado, você tende a ignorar as desvantagens e acaba levando a tevê para casa. O oposto também acontece. Se pertence a determinado partido político, você decide reprovar o discurso de uma candidata do partido rival antes mesmo que ela comece a falar. Então, enquanto ela fala, você procura por provas de que o discurso é ruim. Ao considerar isso, você vai perceber que os cavalos de Platão estão no controle. Talvez esteja na hora de admitir essa verdade simples para que você possa fazer com que os cavalos o levem para onde você precisa ir.

Lembre-se!

Não somos tão racionais quanto pensamos. Nossa percepção da verdade costuma ser distorcida por emoções irracionais.

Exagero

Há que se admirar a incrível persistência do nosso cérebro. Seu princípio mais sólido é *Cuidado nunca é demais*. Se a verdade não for suficiente para nos convencer a agir e correr, o cérebro vai exagerar para chamar nossa atenção.

E o exagero funciona. Ele nos pega de jeito – e também pega qualquer outra espécie no planeta. Não é difícil ensinar um rato de laboratório a diferenciar um retângulo de um quadrado. É só dar queijo a ele toda vez que ele escolhe o retângulo. A associação reforça o comportamento, e logo o ratinho vai selecionar o retângulo todas as vezes. Uma vez que ele desenvolveu sua preferência, é possível começar a perceber uma característica chamada "mudança de pico", uma preferência por retângulos "exagerados" – mais longos, mais estreitos. O que o roedor aprendeu a reconhecer não é um tipo específico de retângulo, mas a própria retangularidade: quanto mais retangular uma forma é, mais atenção ela vai chamar. As reações mais fortes do rato se alinham com os desvios de norma mais exagerados.[10]

Essa característica faz com que pavoas escolham pavões com caudas maiores e com que o leão ou o gorila mais forte fique com todas as fêmeas. E, naturalmente, as mudanças de pico são ainda mais reais para nossa espécie, mais sofisticada. As mulheres, ao procurar pelo pai ideal para seus filhos, buscam um companheiro com bons genes e estabilidade. São atraídas por força física visível, que indica bons genes, mas também por riqueza aparente, uma carreira sólida e sucesso. Quanto mais exagerados forem esses elementos, mais forte a atração. Daí o sucesso de marcas que exploram sinais de riqueza e sucesso. Os homens, por sua vez, são atraídos por mulheres com proporções corporais exageradas, que indicam fertilidade. São atraídos por grandes... bom, você sabe do que estou falando. Daí o sucesso massivo da indústria de cirurgia plástica.

Mas nenhum desses exageros é uma característica verdadeira. Talvez eles não sejam mais do que uma aparência inflada e não venham acompanhados de riqueza ou fertilidade reais. O exagero nos engana, mas, o mais importante, quando o negativo é exagerado, pode nos fazer sofrer.

Quando um acontecimento negativo é exagerado, ficamos preocupados mesmo que seja estatisticamente improvável que ele nos prejudique. Acidentes aéreos, ataques de tubarão ou o terrorismo ocupam nossa mente, enquanto perigos diários que tiram a vida de milhares de pessoas passam despercebidos. Daniel Kahneman, professor de Princeton e vencedor do Nobel, chama o fenômeno de "heurística da disponibilidade": ao pensar num acidente cujo risco é confirmado, você – seu cérebro – vai exagerar sua probabilidade. Segundo Kahneman, "De alguma forma, a probabilidade de um acidente aumenta [na sua cabeça] depois que vemos um carro capotado no acostamento".[11]

Os acontecimentos que não são exagerados, por sua vez, são ignorados, apesar de sua magnitude real. Pense em acontecimentos que recebem pouca cobertura da mídia. Paul Slovic, professor de psicologia da Universidade do Oregon, diz: "No 11 de Setembro, perdemos 3 mil pessoas num dia, mas em 1994, em Ruanda, 800 mil pessoas foram mortas em cem dias – são 8 mil pessoas por dia durante cem dias – e o mundo não reagiu."[12]

Ao semear visões exageradas dentro da nossa cabeça, o cérebro usa a mudança de pico e a heurística da disponibilidade para chamar nossa atenção. E, ao nos mantermos focados, o preço que pagamos é o sofrimento desnecessário. Exageramos a fala de um amigo, a ameaça do desemprego e cada medo e preocupação. No mundo moderno atribulado, o exagero passa dos limites, inflando uma proporção considerável do que o cérebro nos apresenta como verdade.

O exagero em todas as suas formas infla nossas expectativas e destrói nossa satisfação em relação à vida, independentemente do quanto ela possa ser satisfatória. Uma visão exagerada nos leva à infelicidade. Mais importante, ela não é precisa. O exagero acrescenta camadas de ficção à realidade – é uma mentira, portanto.

Lembre-se!

Tudo o que é mais que a verdade é menos que a verdade.

Observações finais

No direito penal, o acusado é inocente até que se prove o contrário. Mas isso não é verdadeiro para nosso cérebro. **No "direito do cérebro", o cérebro é culpado até que se prove o contrário!**

Shawn Achor, professor de psicologia positiva de Harvard, diz: "Estamos descobrindo que não é necessariamente a realidade que nos molda, mas as lentes através das quais o cérebro vê o mundo que molda a realidade. Se eu conhecer seu mundo exterior completamente, serei capaz de prever apenas 10% da sua felicidade de longo prazo. Noventa por cento da felicidade de longo prazo é prevista não pelo mundo exterior, mas pelo modo como o cérebro processa o mundo."[13]

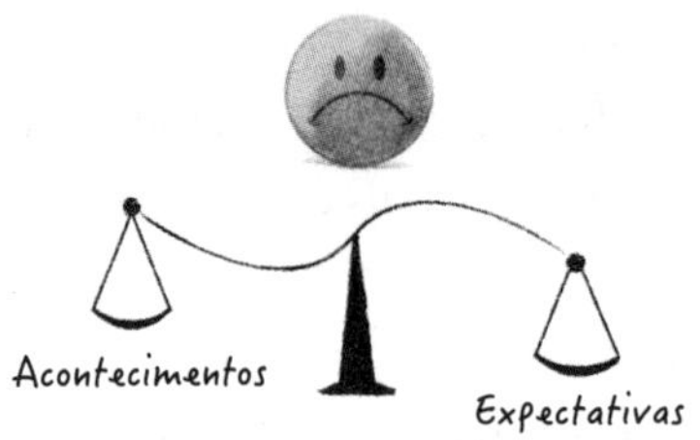

A vida vista pelas lentes dos pontos cegos do nosso cérebro

O desajuste entre os acontecimentos e as expectativas na Fórmula da Felicidade costuma ser consequência do fato de alimentarmos os pensamentos com a informação errada, não do que a vida nos apresenta. Os acontecimentos que consideramos são distorcidos e nossas expectativas são infladas. Os dois lados da equação se desequilibram – mas dois erros não fazem um acerto. Na verdade, dois erros fazem com que as coisas deem *muito* errado! Chega de sofrimento desnecessário.

Muito importante!

Ensine seu cérebro a dizer a verdade, somente a verdade, nada mais que a verdade.

Como depurar o código do cérebro

Como qualquer programa de software, o cérebro segue rotinas codificadas. Quando o programa tem um erro, realiza a mesma tarefa subótima repetidamente sempre que é executado. A parte difícil da programação é encontrar o erro. Mas, uma vez que o problema é identificado, a solução costuma ser fácil. Com o cérebro também é assim.

Os filtros são um erro facilmente identificado se lembrarmos que nada que percebemos é completo. Sempre há mais para descobrir. Ao perceber que seu cérebro está resumindo um conjunto de acontecimentos complexos numa frase curta ou está obcecado com um pensamento específico, pergunte: "Que parte da história você está filtrando, cérebro? Existem mais coisas que eu deva saber antes de tomar uma decisão?" Seu cérebro é apenas uma ferramenta. Faça essas perguntas e ele vai responder. "Ah, esqueci de contar o seguinte", e ele vai contar. Pergunte repetidas vezes até conseguir enxergar o máximo possível da verdade.

Ver a verdade nua e crua sem suposições começa com a análise do que você consegue verificar com a percepção sensorial. Se você não sentiu algo, então está inventando. Um jeito fácil de perceber as suposições é entender que os acontecimentos reais da vida são descritos com expressões como *vi*, *ouvi*, *fui informado de que* e *percebi*, enquanto histórias que inventamos usam expressões como *acho*, *suponho* e até mesmo *tenho certeza de que*.

Esse tipo de percepção linguística também ajuda a perceber os erros de memória. Eles aparecem no passado. Pensamentos como *As coisas eram assim* e *Eu o conheci quando* e *Naquele tempo* são exemplos de pensamentos ancorados no passado.

Previsões, por sua vez, são associadas a frases no futuro. Tome-as pelo que realmente são: previsões infundadas. Se ainda não aconteceu, é só uma previsão, não a verdade, não importa o quanto você esteja convencido de que vai acontecer.

Os rótulos costumam aparecer na forma de julgamentos curtos, rápidos, mas confiantes: *Ele é um idiota* ou *Este lugar é um lixo*. Podem até mesmo aparecer como termos independentes: *bonito*, *assustador*, *bobo* e um milhão de outras palavras de prestígio ou descrédito. Elas parecem descrever um tópico complexo numa palavra para que você tome decisões rápidas. Ao percebê-las, você localizou um julgamento que deve investigar e um rótulo que deve excluir.

Remover toda a emoção do processo de pensamento não é possível nem desejável. Mas, conforme observa o diálogo em sua cabeça, procure por sinais de que a emoção está turvando sua percepção. Verbos como *sinto*, *amo* e *odeio* e frases altamente emotivas, como *Ela está sofrendo*, *Ele é insuportável* e *Eles são irritantes* são indicativos de que a emoção está falando mais alto. Ao percebê-los, vai ser mais fácil analisar a verdade.

Pensamentos exagerados costumam ser marcados por declarações que tendem a ser generalizadoras: *enorme*, *minúsculo*, *sempre* e assim por diante. Ao ver ou ouvir qualquer uma dessas palavras, preste atenção. Seu cérebro está exagerando.

Lembre-se de que a verdade, quando não obstruída pelos pontos cegos, costuma parecer seca. "Ela é maravilhosa", por exemplo, vira "Ela tem características simétricas, olhos azuis grandes, cabelo comprido e uma boa aparência". Embora isso possa não ser um elogio digno de um encontro, vai levar você muito mais longe ao resolver a equação da felicidade.

Solucionar cada um dos pontos cegos separadamente vai permitir que você dê passos significativos adiante. Mas, lembre-se, esses recursos estão conosco há milênios e não vão desaparecer no futuro próximo. Assim como meu carro velho estava à mercê de problemas mecânicos frequentes, nosso cérebro sempre vai ser influenciado por um ou outro ponto cego. Quando o carro passou a falhar semana sim, semana não, desejei que existisse um conserto mágico que resolvesse as coisas de uma vez por todas. Não existia para o meu carro, mas existe para o cérebro.

Tudo se resume a uma pergunta simples: É verdade?

É verdade?

No livro *Ame a realidade*, Byron Katie usa essa pergunta como ponto central de seu modelo. Katie desenvolveu um método de autoinvestigação que ela chama de O Trabalho, um sistema que descarta as histórias que contamos a nós mesmos e as substitui pela verdade ("a realidade").

Vamos começar com um exemplo simples.

– *Minha filha adolescente é um pé no saco.*

– Isso é verdade? Ela chuta você nas partes íntimas?

– *Ah, você sabe o que quero dizer. Ela é impossível de lidar.*

– Isso é verdade? Como ela pode ser impossível de lidar se você tem lidado com ela até hoje.

– *Só estou dizendo que ela é sempre muito malcriada.*

– Isso é verdade? Sempre? Todos os dias, todos os segundos?

– *Não, não sempre, mas ela não devia ser malcriada.*

– Isso é verdade? As adolescentes não são malcriadas de vez em quando? Em que mundo você vive?

Siga perguntando "É verdade?" quantas vezes for preciso até você perceber o quanto as declarações que o cérebro nos apresenta são ridículas. Siga questionando até chegar a uma descrição do acontecimento que é uma história narrativa factual que não apresenta nada mais do que a verdade: O comportamento recente da minha filha indica que talvez ela esteja um pouco irritada. Essa é a verdade.

Pratique essa técnica sempre que puder. Tenho certeza de que seu cérebro vai fornecer um abastecimento infinito de material para essa prática.

As verdades

Na maior parte do tempo, a única coisa errada em nossa vida é o modo como a encaramos. Quando vê o mundo como ele realmente é, você resolve a equação da felicidade corretamente. E quanto mais faz isso, mais você percebe a frequência com que os acontecimentos da sua vida – quando vistos corretamente – quase sempre correspondem a suas expectativas quando elas são realistas.

Isso vai acabar fazendo com que você faça a seguinte pergunta a si mesmo: Se a realidade da vida costuma corresponder a expectativas realistas, por que resolver a equação da felicidade? Essa, caro leitor, é uma ótima pergunta.

Vamos respondê-la no ⑤

Parte Quatro

VERDADES DEFINITIVAS

5 verdades definitivas são tudo o que você precisa saber para perceber que a vida sempre se comporta conforme o esperado. Essas verdades solucionarão sua equação da felicidade de uma vez por todas. Os acontecimentos, mesmo os mais severos, sempre correspondem às expectativas de uma mente sábia que sabe como a vida se comporta realmente, não como ela gostaria que a vida se comportasse. Nenhuma das reviravoltas da vida vai ter importância, porque você vai esperar por elas e saber exatamente como lidar com cada uma. Quando se ancora na verdade, você ultrapassa o pensamento em direção à paz, onde nada é capaz de abalar sua felicidade. Você passa de um estado de felicidade que depende de acontecimentos externos para um estado de alegria permanente.

Antes de ousar discutir com você o que afirmo ser a verdade, preciso esclarccer algumas coisas.

A verdade o libertará. Sei que se trata de um clichê, mas é verdadeiro. A perda, a falta e a dor; o amor, o crescimento e a inspiração – tudo isso faz parte da vida. Cada um de nós recebe a sua parte e, embora essas coisas costumem aparecer quando menos esperamos, é difícil imaginar a vida sem elas – cada uma delas.

Quando Ali deixou este mundo, a perda de um ente querido se tornou um tema central na minha vida. Amigos me abordavam com gentileza e compartilhavam comigo suas próprias histórias de perda. Muitas das histórias que ouvi eram ainda mais chocantes do que a minha. Fiquei surpreso com o número de pessoas que passaram por uma dor insuportável e ainda caminham por aí, sem que saibamos da sua dor. Comecei a me perguntar se existe alguém que não precisou passar por nenhuma tragédia. Desde que comecei a visitar o túmulo de Ali, centenas de outros surgiram ao lado. Os coveiros cavam novos túmulos a um ritmo constante, previsível. Vejo famílias e amigos fazendo visitas. Eles costumam seguir um padrão. A primeira vez é sempre um caos e depois seguem-se meses de tristeza profunda. Os visitantes choram e se desesperam. Vão ao cemitério com frequência e ficam bastante tempo. Fico sentado no túmulo do Ali observando, e um dia um desses visitantes sorri. Normalmente acontece depois que alguns meses se passaram. Às vezes contam uma história para o falecido e dizem que sentem sua falta. Com o passar do tempo, as visitas diminuem, e partes do cemitério ficam desertas enquanto as partes que costumavam estar desertas ficam cheias de novos túmulos. Isso fez com que eu me desse conta de que até mesmo a morte, à sua maneira, é esperada. A morte é indesejada, intrusa, dolorosa e intempestiva, é claro, mas quem pode dizer que é *inesperada*? A morte é real. Deveria ser esperada.

Assim também é a natureza de todas as verdades. Nós as rejeitamos e desejamos que não fossem verdade, mas elas nos dominam. Vivemos no passado e nos preocupamos com o futuro, embora não possamos influenciar nada além do presente porque o *agora* é real. Tentamos nos manter no controle e fazer com que a vida seja previsível, mas acabamos surpreendidos, porque a *mudança* é real. Resistimos sem sucesso porque:

Lembre-se!

Toda verdade acontece exatamente como o esperado, mesmo quando você menos espera.

E isso é bom porque quando a realidade corresponde às expectativas, a equação da felicidade é solucionada. A vida, com toda sua severidade, não consegue chocá-lo e você finalmente encontra a paz.

Eu não teria conseguido sobreviver à perda de Ali se não tivesse estabelecido um estilo de vida projetado para aceitar a morte. É fácil falar, admito. Como um arqueiro, é necessário não apenas ver o alvo mas, mais importante do que isso, ver *só* o alvo. O alvo é a verdade. Mas não se esqueça do aviso de Gloria Steinem:

Lembre-se!

A verdade o libertará, mas primeiro ela vai tirar você do sério.

Chegamos tão longe juntos, espero que como bons amigos, e eu gostaria de manter as coisas assim. Então segue meu aviso sobre o que eu *afirmo* serem as cinco verdades definitivas: Afirmar que algo é verdade, ainda mais uma verdade definitiva, se opõe completamente à Ilusão da Sabedoria. Nada é indiscutivelmente verdade. Essas são as *minhas* cinco verdades. Elas *me* ajudaram a descobrir a alegria e sobreviver à tragédia de perder Ali. Todos os acontecimentos que encarei em *minha* vida, difíceis ou agradáveis, vistos através das lentes dessas verdades, pareciam ser o esperado. Os acontecimentos, embora muitos tenham sido dolorosos, correspondiam às minhas expectativas, e minha equação da felicidade, portanto, permaneceu resolvida.

Você vai concordar, eu espero, com algumas das minhas verdades. O *agora*, a *mudança* e a *morte* são reais. As outras, a saber, o *amor* e o *grande projeto*, podem ser controversas. Como muitas pessoas, rejeitei as duas últimas verdades durante anos, mas então encontrei respostas na lógica e na matemática que me levaram a mudar minha visão. Só peço que você leia minha lógica e esteja aberto para um ponto de vista alternativo. Se ainda assim discordar, tudo bem. Você pode buscar suas próprias verdades. Não importa o que você vai encontrar, desde que trate as *suas* verdades como a *sua* sinalização para encontrar o *seu* caminho para a felicidade.

A verdade – sempre – é apenas um ponto numa longa linha de possibilidades infinitas, na qual alguns pontos são ilusões. É por isso que a verdade é difícil de encontrar. Mas existe um teste fácil que pode ajudá-lo: se você descobrir que determinado conceito leva ao sofrimento, então talvez deva duvidar de sua validade como verdade. Não estamos aqui para sofrer, mas, como afirmou Arianna Huffington "para sermos talhados e lixados até que só sobre o que realmente somos".[1]

Quando estiver buscando, alguns conceitos serão fáceis de reconhecer como ilusões, e outros brilharão como verdades óbvias. Existem, no entanto, pontos no perímetro da verdade que são difíceis de comprovar. É quando você precisa fazer uma escolha crucial e seguir a **Regra de Ouro da Felicidade**: *Escolha acreditar no lado que faz você feliz.*

Quando acho difícil comprovar uma visão específica, escolho acreditar no lado que me faz feliz. Escolher o lado que me faz sofrer sem nenhuma evidência que prove sua veracidade não é muito inteligente.

Lembre-se!

Quando nada é certo – e nada nunca é –, escolha ser feliz.

Essa regra será nossa principal sustentação quando tratarmos de algumas das verdades mais discutíveis. Por enquanto, vamos começar com uma que é incontestável: o agora é real.

Capítulo Dez

Aqui, agora

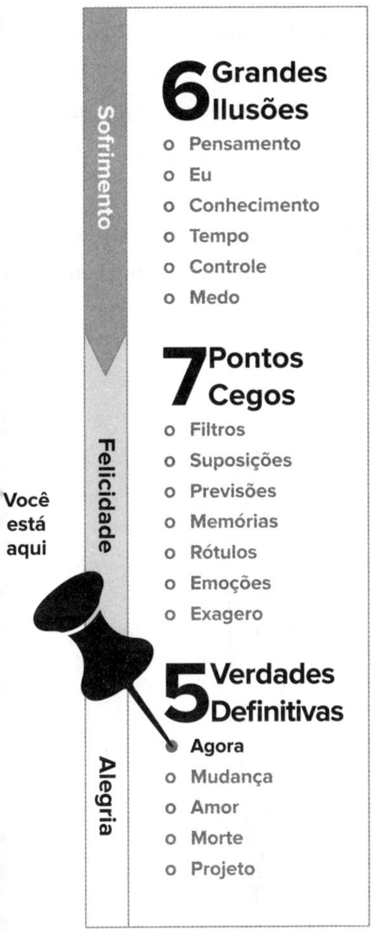

Toda a vida é *aqui e agora*. Então por que a maioria de nós vive *lá e depois*? Por que vivemos em nossa cabeça, fora do momento presente, completamente absortos na Ilusão do Pensamento, ignorantes da beleza da vida que se desenrola ao nosso redor? Por que deixamos nossa ausência do tempo presente nos causar tanto sofrimento? Porque foi para isso que fomos treinados.

Matt Killingsworth, da Trackyourhappiness.org fez um estudo com mais de 14 mil participantes que relataram, às vezes minuto a minuto, como se sentiam e o que estavam fazendo naquele momento. O estudo coletou mais de 650 mil relatos e apresentou uma descoberta profunda: independentemente do que estavam fazendo em determinado momento, as pessoas ficavam claramente mais felizes quando estavam completamente presentes. Independentemente do que estivessem pensando. Independentemente de o pensamento ser agradável, neutro ou desagradável; quando não estavam concentradas no presente, as pessoas eram menos felizes. Ponto final.[1]

Matt explica: "Se a divagação fosse uma máquina de caça-níqueis, você teria a chance de perder cinquenta, vinte ou um dólar." Divagações desagradáveis, neutras ou agradáveis fazem com que você perca de qualquer forma. É melhor não jogar.

Lembre-se!

Estar plenamente consciente do momento presente aumenta consideravelmente suas chances de ser feliz.

O que é consciência?

A consciência – sensação de reconhecimento ou percepção de uma situação – é nossa capacidade de compreender o mundo a qualquer momento. A presença – estado de existir, ocorrer ou estar atento – é o que permite essa consciência.

Imagine que fiz uma palestra para discutir a felicidade. A não ser que você dê um jeito de estar "fisicamente presente" num cenário que lhe permita ouvir o que digo, você não teria "consciência" da discussão. (Voltaremos a essa afirmação um pouco mais adiante, então não a dê como certa ainda.)

A mera presença física, no entanto, não é suficiente. É possível que você estivesse fisicamente presente, mas entediado. As ondas sonoras poderiam até chegar aos seus ouvidos, fazendo com que você ouvisse os sons, mas você não estaria *consciente* da discussão. Sem a intenção de estar consciente, temos apenas a *recepção*, sem a consciência – um estado bastante comum no mundo moderno.

Às vezes ficamos ainda aquém desse, caindo para o estado de *rejeição*. Se você tapasse os ouvidos durante minha fala entediante, as ondas sonoras ainda tentariam chegar até eles, mas você não deixaria nem mesmo que o barulho entrasse.

A consciência começa a surgir quando você presta atenção. Nesse estado, você se interessa no que está acontecendo. O interesse o sintoniza, e você entende as ondas que chegam aos seus ouvidos como palavras e conceitos. Isso é a *percepção*.

Quanto mais ênfase coloca em sua intenção de estar consciente, mais você presta atenção e mais percebe. Se o tema o interessa profundamente, e alguém na plateia se levanta no canto mais distante da sala para fazer uma pergunta, você vira a cabeça e aguça os sentidos para ouvir. Você não perde nada. Isso é *consciência – quando você está completamente imerso no momento*, totalmente consciente do que está acontecendo. Para mim, é o estágio em que começo a me sentir vivo.

Às vezes você está tão sintonizado ao que está acontecendo que começa a perceber sinais que ninguém mais percebe. Por exemplo, pela expressão facial e linguagem corporal da pessoa sentada ao seu lado, você pode perceber que ela discorda do que está sendo dito. Você fica hipersintonizado, tentando coletar todas as informações ao seu redor, chegando mesmo a se surpreender com a quantidade de coisas que percebe. Isso é o que eu chamo de *conexão*.

Lembre-se!

A consciência não é um interruptor simples. É um dimmer. Quando escolhe colocá-lo no máximo, você fica mais consciente.

Manter a consciência parece ser difícil para alguns de nós, principalmente num mundo que apresenta cada vez mais distrações. Para entender o porquê, vamos começar com uma pergunta: o que você pode fazer para atingir a consciência plena? Tire alguns minutos para pensar nisso. Não trapaceie lendo as respostas abaixo.

Agora, vamos comparar nossas respostas. No boxe abaixo, listei algumas das coisas que você pode fazer para atingir a consciência plena. Sim, peço desculpas, era uma pegadinha.

Nada mesmo
Nada mesmo
Nadinha
Não faça nada
Você não precisa fazer nada
Você não precisa fazer nada
Não faça nada
É isso mesmo, nada!
Nada
Nadinha
Nada
Nada
Nadinha
Nadinha
É isso mesmo, nada!
Nadinha
Você não precisa fazer nada
Você não precisa fazer nada
Nada
É isso mesmo, nada!
É isso mesmo, nada!
Não faça nada

Fazendo a conexão

Você se lembra do Teste de Consciência Plena do capítulo 6, quando fechou os olhos e voltou a abri-los depois de alguns segundos, tentando compreender o ambiente à sua volta? Você se lembra do quanto foi capaz de absorver em alguns segundos? Você precisou fazer alguma coisa para ver tudo o que estava à sua volta? Havia alguma *ação específica* envolvida? Não, nenhuma. No segundo em que abriu os olhos com a intenção de estar consciente, você fica consciente. Seu sentido de consciência está sempre pronto para entrar em ação. A única coisa que você pode fazer é encobri-lo.

Você pode não gostar de um palestrante quando assiste a uma palestra. Essa emoção o consome e bloqueia sua consciência. Você começa a desenhar corações, se concentrando nesse desenho, ou direciona seus pensamentos para outro momento ou outro lugar. Fazer alguma coisa elimina sua intenção de prestar atenção. Se parar de fazer o que quer que esteja fazendo, vai simplesmente ser. E ser é o único estado em que atingimos a consciência plena.

O Teste da Consciência Plena não faz mais do que oferecer dois segundos para que você *pare de fazer*. Esses dois segundos são tudo de que você precisa para encontrar seu eu verdadeiro e se tornar plenamente consciente.

Lembre-se!

Você não precisa fazer nada para entrar em estado de consciência. Seu estado-padrão é a consciência. Para alcançá-lo, você precisa parar de fazer!

Mas viver exige uma alternância entre os estados de ser e fazer. Alguns de nós gastam mais tempo num do que no outro. A maioria de nós *faz* mais do que é. É o que o mundo moderno espera de nós. Acordamos todas as manhãs e nos lançamos a uma vida totalmente dedicada ao fazer. Esse estilo de vida acelerado e imersivo é o oposto da natureza humana. É como viver embaixo d'água usando sapatos de chumbo. Tudo à sua volta é nebuloso, desconhecido e pesado. É difícil se movimentar ou agir naturalmente. Você se sente cansado e tenta vencer a viscosidade da água. Sente a pressão da profundidade e a escassez de oxigênio. Seus olhos queimam com a água salgada, mas você continua tentando encontrar um caminho, completamente exausto e com um desempenho aquém de seu potencial. Por mais dura que essa definição possa parecer, ela é muito próxima do modo como atravessamos a vida sem estar plenamente conscientes.

Parece familiar? Para mim certamente parece.

Todo o fazer e todo o pensar da vida moderna não deixa espaço para a consciência. Ao remover o tumulto, nos tornamos mais presentes, prestamos atenção e nos tornamos receptivos. Não é possível encher um copo que já está cheio. É preciso jogar fora a água velha para deixar entrar a água fresca. Você não *se faz* consciente. Você *é* consciente.

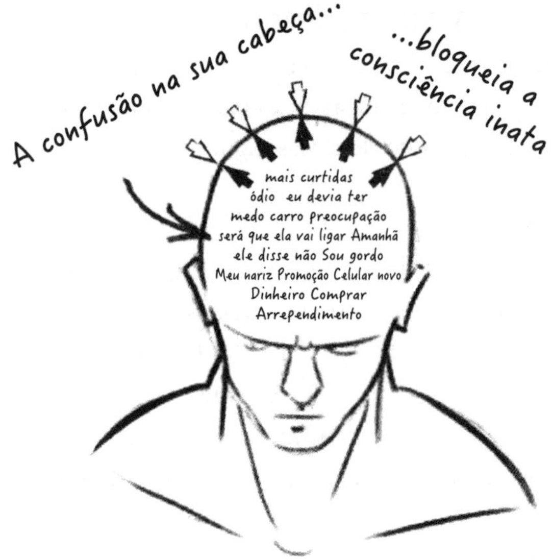

Lembre-se!

Pare de fazer e simplesmente seja.

Nesse processo, você vai se maravilhar ao perceber que, com frequência, fazer não é o único caminho para alcançar o progresso e os resultados. Às vezes, você pode alcançar simplesmente sendo – um conceito totalmente oposto à cultura ocidental moderna.

A tradição taoista apreende isso num conceito chamado *wu wei*, que se traduz por "não fazer". Uma metáfora citada com frequência nessa filosofia relaciona-se à agricultura. Se sua intenção é cultivar uma planta, faça o que deve fazer. Dê a ela luz solar, fertilizante e água. Tendo feito isso, comece a não fazer, deixando que a planta cresça por conta própria. Quando as condições para o crescimento da planta foram cumpridas, fazer mais resulta em mais danos do que benefícios. O agricultor sábio sabe que o melhor progresso possível é alcançado pela inação. Não fazer nada é o melhor a fazer.

Lembre-se!

O resultado da consciência é positivo mesmo quando não há nada a ser feito.

A amplitude de sua consciência

Muitas técnicas de meditação identificam quatro cantos como a amplitude de nosso "espaço de consciência". Direcione sua atenção para qualquer um desses cantos e você encontrará um espectro infinito de temas dignos de sua consciência plena. Os quatro cantos são:

O mundo exterior. Por meio dos sentidos, você é capaz de apreender o mundo à sua volta. Perceba a vista, os sons, aromas, gostos e as sensações táteis.

Seu corpo. Ao direcionar a atenção para dentro de si mesmo, você pode tomar consciência de seu próprio corpo. Tenha consciência de suas dores, sensações, de sua respiração, de seus batimentos cardíacos e assim por diante. Você pode direcionar sua atenção a diferentes partes do seu corpo e sentir a vida dentro delas.

Seus pensamentos e suas emoções. Quando alcançar consciência suficiente, você pode começar a observar o diálogo e o drama. Pode assistir a seus pensamentos e emoções enquanto eles fluem através de você e então se libertar deles.

Sua conexão com os outros seres. No nível mais alto de consciência pura, você atrai a conexão que tem com os outros seres: o amor pelas ondas do oceano, a admiração pelas borboletas e a compaixão que sente por outros humanos que sofrem ao redor do mundo. Essas conexões não são percepções dos sentidos do mundo exterior; não são sentimentos do seu próprio corpo, não são pensamentos ou emoções. São conexões puras que fazem com que você se sinta parte de uma comunidade maior que vai além de sua experiência individual em relação ao mundo.

Tire um tempo para experimentar esse conceito. Explore os cantos mais distantes de sua consciência. Esse é o objetivo do seu *ser*.

Como ser

Todos nós, guerreiros do mundo moderno, temos dificuldade em simplesmente ser. Somos constantemente treinados para fazer. Nosso cérebro vagueia. A vida apressada não nos permite o tempo para estarmos presentes. Embora exista um sem-número de obras práticas que exploram o tema, é difícil para mim incluí-las em meu estilo de vida acelerado. Por um lado, algumas das melhores dicas chegaram até mim vestidas de misticismo, proferidas por vozes oníricas interrompidas por lacunas de silêncio e compostas de palavras que me são estranhas. Por outro lado, eu precisava de práticas que pudesse levar comigo em dias de trabalho e para aeroportos, não de práticas que exigissem um lugar tranquilo para a meditação.

Então desenvolvi minha própria lista de dicas e técnicas práticas que me ajudaram e que, espero, podem ajudá-lo a alcançar as profundezas do seu ser e encontrar sua consciência independentemente de seu cronograma diário. Essas dicas vão ajudá-lo a *parar* de fazer, chamando sua atenção para a necessidade de alcançar a consciência, remover o tumulto mental e garantir o espaço de que você precisa para observar o mundo e apenas ser.

Seja um fanático da consciência

Tudo começa com fazer da consciência sua prioridade. Seja louco por descobrir tudo o que está acontecendo à sua volta e dentro de você. Seja curioso. Seja um explorador. Seja fanático.

Você se lembra do Teste de Atenção Seletiva, em que as pessoas não veem o gorila porque estão concentradas na bola de basquete? Use a seu favor a tendência que seu cérebro tem de se concentrar. Comece cada manhã com seu cérebro preparado para se abrir para algo novo.

Amanhã, no decorrer do dia, tente descobrir quantos tipos de árvore você encontra em seu caminho. Durante o resto da semana, conte quanto tempo seu deslocamento demora tomando rotas diferentes. Preste atenção no modo como você trata as outras pessoas. Repare se trata seu chefe da mesma maneira que trata seus subordinados. Monitore seu consumo diário de água e sua postura ao se sentar. Não importa em que você vai escolher prestar atenção, apenas estabeleça um motivo para estar alerta. Quando voltar para casa, tente se lembrar de todos os momentos do seu dia. Se descobrir que esqueceu algumas partes, passe um tempo tentando se lembrar do que aconteceu.

Comece um "diário de acontecimentos positivos". Fique alerta durante o dia prestando atenção nas partes boas. Anote-as. Assim que fizer delas seu alvo, elas vão começar a aparecer durante todo o dia, fazendo dele um dia positivo, feliz.

Quando sentir que está pegando o jeito, parta para o desafio definitivo e passe a monitorar os momentos em que você não está consciente (porque são acontecimentos que você também precisa perceber). Eduque-se a procurar por momentos em que sua mente divaga longe do presente. Você não precisa fazer nada em relação a eles. Só os perceba e diga "Ops, minha mente divagou por um instante". O simples ato de perceber esses momentos vai trazê-lo de volta para o presente.

Lembre-se!

O nível faixa preta da presença é perceber os momentos em que você não está consciente.

Reduza as distrações

É difícil se manter consciente no mundo moderno porque não nos permitimos. Costumamos nos distrair com celular, e-mail, Facebook, e toda a tecnologia imersiva atual. Quando estiver em público, olhe em volta e conte quantas pessoas estão olhando para a telinha de seus aparelhos. Nossos dias são corridos, e seguimos nossas listas implacáveis de afazeres. Quando somos abençoados com um instante curto de silêncio, pegamos o celular e lemos mensagens e postagens e assistimos a vídeos. No carro, na volta para casa, ligamos o rádio. Quando chegamos em casa, sentamos em frente à tevê ou ficamos na internet até a hora de dormir. Os dias passam sem um minuto sequer de calmaria. Tome uma posição e reivindique o controle de sua vida.

Remova as distrações. Faça questão de manter o celular no bolso quando tiver algum tempo livre. Desligue o rádio na volta para casa e passe um tempo sem fazer absolutamente nada em vez de se sentar em frente à tevê.

Marque "tempo para mim" no seu calendário, breves pausas que lhe permitam ficar consigo mesmo. Siga essas pausas à risca. Trate-as como se fossem uma entrevista de emprego. Apesar de minha vida corrida, descobri que, quando incluía esse tempo para mim no calendário antes que o dia estivesse completamente preenchido e o respeitava como um compromisso importante, o restante da minha agenda agitada se encaixava perfeitamente em torno dele. Eu não deixava de cumprir minhas obrigações, mas também mantinha a sanidade com breves instantes de presença.

Não fique conectado o tempo todo, pelo menos durante o fim de semana. Quando estiver fazendo uma busca na internet, mantenha-se focado no que precisa, e então desconecte. Dedique apenas dez minutos de manhã e dez à noite para as redes sociais. Livre-se das distrações para garantir o tempo de que precisa para estar totalmente presente.

Lembre-se! **Menos é mais.**

Pare

É isso mesmo. Simplesmente pare. Sempre que sentir que sua mente está acelerada ou que o dia está passando rápido demais, apenas pare. Diga a si mesmo que não voltará à correria da vida enquanto não observar dez coisas à sua volta, uma para cada dedo das mãos. Uma árvore, um gato gorducho, ar fresco, uma dor no ombro esquerdo e o barulho do ar-condicionado. Conte até dez, então respire fundo e volte a seus afazeres.

Faça um totem

Em *A origem*, meu filme favorito de todos os tempos, o mundo dos sonhos e o mundo real se entrelaçam. Os sonhadores usam um totem para distinguir o sonho da realidade. Você também pode fazer isso. Carregue sempre um objeto que o faça se lembrar de que é hora de estar consciente. Não deve ser um objeto útil corriqueiro, mas algo peculiar o suficiente que sirva de lembrete sempre que você olhar para ele. Algo simples, como uma pedra com cores interessantes, um pião ou um ioiô. Sempre que olhar para ele, você vai se lembrar de ficar em silêncio por um tempo. Quando pegar seu totem, interaja com ele. Desacelere o cérebro e mantenha-se presente. Carrego comigo um terço islâmico. Quando pego esse terço, conto uma observação para cada uma das 33 contas. Eu me abro e absorvo tudo. Uma flor, um. O cheiro do café, dois. Não apenas percebo essas coisas, mas as admiro. Estabeleço uma relação com elas e reverencio sua beleza. Penso em como elas surgiram e qual deve ser a história de sua vida. Nesse estado, não vejo uma mosca como apenas uma mosca. Olho para o projeto incrível que faz com que uma criatura tão pequena tenha um desempenho tão perfeito. Eu me pergunto por que a madeira parece tão viva. Penso na probabilidade de acontecimentos aleatórios que podem ter resultado nessas coisas, ou no design inteligente que pode ter interferido. Fico totalmente absorto nelas – e completamente livre de meus pensamentos. Alcanço a consciência plena.

Você também pode fazer um totem digital. Use a tela inicial do seu celular como um lembrete. Deixe ali uma mensagem para si mesmo. Configure alguns alarmes ao longo do dia com um som relaxante para lembrá-lo que está na hora de ficar consciente. Não deixe passar um dia sem essas pausas.

Mantenha seu totem num lugar onde você seja obrigado a esbarrar nele várias vezes por dia. Mantenho meu terço no bolso direito da calça, e sempre que coloco a mão no bolso, toco nele e lembro:

Lembre-se!

É hora de fazer uma pausa para a consciência.

Tempo sem tempo

Dê a si mesmo o luxo de uma experiência sem tempo pelo menos uma vez por semana. Literalmente "sem tempo". No fim do dia, vá a um lugar tranquilo onde você não tenha acesso a nenhum instrumento que conte o tempo. Pode ser uma praia, ou um bosque – ou simplesmente um cômodo silencioso. Certifique-se de que não exista nenhuma conexão com o tempo – nada de relógios, celulares ou acontecimentos externos que denunciem a hora do dia. Durante as primeiras tentativas, provavelmente vai parecer estranho. Pensamentos inundarão seu cérebro e trarão milhares de motivos para preocupação. Aguente firme. Com a persistência, seu cérebro vai desistir e se render à felicidade. De repente, você vai perceber que tudo se acalma e que as horas passam despercebidas. Não se preocupe com o sorriso bobo em seu rosto. É um bom sinal.

Muito importante!

Você estará completamente presente quando eliminar a conexão com o tempo.

O que quer que você faça, faça-o bem

Lembre-se, a consciência é ser no momento, é estar presente. Mas é claro que não podemos apenas *ser* o dia inteiro. Precisamos alternar entre ser e fazer para sermos membros produtivos da sociedade. Às vezes, quando está fazendo algo fácil ou repetitivo demais para demandar sua atenção, você acaba se desconectando, percorrendo emoções e deslocando sua atenção do mundo real para as profundezas de sua mente. Não há motivo para perder a presença e a consciência quando está *fazendo* alguma coisa. Você pode permanecer consciente ao concentrar sua atenção no processo de fazer, não no resultado final.

O truque é tentar fazer tudo dedicando o melhor de suas habilidades. Dê tudo o que tem a cada passo, por menos que seja, e encare como se estivesse fazendo aquilo pela primeira vez. Faça melhor do que da última vez e orgulhe-se por fazê-lo, o que quer que seja, muito bem.

Isso não se aplica apenas ao trabalho, mas a tudo, de lavar a louça ao tempo que dedicamos àqueles que amamos. Tente quando estiver em trânsito. Use o tempo para fazer de seu trajeto uma experiência agradável e de consciência plena, independentemente do engarrafamento. Perceba o que está à sua volta, ou use o tempo para ouvir um audiolivro ou ter uma conversa significativa com um amigo. Faça algo que seja merecedor do seu tempo, e desejará que o trajeto durasse mais tempo.

Lembre-se!

Tenha consciência da jornada.
É onde a vida acontece.

Uma última dica: Faça uma coisa de cada vez. Não assista à tevê enquanto janta. Não passe tempo com sua filha enquanto "checa rapidinho seus e-mails". A multitarefa é um mito. Esteja completamente presente.

Lembre-se!

Seja lá o que for que esteja fazendo,
dedique a isso sua atenção total.

Quanto mais usar essas dicas, ou outras, para manter-se consciente, mais fácil será encontrar o estado de presença que traz a paz. E mais você se perguntará como suportava os momentos em que deixava sua mente divagar. Então absorva tudo, cada experiência que a vida lhe trouxer. Não deixe passar nada.

Lembre-se!

Viva a vida aqui e agora,
não dentro da sua cabeça.

Capítulo Onze

O balanço do pêndulo

A mudança é real. A única coisa que podemos prever com precisão é que o mundo de amanhã será diferente do mundo de hoje. As manchetes captam apenas os "cisnes negros": "Terremoto atinge a ilha" ou "A guerra mata milhares", mas não conseguem captar milhares de mudanças sutis que resultam desses grandes acontecimentos, o efeito borboleta. Num segundo, o mundo muda tão drasticamente que podemos afirmar com segurança que não existem, em toda a história do universo, dois instantes que tenham sido idênticos.

Cada mudança sutil dá nova forma a cada instante da vida que se desenrola. Nenhuma mudança é insignificante. Virar à esquerda um segundo antes pode salvar sua vida, e a decisão de um mosquitinho de virar à direita pode tirá-la.

Multiverso

Para ajudá-lo a entender o quanto cada pequena mudança é significativa, vamos visitar um lado bizarro da ciência. Imagine que as pequenas mudanças causadas por efeito borboleta podem fazer muito mais do que simplesmente alterar seu caminho. Imagine que cada uma delas produz um universo completamente novo! Durante as últimas décadas, cientistas vêm argumentando exatamente isso na teoria do multiverso. Você sorri para um estranho – um novo universo. Você franze a testa – um universo diferente. Uma pedra cai – diferente também. Cada um desses universos, por sua vez, gera infinitos outros universos com infinitas cópias suas. Numa cópia, você ainda está lendo este livro; em outra, decidiu comprar um café e acabou descobrindo outro livro que altera seu caminho na vida e o leva a ser o próximo presidente do país. Essa pequena mudança pode causar uma diferença tão grande que os caminhos resultantes seriam dois universos completamente diferentes.

Embora a teoria do multiverso possa parecer um pouco exagerada, a ideia é uma imagem de grande valor para demonstrar o impacto de pequenas mudanças. Faz com que nos perguntemos quanto do futuro pode ser previsível. Multiplique o impacto de grande alcance de qualquer pequena mudança pela frequência com que essas mudanças acontecem e o número vai ser complexo demais até para imaginar, que dirá então, gerenciar.

Nossas tentativas de assumir o controle do fluxo infinito de mudanças nos decepcionam. Por mais que tentemos, nossas expectativas não são correspondidas no momento em que qualquer mudança, por menor que seja, desencadeia uma cascata de acontecimentos inesperados e incontroláveis. E tentamos cada vez mais, sem sucesso.

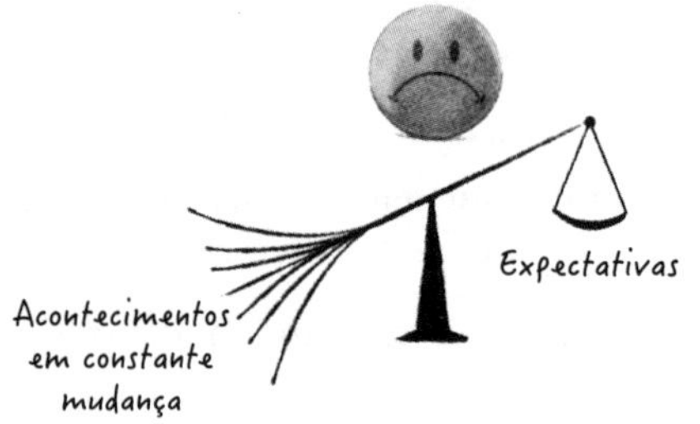

Não conseguimos perceber como essa experiência frenética é realmente. Só nos sentimos exaustos e nos perguntamos por que a vida parece ser uma luta constante. Não percebemos que *nós* é que tornamos a vida mais difícil do que ela precisa ser.

Projeto cabine

Imagine por um instante que uma tecnologia avançada permitiu que inventássemos uma cabine com todos os botões necessários para controlar cada aspecto da vida. Não seria incrível manter tudo sob controle? Eu seria capaz de controlar minha próxima promoção, o comportamento da minha filha, o trânsito no caminho para o trabalho e cada detalhezinho que afeta meu dia a dia. Mas essa cabine precisaria ser gigante! Com tantas variáveis que afetam a vida, teria que ser do tamanho de um estádio de futebol, e cada centímetro teria que ser coberto por botões e interruptores para manter as coisas sob controle. No início, você pode achar que vai ser fácil controlar todos os botões, mas quando as luzes começam a piscar e as campainhas começam a soar anunciando cada pequena mudança, ficará sobrecarregado. Quando uma luz se apaga, outra acende.

Você acelera e se concentra mais, talvez até entre em pânico enquanto as coisas saem de controle, até perceber que não pode controlar todos os botões ao mesmo tempo – ainda que seja necessário apenas apertar um botão. Você acaba se jogando no chão, exausto, decepcionado pela total perda de controle.

Tome meu exemplo: um controlador inveterado, minha vida era exatamente assim todos os dias – uma eterna busca fracassada cheia de decepção e luta. Até que um dia percebi que o controle não devia ser exercido num nível micro, em cada detalhezinho. Não estava no que eu precisava fazer, mas em como eu precisava fazer cada uma das pequenas coisas.

Você não precisa de uma cabine com um milhão de botões. Precisa apenas de algumas mudanças simples em seu estilo de vida. Encontre o caminho, então olhe para baixo.

Encontre o caminho

Ensinamentos espirituais proporcionam um caminho que oferece uma vida tranquila. Segundo ensinamentos chineses antigos, o caminho equilibrado para atravessar as mudanças da vida é chamado de caminho do Tao. Budistas o chamam de "o caminho", e islâmicos o chamam de "caminho reto". Em vez de tentar controlar milhares de pequenas variáveis, esses ensinamentos recomendam que simplesmente deixemos que os indicadores encontrem seu próprio equilíbrio.

Cada fator que afeta sua vida se comporta como o balanço de um pêndulo. Como sistema físico, um pêndulo procura seu ponto de equilíbrio – o ponto de equilíbrio no qual o pêndulo fica parado sem esforço. Você precisa exercer um esforço, aplicar uma força, para tirar o pêndulo do equilíbrio. Quando a força é removida, o pêndulo logo voltará a seu estado natural, indo de um lado para o outro até finalmente parar no ponto zero. Ali, nenhum esforço é necessário, o pêndulo pode ficar em equilíbrio para sempre.

Se quiser manter milhares de pêndulos em equilíbrio o tempo todo, deixe que cada um encontre seu próprio equilíbrio. Do mesmo modo, se quiser guiar as milhares de pequenas decisões que dão forma à sua vida, encontre o ponto de equilíbrio de cada uma delas e mantenha-as assim, longe dos extremos. Você vai precisar de um esforço mínimo para manter uma vida equilibrada. Quando cada pêndulo estiver em seu ponto de equilíbrio, a linha que liga todos os pontos é o Caminho.

Lembre-se!

Não é necessário nenhum esforço para manter qualquer sistema em equilíbrio. Quando tudo o que fizer parecer não exigir esforço, você encontrou seu caminho.

Os extremos são exaustivos. Trabalhe demais, e perderá a alegria de viver; trabalhe de menos, e se sentirá inútil. Passe tempo demais com a pessoa amada, e ficará entediado e começará a discutir; passe tempo de menos, e sua relação enfraquecerá. Fale demais, e nunca vai ouvir; fale de menos, e nunca será ouvido e compreendido.

Cada coisa que fazemos, por mais insignificante que pareça, tem um ponto de equilíbrio. Se ultrapassar esse ponto, você precisa se esforçar para manter o sistema num estado que não lhe é natural. Por menor que seja, o esforço necessário para viver uma vida em desequilíbrio aumenta exponencialmente conforme o número de sistemas com que você precisa lidar também aumenta. Parece cada vez mais a cabine com um milhão de botões – impossível de gerenciar.

Lembre-se!

Deixe que cada coisa procure seu equilíbrio natural.

Na filosofia chinesa, o par *yin* e *yang* descreve como dois opostos aparentes são na verdade complementares, interconectados e interdependentes. Tudo tem tanto um *yin*, um princípio feminino ou negativo (caracterizado por escuridão, umidade, frio, passividade, desintegração etc.) quanto um *yang*, o princípio masculino ou positivo (caracterizado por luz, calor, secura, atividade etc.). Por exemplo, a sombra não existe sem a luz, e vice-versa. Numa vida harmoniosa, o *yin* e o *yang* se complementam. Se você jogar uma pedra num lago, as ondas se desencadearão na superfície da água até tudo se equilibrar e ficar calmo novamente. Para encontrar um equilíbrio na vida, é necessário abraçar os dois lados e evitar os extremos dos dois.

Lembre-se!

Viva na linha onde o *yin* encontra o *yang*.

Na filosofia grega, essa abordagem do equilíbrio foi descrita como "doutrina do meio-termo", o meio desejável entre um extremo de excesso e outro de deficiência. Mesmo as características mais desejáveis devem ser equilibradas. A coragem, por exemplo, embora seja uma virtude, se manifestaria como imprudência, se em excesso, e como covardia, se deficiente.

Por mais simples que possa parecer, essa abordagem da vida é quase o oposto exato daquilo que nós, ocidentais, aprendemos a fazer desde a infância. Aprendemos a buscar o caminho de ganho máximo, independentemente do quanto ele possa ser desafiador. Aprendemos a trabalhar para superar nossas fraquezas (o caminho mais difícil) em vez de usar nossos pontos fortes (o caminho mais fácil). Somos incentivados a superar os limites da riqueza, da beleza e da conquista. Fazer isso exige muito esforço, o que nos faz sofrer.

Na minha área profissional, escolher o caminho mais difícil é a regra. Sou apresentado com frequência a executivos que trabalham demais, vivem sob imensa pressão e cuja vida é uma batalha constante. Eles estão sempre tentando se esforçar para sair da "zona de conforto" e subir os indicadores. Tentam até mesmo administrar a vida pessoal como se fosse uma máquina. Suas noites são reservadas a jantares para cultivar a rede de contatos e participar de eventos corporativos. Seus filhos são levados da aula de tênis para a de música. Eles planejam cada minuto e esperam que os planos transcorram precisamente como um relógio. Nas raras ocasiões em que esses executivos se permitem uma pausa breve, vão atrás de outro extremo, talvez treinar como se fossem participar do Ironman ou correr uma maratona. Vão além do equilíbrio necessário para manter a saúde e a boa forma. Talvez alcancem os objetivos que definiram, mas sempre pagam o preço.

Costumamos nos lançar em batalhas, mas em qualquer batalha perdemos mais do que ganhamos. Depois reclamamos que a vida é difícil.

A vida pode ser fácil. O caminho que escolhemos é que é difícil.

Lembre-se!

Busque o caminho que oferece a menor resistência.

No filme *Forrest Gump*, Tom Hanks interpreta Forrest, um rapaz não muito esperto, cuja "simplicidade" permite que ele passe pela vida com o mínimo de resistência. Como resultado, ele acaba participando do jogo das estrelas do futebol americano e representando os Estados Unidos no tênis de mesa, conhecendo três presidentes do país, ganhando a Medalha de Honra do Congresso, virando capitão de um barco de pesca de camarões, criando uma grande empresa e se tornando um dos primeiros investidores da Apple. Às vezes, como uma pena voando ao vento, o melhor que você pode fazer é ir para onde o vento o leve. O equilíbrio que devíamos estar buscando está em algum lugar entre a vida moderna agitada e a vida do Forrest.

Lembre-se! → **Viva no Caminho.**

Olhe para baixo

Ao lado do sucesso e do progresso, um dos valores centrais da cultura moderna é a ambição. Lutamos para ir mais alto, mais longe, alcançar mais. Ensinamos nossos filhos a medir seu valor com base em suas conquistas, não só em termos absolutos, mas também em termos competitivos e comparativos. Não é suficiente conquistar; o que importa é conquistar mais que o outro. É a *isso* que chamamos sucesso. Não é suficiente aprender; é preciso tirar uma nota mais alta que a do colega. Não é suficiente ter uma vida agradável e gratificante; sua vida precisa ser melhor que a de seus vizinhos. Não é suficiente se divertir jogando futebol; vencer é tudo que importa.

Mas quando nos comparamos obsessivamente, nos colocamos na rota da decepção, porque *sempre* haverá alguém que se deu melhor ou foi mais longe.

Não é difícil enxergar que a vida dá cartas diferentes para cada um de nós. Alguns são mais altos, outros mais baixos, mais ricos ou mais pobres, mais saudáveis, mais engraçados e mais bonitos. É por isso que, se olhar para uma área específica de sua vida, sempre haverá alguém que tem "mais" do que você. Nos esquecemos de olhar o outro lado dessa curva de distribuição: cada uma dessas pessoas tem "menos" do que você em pelo menos uma das outras coisas. É como o jogo da vida funciona.

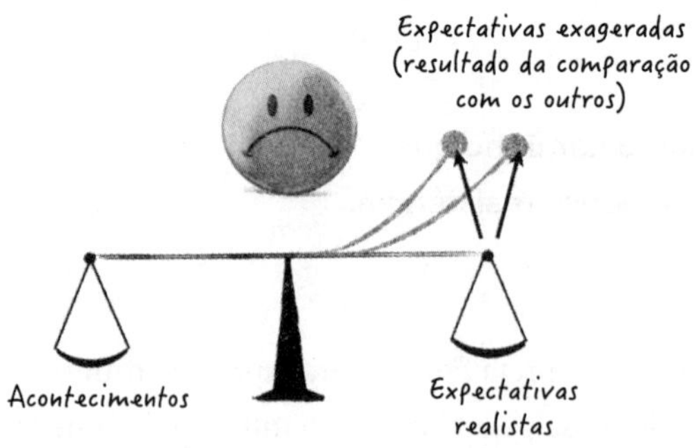

Comparar-se a outras pessoas que parecem estar se dando

melhor é um comportamento que chamo de "olhar para cima". Quando olhamos para cima, nos concentramos nas áreas em que ficamos aquém. Tentamos avaliar quanto ainda precisamos avançar para alcançar aqueles que lideram o bando. Nós nos enganamos achando que nunca somos bons o suficiente enquanto não estivermos à frente. Como resultado, as expectativas que temos em relação a nós mesmos aumentam, e não conseguimos alcançá-las. Finalmente, pensamos que vida é injusta conosco em comparação com os outros, e esse pensamento nos faz sofrer.

Não há nada de errado em querer avançar na vida, mas olhar para cima, comparar, não leva a lugar nenhum. Sempre haverá um motivo para pensar que o que você alcançou não é bom o suficiente. Funcionários olham para gerentes, e gerentes olham para os diretores. Modelos olham para as supermodelos mais magras, e milionários olham para bilionários.

Proponho um desafio: Tente reformular sua ambição para que tenha como foco o objetivo de se tornar uma pessoa melhor sem se comparar com os outros. *Olhe para baixo.* Trabalhe duro, cresça e faça a diferença para o mundo, mas, por favor, sinta-se bem consigo mesmo. Por favor, pare de olhar para aquilo que não tem. O que você não tem é infinito. Fazer disso seu ponto de referência é a receita certa para se decepcionar – e para não resolver a equação da felicidade. Em vez de olhar para os poucos que parecem ter mais que você, olhe para os bilhões que têm menos. É, bilhões!

Se você pode comprar um café todos os dias, agradeça, porque mais de 3 bilhões de pessoas vivem com menos de 2,50 dólares por dia, e mais de 1,3 bilhão de pessoas vivem com menos de 1,25 dólar por dia. Se pode beber um copo d'água, agradeça, porque 783 milhões de pessoas não têm acesso à água limpa. Se tem um lar, agradeça, porque há cerca de 750 mil pessoas sem teto, congelando nas ruas das grandes cidades só nos Estados Unidos.

E, se olhar de perto, perceberá que a dor e a desgraça – embora escondidas – são muito mais universais do que você imagina. Talvez o exemplo mais belo de como não percebemos a dor dos outros esteja no mistério do sorriso japonês. Embora, para a maioria das pessoas, um sorriso seja expressão de felicidade, para os japoneses um sorriso pode expressar uma variedade de sentimentos, incluindo estranheza, dúvida, medo e vergonha. Na cultura silenciosa do Japão, não é costume expressar emoções extremas, principalmente as negativas. Se uma pessoa comete um erro, por exemplo, ela sorri. O sorriso é usado para mascarar o sentimento de vergonha. Uma vez perguntei a uma amiga por que todas as pessoas estavam sempre sorrindo em Tóquio se eu sabia que o ritmo frenético da vida lá causava muitas dificuldades. Com suas belas palavras, ela respondeu: "Mantemos nossos sofrimentos para nós mesmos e oferecemos nosso sorriso." Admiro muito o Japão, e me intriga que uma nação inteira consiga – com tanta dignidade – esconder sua dor.

Há tanta tristeza por aí, então, se tiver que comparar sua vida, vire sua perspectiva de cabeça para baixo e compare-se com aqueles que têm menos do que você. Quando mudar sua perspectiva, verá muitos motivos para ser feliz por suas bênçãos.

Tenho um amigo, um homem de negócios bem-sucedido, que estava sempre buscando metas mais altas. Até que foi diagnosticado com pancreatite aguda, uma doença que faz com que o ácido estomacal responsável pela digestão dos alimentos seja derramado dentro da cavidade do abdômen, passando a digerir a carne da própria pessoa. Durante meses, ficou deitado na cama de um hospital com tubos perfurando seu corpo, sendo mantido vivo por comprimidos e líquidos gotejantes. Conforme sua saúde se deteriorava, suas ambições diminuíam. Ele não se interessava mais por ganhos materiais ou crescimento profissional. Parou de se comparar com a pessoa que era promovida antes dele ou com o vizinho que dirigia um carro mais elegante. Quando sua saúde finalmente se estabilizou, suas ambições passaram de alcançar o próximo bem material para, em suas próprias palavras, "conseguir virar de lado na cama".

Muito importante!

Só quando *olhamos para baixo* percebemos o quanto somos abençoados!

Olhar para baixo vai ajudar você a apreciar as coisas boas da vida. E não é nenhum segredo que a gratidão nos deixa felizes.

Os psicólogos Robert A. Emmons, da Universidade da Califórnia, e Michael E. McCullough, da Universidade de Miami, conduziram um estudo em que pediram a três grupos de participantes que escrevessem algumas frases todas as semanas com foco num assunto específico. Um grupo escreveu sobre as coisas pelas quais eram gratos; o segundo escreveu sobre coisas que os desagradavam; e o terceiro escreveu sobre acontecimentos que os impactaram positiva ou negativamente. Depois de dez semanas, aqueles que escreveram sobre gratidão se sentiam mais felizes com suas vidas. Eles também se exercitavam mais e iam ao médico menos do que aqueles que se concentraram em fontes de irritação.[1]

Martin E. P. Seligman, da Universidade da Pensilvânia, testou o impacto da gratidão em centenas de participantes. Solicitou a cada um que escrevesse sobre uma memória recente; depois, uma carta de gratidão por semana a ser entregue a alguém a quem gostariam de agradecer. Os participantes demonstravam um aumento enorme no nível de felicidade quando expressavam sua gratidão, e o impacto às vezes durava até um mês.[2]

Lembre-se!

A gratidão é o caminho certo para a felicidade.

E a *gratidão* **é** uma questão de mentalidade. Quando olha para baixo, você aprende a atrair mais gratidão para sua vida. Pode até aprender a ser grato por suas tristezas quando perceber que sempre existe alguém com feridas mais profundas. Com essa comparação, vai perceber que, por um golpe de sorte, foi poupado.

Tome meu exemplo ao perder Ali. Consigo olhar para baixo e me sentir grato mesmo com uma perda tão trágica? Existe algo pior do que perder alguém tão maravilhoso quanto Ali? É claro que sim! Poderia ter sido muito pior. Muitos jovens de vinte e poucos anos são diagnosticados com câncer, por exemplo. Passam pelas dificuldades da quimioterapia e da radioterapia durante meses, e ainda assim não sobrevivem. Teria sido melhor Ali partir assim? Não! Muitos universitários se envolvem com as pessoas erradas e acabam viciados em drogas e morrem de overdose. Teria sido melhor Ali partir assim? Não! Ainda mais simples: teríamos preferido que o destino de Ali fosse exatamente o mesmo, mas lá em Boston, onde ele vivia e estudava, em vez de em casa, quando veio fazer uma visita maravilhosa antes de partir? É claro que não.

Se eu quiser *olhar para cima*, para o tempo que poderíamos ter juntos, vou sofrer, porque o fato é que ele partiu e não posso fazer nada para mudar isso. Em vez disso, prefiro *olhar para baixo* e sentir gratidão pelos 21 anos maravilhosos durante os quais ele nos abençoou com sua presença. *Em vez de ficar ressentido por ele ter morrido, me sinto grato por ele ter vivido.*

"Ali nunca foi de sentir medo", me disse um amigo dele um dia. "Ele se sentia desconfortável em lugares altos, mas não sentia medo de quase nada. Me lembro do dia em que lhe perguntei qual era seu maior medo, e ele respondeu que era perder alguém que amava de verdade. O que incluía a família e os amigos mais próximos. Quando ele partiu, percebi que o que parece inevitável nunca aconteceu com o Ali. Ele viveu a vida toda sem que seu maior medo se tornasse real. Acho isso incrível."

Quando o assunto é deixar este mundo, morrer em paz enquanto dormimos rodeados por uma família que nos ama não é o pior dos cenários. Se olharmos para baixo, perceberemos inúmeros cenários piores do que o que passamos. Como tudo na vida, embora ter mais um dia com ele pudesse tê-la tornado melhor, entendo que até isso também poderia ter sido muito pior!

Agora é sua vez de pensar em suas próprias dificuldades. Ao fazer isso, seja justo e perceba que, embora possa não ser a pessoa mais sortuda do planeta, você certamente não é a mais azarada. Se algum dia se esquecer disso, por favor:

Lembre-se!

Olhe para baixo!

Capítulo Doze

O amor é tudo de que você precisa

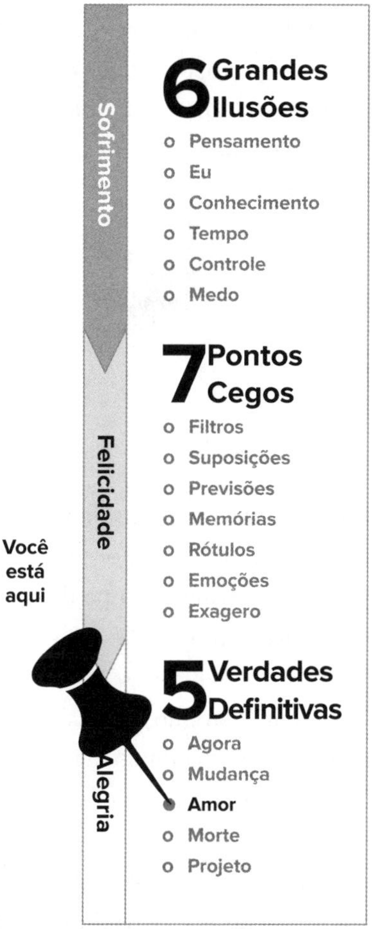

Amo borboletas. Não importa o tipo, a cor ou o tamanho. Simplesmente amo. Não preciso ter borboletas, nem necessariamente vê-las. Só de saber que elas existem fico feliz. Meu amor pelas borboletas é tão grande que sinto vontade de abraçá-las. Mas não faço isso. Simplesmente despejo esse amor avassalador sempre que nossos caminhos se cruzam. Acho que elas sabem disso porque com frequência aparecem para mim. Às vezes, quando estou no meu caminho para o escritório, uma borboleta começa a voar graciosa bem na minha frente. Pousa tranquila num galho próximo, como se dissesse: “Vou ficar aqui e fingir que não estou vendo para que você possa me apreciar.”

Quando passo, ela voa em volta de mim e para de novo na minha frente. Eu não paro nem ela. Coincidência? Acho que não. De qualquer forma, não ligo, porque simplesmente *amo* cada borboleta que já existiu.

Eu também *gosto* delas. Gosto de suas estampas, sua beleza, sua graça. Admiro sua jor-nada de lagarta a rainha da beleza, passando pela dificuldade e pela incerteza do casulo. Reconheço o trabalho que fazem por nós ao polinizar as flores e respeito a perseverança que demonstram em sua curta vida mesmo sendo frágeis.

Gostar, admirar, reconhecer e respeitar são sentimentos diferentes entre si, e todos são diferentes do amor. Eu gosto e admiro por motivos específicos. O amor, por sua vez, simplesmente acontece: inexplicável, sem se sustentar em nenhum motivo específico e imutável.

O amor – o amor verdadeiro – é real. Todas as outras emoções são temporárias. Aparecem quando um motivo as desencadeia, e desaparecem assim que o motivo desaparece. Gostar da estampa de uma borboleta depende da beleza de uma borboleta específica. Se ela for de um cinza pálido, pouco atraente, a admiração pode desaparecer. Meu *amor* por ela, no entanto, permanece.

Pense na experiência quase universal do amor maternal. Depois de sofrer com o desconforto da gravidez por meses e com as dores agudas do parto, uma onda de amor toma conta de quase todas as novas mães quando aquela coisinha enrugada é colocada em seus braços. Essa emoção avassaladora permanece independente das circunstâncias. A criança pode crescer, sair de casa e nunca mais ligar – mas o amor vai continuar o mesmo. Um filho pode até mesmo deixar este mundo, como Ali nos deixou, mas o amor inabalável de uma mãe só cresce.

Que tipo de amor?

A cultura pop faz o amor parecer um teste de resistência. Corações partidos inspiram inúmeras canções e enchem páginas de romances. Sim, existe um tipo de amor que faz sofrer. O outro tipo, no entanto, leva à felicidade pura e ininterrupta. O tipo de amor da cultura pop é uma ilusão, e o tipo de amor de que quase nunca se fala – mas que sentimos muito mais profundamente – é real.

O amor *condicional* é guiado pelo pensamento "Eu amo *porque...*", e como tudo que é baseado num pensamento, é uma ilusão, é inconstante e, conforme o pensamento evolui, acaba inevitavelmente levando ao sofrimento.

O amor *incondicional*, por sua vez, é sentido, mas não compreendido. É genuinamente construído tendo como base "Eu amo" e nada mais – nenhum motivo ou condição, nenhuma expectativa ou exigência e, consequentemente, nenhuma decepção. Nenhum pensamento! Esse é o único amor verdadeiro. É raro encontrá-lo, mas é real.

Lembre-se!

O amor incondicional é real. É a única reação que não é gerada por um pensamento em sua cabeça.

Um sentimento sem um pensamento

A verdadeira essência do que faz o amor incondicional real é que ele vive fora do domínio do pensamento. Todas as outras emoções são baseadas num pensamento. A inveja vem do pensamento *Ela tem o que eu não tenho*. O ódio é gerado pelo pensamento *Alguma coisa naquela pessoa vai contra meu modo de vida*. A admiração decorre do pensamento *Analisei os atributos daquela pessoa e percebi que excedem minhas expectativas*. A raiva é provocada pelo pensamento *O comportamento daquela pessoa me ameaça. Preciso ser forte para me sentir seguro*. O pensamento desencadeia a emoção.

O amor condicional também é originado por um pensamento: *Ela faz com que eu me sinta feliz, por isso eu a amo* ou *Ele faz com que eu me sinta segura, por isso eu o amo*. O mesmo modelo se aplica ao nosso amor pelas coisas: *Esse carro melhora minha aparência, por isso eu o amo* ou *Meus sapatos são confortáveis, por isso eu os amo*. Enquanto o motivo existir, o amor condicional dura, mas quando o motivo desaparece, o padrão de pensamento muda e o sentimento se esvai. Pode até se transformar, por meio do pensamento constante, em ódio, raiva, medo ou qualquer outra emoção guiada pelo pensamento.

É por isso que os relacionamentos sofrem: são construídos com base no amor condicional num mundo que está em constante mudança. Expectativas de beleza, entretenimento, valor, prazer físico e outras formas de expectativa se tornaram pré-requisitos para o amor. Quando o objeto de amor muda, as expectativa não se cumprem e o conto de fadas vira um pesadelo.

O amor incondicional, por sua vez, resiste a qualquer mudança. Supera a Ilusão do Tempo. Mesmo quando passo meses sem ver minha filha maravilhosa, o amor imutável e crescente que sinto por ela sempre enche meu coração. O amor verdadeiro supera a Ilusão do Conhecimento. Amamos o oceano, as estrelas, os pássaros e os animais selvagens; sentimos uma conexão com eles apesar de não entender sua natureza inconstante. Supera a Ilusão do Eu ao permitir que amemos o que está fora do alcance de nossos sentidos físicos. É a única forma de amor que é eterna, estendendo-se para além da própria vida. O amor de Ali sempre estará em meu coração, embora ele tenha deixado nosso mundo físico.

Uso a palavra *sempre* aqui intencionalmente. O amor verdadeiro é *sempre* sentido, a cada segundo de cada dia. O tempo não é uma condição para um amor que não precisa de nenhuma condição.

A verdadeira alegria do amor

Não existe felicidade sem amor. E enquanto o amor condicional costuma causar sofrimento, o amor verdadeiro proporciona uma alegria duradoura. Não há nada a cobrar no amor verdadeiro. Sem nada a cobrar, não há expectativas nem sofrimentos que resultam de expectativas não cumpridas, como no amor condicional. Querer uma recompensa, uma gratificação e até ser amado de volta são condições. *Eu mereço ser amado como pré-requisito para minha felicidade* é um pensamento guiado pelo ego, só mais uma tentativa de provar que somos "bons o suficiente" e, portanto, dignos de ser amados. Qualquer pensamento que venha do ego leva à decepção e, quando o amor ilusório se esvai, o sofrimento toma conta. Mas sem expectativas – sem exigências em relação ao ser amado – a alegria do amor toma conta, porque:

Você fica feliz porque o amor que sente não vem com nenhuma expectativa

Lembre-se!

Não ter expectativas significa não ter expectativas frustradas.

Tudo o que você precisa saber sobre o amor incondicional e seu impacto sobre a felicidade é surpreendentemente simples:

Muito importante!

A verdadeira alegria do verdadeiro amor está em dá-lo.

A economia do amor

Encha o mundo a sua volta com amor e o mundo vai aumentar de tamanho, se movimentar e devolver mais amor do que você espera. Experimente e veja o que acontece.

Muito importante!

**Quanto mais amor você dá,
mais amor você recebe.**

Eu queria que existissem estudos científicos que comprovassem isso para que eu pudesse deslumbrá-lo com um gráfico ou uma estatística impressionante. O amor não é um assunto muito pesquisado pela ciência, mas considere essa analogia: na física, a lei da conservação da energia significa que a energia nunca some. Nunca nem diminui. Ela muda de forma, mas, em qualquer sistema fechado, a quantidade de energia que temos no início será a quantidade de energia que teremos no fim. O amor segue a mesma lei: o amor verdadeiro não pode ser destruído; ele muda de forma. Por causa dessa conservação, o amor que você injeta num sistema se transforma e volta para você de onde você menos espera. Na verdade, é melhor que a energia: ele atrai o amor de todas as criaturas para você. Como uma poupança, quanto mais amor você deposita, mais ele cresce e se multiplica e, quando chegar a hora de sacar, você terá ainda mais amor.

Chame de lei da conservação – ou multiplicação – do amor.

Muito importante!

**O amor nunca é desperdiçado.
Quanto mais você dá, mais amado você se sente.**

Olhe para aqueles indivíduos que amaram o mundo e todas as pessoas nele pacífica e incondicionalmente, mesmo quando isso lhes causou sofrimento: Madre Teresa, Gandhi, Sua Santidade o Dalai Lama. Bilhões de pessoas de todos os credos, territórios e modos de vida os amam. Esse amor segue vivo muito tempo depois de sua morte. Nós os amamos mesmo sem conhecer os detalhes de suas vidas. Você também deve amar alguém como eles. Como poderia não amar?

No mundo dos negócios, jamais ouvi falar de um recurso gratuito e renovável que oferecesse um retorno tão espetacular quanto o amor. É como a economia do rock. Um músico talentoso pode estar sozinho num lugar qualquer e criar uma obra-prima usando nada além de sua inspiração e ganhar admiração e fortuna durante décadas. Embora esse tipo de talento seja muito raro, todos somos capazes de criar obras-primas de amor incondicional. Uma commodity tão poderosa quanto essa exige um tratamento especial. Eu sigo três dicas práticas que chamo de Manual de Instruções do Amor.

Manual de Instruções do Amor

Três passos simples vão ajudá-lo a se beneficiar da economia espetacular do amor.

Ame a tudo e a todos

Uma cobra pode parecer assustadora e ser sorrateira, mas não é má; ela só faz meticulosamente o que foi criada para fazer. Nunca faz mais do que o necessário e nunca falha. Se você odeia cobras, o que odeia, na verdade, é a história que seu cérebro inventou sobre elas, a história que diz que elas são más e pegajosas. Mas elas não são. Uma cobra nunca tenta machucar alguém por diversão. Elas caçam para comer, exatamente como nós fazemos. Embora, hoje em dia, nossa caça aconteça no corredor do supermercado, não somos melhores do que uma cobra quando se trata de sobrevivência. Somos, de longe, os maiores carnívoros entre todas as espécies. Mas todos nós nos sentimos dignos de receber amor.

Se você remover os pensamentos, os pré-requisitos que dizem como você gostaria que uma cobra fosse ou agisse, o que resta? Nenhum motivo para emoções, só amor incondicional. Evite cobras para ficar longe do perigo, mas não as odeie simplesmente porque são cobras.

Se você pode amar uma cobra, então pode amar todos os outros seres – as árvores, as pedras e as abelhas. Mesmo tratando-se de cobras humanas, se olhamos além da máscara do ego, não sobra nada a não ser o mais puro amor. Até mesmo as pessoas mais irritantes e aparentemente odiosas que encontrar, se você as olhar além do ego, dos medos e dos comportamentos obsessivos, encontrará uma criança pacífica que quer apenas ser amada e reconhecida. Quando amadas, a maioria deixa cair a máscara e se torna real.

Lembre-se!

Renova gentilmente a máscara do ego e ame o que encontrar embaixo dela.

Por mais idealista que eu possa parecer, também sou realista. Sei que a humanidade nos deu exemplos – tiranos, assassinos e vilões de todos os tipos – que dificultam a crença na ideia do amor incondicional, mas esses exemplos são exceções, não a regra. Trabalhei com alguns dos políticos mais difíceis do mundo, e mesmo entre eles encontrei aqueles que, no fundo, são humanos.

Em se tratando dos (pouquíssimos) que estão tão presos ao ego que seu eu verdadeiro nunca aparece, aprendi uma estratégia muito eficaz com Ali quando ele ainda era uma criança. Ele dava três chances às pessoas que tinham um ego inabalável. Depois disso, passava a ignorá-las ou dizia abertamente, mas com educação, que eles simplesmente não eram compatíveis. Mas mesmo quando ignorava essas pessoas, ele ainda as amava, e, tenho certeza, no fundo, elas retribuíam esse amor.

Por favor, perceba que amar a tudo e a todos não é uma abordagem ingênua, romântica ou idealista da vida. Na verdade, essa estratégia é até um pouco egoísta. Além de todo o amor que você receberá de volta, o amor incondicional resolve a equação da felicidade. Concede a alegria do amor, que está em amar sem esperar nada em troca. Sem expectativas frustradas. Só paz. É uma escolha sábia!

Ame a si mesmo

Como podemos amar a todos, ou esperar que alguém nos ame, se não amarmos a nós mesmos?

Nada causa mais infelicidade no mundo ocidental atual do que a privação generalizada de amor-próprio. Estudos mostram que apenas 4% de todas as mulheres nas sociedades ocidentais acreditam que são belas, e mais de 60% acreditam que precisam emagrecer para merecerem ser amadas! Infelizmente, isso não deveria causar surpresa. Somos treinados sistematicamente para não amar a nós mesmos a não ser que correspondamos a expectativas rigorosas.

Como uma sociedade obcecada pelo sucesso, somos levados a acreditar que estar na média – ser como a maioria das pessoas – não é "bom o suficiente". Se pensar bem, isso é de uma arrogância extrema, pois sugere que a maioria das pessoas não é boa o suficiente! Uma aparência comum não é suficientemente atraente; precisamos ser supermodelos. Mas mesmo as supermodelos não acham que são boas o suficiente porque sempre vai existir uma supermodelo mais atraente. Estar na média é ameaçador porque significa que aqueles que estão acima da média vão nos privar do sucesso num mundo competitivo. Mas é óbvio que não podemos todos estar acima da média. Seria uma contradição à matemática básica. Alguém precisa estar acima e alguém precisa estar abaixo para que a média exista!

Nutrir expectativas irreais em relação a si mesmo é um caminho certo para a frustração, a decepção e o sofrimento. Em outras palavras, é o caminho certo para bagunçar a Fórmula da Felicidade. Com a decepção acumulada, o estresse também se acumula até se tornar insuportável.

Por favor, pare um pouco e se pergunte se é assim que você trata as pessoas que ama. Não, você oferece a eles calor e segurança. Então por que trata a si mesmo dessa maneira?

Afinal, você é um mamífero. E mamíferos têm o instinto de cuidar dos recém-nascidos, que ainda não estão prontos para enfrentar o mundo. Isso nos faz procurar e desejar sentimentos que nos mantêm seguros quando estamos vulneráveis. O calor, o toque suave e a comunicação gentil que recebemos de nossos pais quando somos recém-nascidos reduzem o estresse. Quando nos sentimos seguros, nosso cérebro desencadeia a produção de hormônios do bem-estar que fazem com que tenhamos um desempenho melhor e sejamos mais felizes. É assim que devíamos cuidar de nós mesmos. Trate a si mesmo como trataria uma criança amada. Dê a si mesmo calor, amor e ternura. Nada de bom pode surgir da crueldade. Só precisamos de amor.

A falta de amor-próprio faz com que sintamos que nunca correspondemos às nossas próprias expectativas

O amor-próprio funciona e é possível. E isso também aprendi com Ali. O que ele fazia de melhor era aceitar a si mesmo exatamente como era. Ele sempre tentava seu melhor – e depois ficava satisfeito por ter tentado, independentemente do resultado. Desde que tivesse feito seu melhor, ele nunca se culpava por não conseguir alcançar determinado objetivo. Ele se destacava na música, mas não nos esportes, e isso nunca o incomodou. Tinha sorte com as amizades, mas nem sempre no amor, e tudo bem, porque ele era assim mesmo e gostava disso. E todos que o conheciam gostavam também.

Lembre-se!

Ame a si mesmo por ter feito seu melhor.

Mas é difícil porque temos a tendência de lembrar com mais frequência daquilo de que não gostamos em nós e das críticas dos outros. Essa tendência nos impede de valorizar nossas qualidades, mas pode ser evitada facilmente. Comece a escrever um diário ou envie e-mails a si mesmo. Escreva tudo o que considera positivo e admirável em si mesmo. Obrigue-se a escrever pelo menos uma coisa da qual se orgulha todos os dias. Tome nota de todos os elogios que receber: qual era o elogio, quem o elogiou e o motivou. Leia seu diário sempre que sentir que não é bom o suficiente. Isso vai neutralizar os pensamentos negativos e lembrá-lo de que você não é tão insuficiente assim.

E o mais importante: cerque-se de pessoas que fazem com que você se sinta bem consigo mesmo. Nunca permita que insultos ou críticas destrutivas façam parte de sua vida, nem por um segundo. Mantenha-se aberto a críticas positivas e construtivas oferecidas com amor, compaixão e cuidado, mas exclua as que são apenas negativas. Se um amigo demonstrar qualquer sinal de negatividade, faça como Ali me ensinou e dê a ele três chances. Diga:

Muito importante!

O que você disse fez com que eu me sentisse mal comigo mesmo, e não gosto de conviver com pessoas que fazem com que eu me sinta mal, então não faça mais isso.

Se o amigo continuar sendo negativo, mostre esse limite mais uma vez de forma clara, se acontecer uma terceira vez, junte suas coisas e vá embora! Diga sem rodeios:

Muito importante!

Você faz com que eu me sinta mal comigo mesmo. Mereço coisa melhor!

Ainda que ele implore, não volte. Três chances são mais que o suficiente. A assertividade vai salvar sua vida e ajudar a ensiná-lo a tratar melhor um próximo amigo.

Finalmente, lembre-se de que não são necessários motivos para se amar *incondicionalmente*. Você não se resume ao seu ego. Você não se resume a suas conquistas ou posses. Você não se resume ao sucesso ou ao *status* ou a qualquer coisa que exige de si mesmo como pré-requisito para o amor-próprio. Seu eu verdadeiro sempre merece ser amado.

Lembre-se!

Você, para além do seu ego, é muito amável.

Seja gentil

O que você faz quando ama de verdade? Dá de bom grado. Dar a quem se ama é tão bom quanto dar a si mesmo. Muitas vezes é até melhor.

Se aprender a amar a tudo e a todos, dê incondicionalmente. Dê alguns centavos a uma instituição de caridade ou deixe uma moeda no chapéu de um artista de rua. Suas moedas podem alimentar uma família inteira nos países em desenvolvimento, então deixe de tomar aquele café um dia e alimente uma criança por uma semana.

Mas dê mais do que só coisas materiais. Ofereça um sorriso, uma palavra de reconhecimento, uma boa conversa ou um elogio. Ofereça amor, aceitação e compreensão sem julgamentos. Reconheça aqueles que cruzam seu caminho: uma garçonete, um atendente numa loja. Não os trate como se fossem seres bidimensionais, objetos que estão ali para servi-lo. Respeite os mais velhos. Ajude um amigo que precisa de um contato. Entregue um currículo no RH da empresa onde trabalha. Ligue para alguém que esteja passando por um momento difícil e apenas escute. Ajude se puder. Faça com que percebam que alguém se importa. **Trate os outros como gostaria de ser tratado.** Essa é a regra de ouro do amor.

Ofereça seus dons não apenas para aqueles que o cercam. Molhe uma planta, acarinhe um animal, alimente um pássaro, poupe a vida de uma mosca. Cuide do seu carro, dos seus livros, da sua xícara de café.

Quando nos doamos, a vida sempre retribui. Pense como se estivesse se doando ao mundo inteiro. Ele vai ficar lhe devendo e vai pagar com juros! Nada se desperdiça.

Lembre-se!

Amar é dar tudo o que podemos.

Dê o que você não usa. Sapatos, calças e vestidos são feitos para serem usados. Se ficarem no armário, estarão morrendo. Dê vida a eles dando-os a outra pessoa que vai amá-los e usá-los.

A vida prospera quando flui. Uma vida de doação é como um rio, fresco, fluido e cheio de vida, belo e feliz. A água quando imóvel não passa de um lodaçal, rançoso e triste. Qual dos dois você gostaria de ser?

Muito importante!

Deixe a vida fluir. Fique com o que realmente usa e dê o resto.

Quando você dá algo que ama e valoriza, o universo retribui com juros. Embora seja difícil compreender essa ideia em nível individual, ela fica clara quando consideramos a sociedade como um todo. Em economia, sabemos que, se aqueles que gozam da abundância doassem a todos os necessitados, a economia inteira cresceria e os que doaram se beneficiariam e teriam de volta mais do que doaram. É por isso que, durante a recessão, economistas e legisladores pedem que os consumidores continuem gastando. Parece contraditório ao instinto de economizar durante tempos difíceis, mas eis a pegadinha: se os consumidores param de gastar, o mundo inteiro para bruscamente; mas, se continuarem gastando, a sociedade prospera em longo prazo. Quanto mais damos, mais abundância criamos.

Muito importante!

Dar nunca causa escassez. Sempre recebemos mais em retribuição.

Além disso, quanto maior o círculo no qual você distribui seus dons, mais seu retorno vai se multiplicar. Quando ajuda alguém que nem conhece, faz isso sem esperar retribuição – e é aí que está o ouro. Quando damos sem segundas intenções, a própria vida assume a dívida e paga com a generosidade de seus recursos ilimitados. Leve isso ao limite e ofereça a alguém de quem você não gosta uma palavra gentil, e o círculo virtuoso seguirá seu rumo.

Com o passar dos anos, escolhi acreditar nisso. Meu cérebro de engenheiro ficou curioso, então decidi testar o sistema. Sempre que eu dava alguma coisa, anotava e, de repente, comecei a receber presentes de fontes inesperadas, presentes muito mais valiosos do que o que eu tinha dado. Quando parava de dar, a vida ficava mais difícil e parecia que eu tinha que batalhar por tudo o que ganhava.

Num estudo realizado na Harvard Business School, Michael Norton, Elizabeth Dunn e Lara Aknin deram uma quantia em dinheiro (5 ou 20 dólares) a estranhos. Metade deles foi instruída a gastar o dinheiro consigo mesmos, a outra metade foi instruída a gastar com os outros. Os que gastaram o dinheiro consigo mesmos compraram coisas como café e comida, enquanto aqueles que gastaram com os outros compraram presentes para a família e fizeram doações para os necessitados. O resultado? Os que gastaram o dinheiro com os outros disseram se sentir muito mais felizes no fim do dia do que os que gastaram consigo mesmos, independentemente da quantia gasta.[1]

Vários estudos como esse confirmam que **o dinheiro pode, sim, comprar felicidade – quando gasto com os outros**. Isso é verdade para tudo o que você tem a oferecer: seu sorriso, seu tempo, sua atenção, seu conhecimento. Nesse sentido:

Lembre-se!

Doar é o lado bom do egoísmo!
Deixa o doador feliz.

Por último, mas não menos importante: a doação mais fundamental é o ato de per*doar* aqueles cujo comportamento não parece justificar o perdão. Perdoe o motorista que cortou você pela manhã, o colega de trabalho que apunhalou você pelas costas, o "amigo" que fez um comentário desagradável na sua linha do tempo.

Deve haver mil motivos diferentes, e bons, para o motorista ter se comportado daquela maneira. Talvez sua esposa estivesse em trabalho de parto e ele estava correndo para ficar ao lado dela; talvez ele tenha aprendido a dirigir com um péssimo instrutor de autoescola; talvez ele estivesse reagindo a outro carro que o cortou; ou talvez estivesse tentando salvar a vida de um esquilo que estava atravessando a rua. A qualquer momento, você pode estar no lugar dele. Perdoe e será perdoado. O perdão sempre volta.

Perdoe aqueles que discutem com você, mesmo quando você acredita que eles estejam errados. Uma das coisas que eu mais amava no Ali era o fato de ele se render em discussões mesmo quando não estava convencido. Ele ouvia com atenção e dava sua opinião. Não tinha necessidade de provar que estava certo, mas tinha uma necessidade incontrolável de ser gentil. E eu garanto: o mundo inteiro retribuía sua gentileza.

Muito importante!

Entre ser gentil e estar certo, escolha o primeiro!

Bom, este foi o capítulo sentimental e não científico. Mas talvez seja o capítulo mais apropriado para que você me perdoe por isso. Por mais inexplicado (e inexplicável) que possa parecer, o amor incondicional é um dos pilares do universo. No que diz respeito a encontrar seu estado de alegria, os Beatles disseram bem:

Muito importante!

O amor é tudo de que você precisa.

Capítulo Treze

Viva em paz

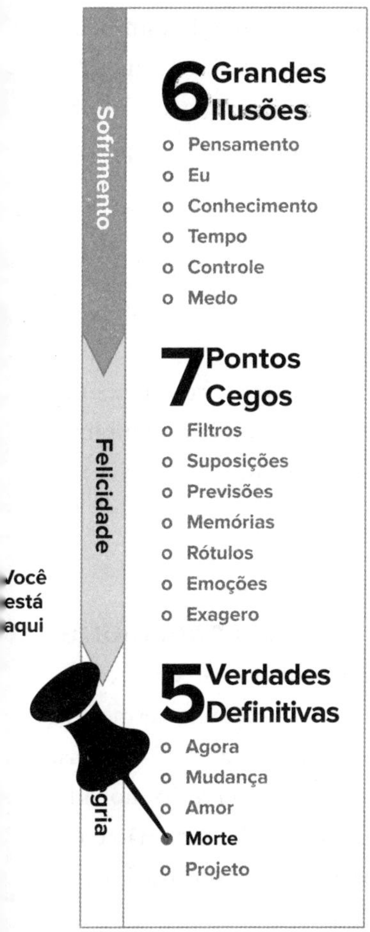

A morte é real. Ninguém nunca escapou da morte. Talvez seja até mais real do que a própria vida. Este capítulo foi a coisa mais difícil que já escrevi. Há certa preocupação em torno da morte – e, como você pode imaginar, tratar desse assunto é difícil para mim agora.

A morte nos assusta, então não falamos sobre ela. Mas hoje falaremos. Neste capítulo, vou ser brutalmente honesto em minha abordagem do assunto. Por favor, aceite minhas desculpas de antemão se partes do que escrevi aqui parecerem duras ou contrárias às suas crenças.

O caráter definitivo da morte de Ali me deixou cara a cara com a verdade fundamental da vida e da morte. Ao cristalizar minha compreensão, intensificou meu compromisso com uma vida digna de ser vivida. Também me fez superar meu último medo: não tenho mais medo de morrer.

Enquanto exploramos a morte aqui, talvez você descubra, como eu descobri, que nosso maior medo, na verdade, não tem razão de ser e que a morte é nossa lição de vida mais importante. Não será uma leitura fácil, mas tenho certeza de que vai valer a pena.

Nas culturas ocidentais, evitamos falar sobre a morte. Como resultado, há muitas coisas que não sabemos sobre ela, e isso, por sua vez, nos deixa ainda mais amedrontados. Em muitas outras culturas, no entanto, fala-se abertamente sobre a morte, e algumas têm até mesmo celebrações tradicionais que fazem uso de seu imaginário. O povo de Oaxaca, por exemplo, celebra seus mortos no festival do

Dia dos Mortos uma vez por ano. As celebrações são muito diferentes da maioria das tradições ocidentais por uma razão crucial: essa ocasião especial é um convite a celebrar *com* os mortos, não *pelos* mortos. Os mortos estão presentes, não são simplesmente lembrados ou homenageados. Há comida, presentes e flores em abundância. Os vivos contam histórias sobre seus entes queridos e dão boas-vindas à alma daqueles que partiram em sua visita anual. Os sufis fazem festa no aniversário da morte de seus entes queridos, uma festa que inclui dança tradicional e banquete. No Rajastão, após doze dias de luto, os vivos também dão uma festa para os entes queridos que partiram. Os irlandeses fazem do velório uma celebração estrondosa com riso e música. Como pode existir um conjunto tão diversificado de maneiras de encarar um mesmo tema? A morte das pessoas que pertencem a essas culturas não é, em essência, diferente da nossa. Então deve ser uma questão de perspectiva, um ponto de vista diferente.

Os mitos em que acreditamos

Se nos permitirmos olhar a morte de perto em vez de evitá-la, talvez encontremos um lugar significativo para ela em nossas vidas em vez de encará-la como um inimigo à nossa porta. A primeira fase desse processo é dissipar alguns mitos.

Existe um dia para morrer

Morrer é parte integrante do processo de viver. No instante em que nascemos começamos a morrer. Você está morrendo neste exato momento. Seus glóbulos vermelhos, todos os 25 trilhões deles, morrerão nos próximos quatro meses. Até você terminar este capítulo, mais de 150 milhões de células em todo o seu corpo terão morrido. Dessas, 2 mil serão células cerebrais, que nunca serão repostas. A morte não é um acontecimento – é um processo. Não há nada de especial no dia em que partimos.

Lembre-se!

Morremos um pouco a cada dia.

A morte é a inimiga

A morte é parte indispensável da cadeia alimentar que mantém toda forma de vida do planeta. Cada espécie se alimenta da morte de um ser que ocupa um nível mais baixo na cadeia. Sem a morte de outro ser do sistema, a vida não seria possível. Nós, humanos, nos alimentamos da maior parte dos outros seres até a nossa própria morte, quando um lote de grama e, talvez, uma roseira encontrarão sustento em nossa decomposição.

Lembre-se!

Sem a morte, não haveria vida.

Algumas formas de vida duram mais do que outras, mas todas, sem exceção, um dia terminarão. A cada minuto, bilhões morrem pacificamente depois de cumprir seu papel na manutenção do ecossistema. A única espécie que transforma a morte num grande acontecimento é a nossa.

A morte é sempre indesejada

No fundo, todos sabemos que não há escapatória. Desejamos, no entanto, que a morte pudesse marcar uma hora em vez de aparecer sem ser convidada. E preferimos que seja tarde. "Ei, ainda estou saudável e aproveitando a vida aqui. Volte em trinta... não, em 330 anos. Quer saber, nem vamos marcar. Deixe seu contato que eu ligo quando estiver na hora."

Quando a vida vai bem, nunca queremos morrer. A maioria de nós, no entanto, já experimentou o outro lado. Quando a vida é contrária aos nossos desejos, essa atitude pode mudar. Em casos de doença dolorosa ou quando o corpo se torna velho e frágil, começamos a nos perguntar, ainda que seja difícil admitir: "Por que a morte está demorando tanto?"

Discordamos da morte quanto à hora certa, e isso também se aplica para aqueles que amamos. Quando um ente querido morre, nos sentimos traídos. Ficamos com raiva da morte por levar quem amamos cedo demais. "Se pudéssemos dar só mais um abraço", pensamos.

Faça a seguinte pergunta a si mesmo: O que é cedo demais? E se eu pudesse negociar com a morte para que permitisse que Ali ficasse para um último abraço, ou até mesmo por mais um ano? Depois disso será que eu diria: "Tudo bem, pode levá-lo agora." Não! Ainda seria cedo demais. Eu sempre desejaria mais um abraço.

Mas quando a vida não é mais a melhor opção, esse desacordo com a morte desaparece. Quando o sangramento interno que Ali sofreu começou a afetar seus órgãos vitais, eles entraram em falência um a um. Durante horas mantive a esperança, implorando, rezando para que ele se recuperasse. Eu acreditava que ainda não era sua hora, mas quando um médico sincero finalmente assumiu a UTI e me informou sobre a extensão dos danos que o corpo de Ali vinha suportando, meu coração se transformou. Passei a me perguntar se ficar mais tempo aqui, sofrendo, com um cérebro danificado, era mesmo o melhor caminho para o meu filho. Talvez tenha sido melhor ele partir naquele momento.

Gostemos disso ou não, a morte tem um compromisso marcado com cada um de nós. Só não nos avisou quando será. Talvez seja isso que nos permita aproveitar o tempo que temos. Quando a morte finalmente chega, no entanto, nossa opinião pode ter mudado. Analisamos as alternativas e podemos chegar à conclusão de que estamos prontos.

Lembre-se!

Mais cedo ou mais tarde, todos estaremos prontos para morrer.

A morte é dolorosa

Outro desentendimento que temos com a morte é a questão de como morreremos. Pensamos "Eu não quero morrer afogado; é..., bem, molhado demais. Também não quero morrer de uma queda. Será que existe alguma maneira de morrer por causa de um doce? Parece mais interessante. Algodão-doce… é disso que quero morrer."

Ficamos com raiva do mundo, de Deus até, quando um tsunami tira a vida de milhares de pessoas. Parece cruel. Com certeza existe um jeito melhor de morrer. Mas, quando se trata de morrer, é sempre repentino e sempre difícil. Não faz diferença como.

Ali sempre me disse que não tinha medo de morrer, mas tinha medo da dor de morrer. Eu me lembro de ele ter falado disso quando tinha onze anos. (Acho que ele foi obrigado a abordar o assunto cedo porque teve que conter uma vida inteira em apenas 21 anos.) Minha resposta naquela ocasião foi: "Deseje, *ya habibi*" – meu amado – "que você nunca sofra essa dor." No dia de sua partida, ele foi dormir às

22h30. E até hoje não acordou. Quando minha hora chegar, meu pedido, como o de Ali, será que eu vá da mesma forma, em paz, enquanto durmo. É melhor do que algodão-doce.

Uma morte dolorosa é um de nossos maiores medos, mas deveria ser? Não existe morte dolorosa, apenas uma vida dolorosa em seus últimos instantes antes da morte. Pense bem. Quando morrermos, não haverá mais dor. Como Woody Allen disse: "Não tenho medo de morrer, só não quero estar lá quando acontecer."

E ele não vai estar. Quando a nossa hora chegar, nenhum de nós estará lá.

Lembre-se!

A morte nunca vai machucar você.

A morte pode ser enganada

Esse mito é uma invenção do mundo moderno. Antes de a promessa de "salvar vidas" se tornar o alicerce de uma indústria farmacêutica multitrilionária, a morte costumava ser bem mais simples. Agora leva mais tempo. É mais complexa, mais dolorosa e infinitamente mais cara.

No passado, as pessoas morriam de repente ou num espaço curto de tempo. A morte era esperada e aceita e, embora deixasse entes queridos chocados e tristes para trás, era muito mais fácil para aquele que morria. Isso porque havia menos dor prolongada, menos sofrimento. Agora os tempos são outros. Avanços tecnológicos constantes são dedicados a encontrar a cura para que, quando alguma coisa der errado, possamos consertá-la. Bilhões receberam uma chance de viver mais um dia e, como resultado, a expectativa de vida global aumentou 50% só nos últimos sessenta anos.[1]

Às vezes, no entanto, viver mais não significa viver melhor. Peter Saul, especialista em cuidados intensivos, falou sobre essa dicotomia em sua TED Talk, "Vamos conversar sobre a morte". A promessa de "salvar" vidas é inspiradora, ele diz, mas um nome mais preciso para o produto disponível seria "prolongar" vidas. Pensando assim, viver mais um dia se torna algo precioso somente quando vale a pena prolongar a vida. Mas muitos no mundo desenvolvido não fazem essa distinção e negociam mais anos, mesmo que isso signifique mais sofrimento. Como resultado, uma em cada dez pessoas morre numa unidade de terapia intensiva, e pacientes são mantidos presos a equipamentos de suporte à vida mesmo depois de declarados clinicamente mortos.[2]

Como vivemos mais, outra indústria multibilionária é encarregada de injetar líquidos pegajosos em nossos corpos, cortar, esticar e costurar nossa pele para remover sinais de envelhecimento. Então, quando finalmente morremos, outra indústria também nos oferece a imortalidade ao congelar nosso corpo na esperança de voltarmos à vida quando a tecnologia tiver avançado o suficiente, uma promessa tão antiga quanto meus conterrâneos faraós.

Se pararmos para pensar, já é um milagre estarmos vivos. Olhe para o seu corpo e pense nas centenas de funções vitais que precisam operar com perfeição para mantê-lo, de um instante ao outro. Pense nas dezenas de milhares de proteínas, cada uma funcionando como um dispositivo sofisticado. Pense nos trilhões de células que precisam ser alimentadas, protegidas e substituídas. Acordamos todas as manhãs esperando que essa máquina funcione como se fosse uma rotina simples, mas a verdade é que nosso corpo é extremamente frágil. Se um único par genético sofrer mutação, ou um único germe persistir, ou um único órgão vital entrar em falência, se um único sistema parar, a máquina entrará em colapso. Existem inúmeros pontos possíveis – prováveis – de falha.

Pense no belo corpo a que chamávamos de Ali. Sua morte foi resultado de uma agulhada! Foi isso mesmo que aconteceu: uma agulha perfurou um vaso sanguíneo. Somos mesmo tão frágeis assim? Somos! Muito mais do que gostamos de acreditar. Então muitas coisas podem dar errado – e dão. Como diz o provérbio árabe: "As causas são infinitas, mas a morte é uma só."

Com a partida de Ali, fiz as pazes com a morte. Tenho certeza de que este agora pode ser meu último suspiro; este pode ser o último parágrafo que escrevo. Esta máquina, meu corpo, não vem com garantia. Seu manual de instruções diz claramente que eu não tenho qualquer poder de decisão sobre quando ela vai deixar de funcionar. Com manutenção cuidadosa, podemos obter alguns quilômetros a mais, mas uma hora ficaremos sem peças sobressalentes. São as regras do jogo.

Lembre-se!

Não há como enganar a morte.
Todos morreremos um dia!

Quando alguma coisa está tão definitivamente fora do nosso controle, é impossível encontrar a felicidade enquanto não aprendermos a **aceitá-la** como parte integral do curso normal de nossa vida. E é mais difícil ainda aceitar a morte quando acreditamos que ela nos tira a vida. Mas isso é verdade?

O longo continuum da vida

Quando Nibal e eu finalmente pudemos entrar na UTI para nos despedirmos de nosso filho, ela disse a ele: "*Habibi*, você finalmente está em casa." Beijei a testa do meu filho e disse: "Logo estaremos juntos de novo, meu amigo." Nós já estávamos em paz. Nosso estado era resultado de uma convicção com a qual alguns leitores não concordarão: a crença na vida após a morte.

Definições

Há diferentes correntes de pensamento quanto ao que acontece conosco após a morte, mas algumas bases conceituais são recorrentes. As mais comuns tratam da vida eterna, da reencarnação e do nada. Alguns sistemas de crenças religiosas costumam dizer que viveremos eternamente no céu ou no inferno – uma visão que supõe que a vida começa de verdade somente após a morte. Outros sistemas de crenças defendem uma abordagem menos dualista e dizem que voltamos para viver outras vidas. E o sistema de crença secular diz que existe o "ser" e o "nada", e que a morte é o fim: desaparecemos.

Nenhuma dessas visões pode ser confirmada com algum grau de certeza. Mas, para que possamos partir de uma base comum, permita-me sugerir uma definição unificada que atravessa todas as outras no que diz respeito ao que entendemos por *vida*. Uso a palavra *vida* aqui para me referir à vida em nossa forma física atual, neste planeta e a palavra *morte* para me referir ao fim dessa forma. Não há nenhuma controvérsia aqui. Com essas duas definições, podemos nos concentrar em algo novo: *vida estendida*. É assim que me refiro à duração combinada da vida com qualquer definição que você tenha para o que acontece *após* a morte. Ou seja, (Vida) + (Vida eterna) se você for uma pessoa religiosa, (Vida)*(Ciclos de reencarnação) se você acredita que voltamos para viver outras vidas, ou simplesmente (Vida) se for cético.

Uma questão de tempo

A vida estendida depende de repensarmos algumas coisas que subestimamos. Por exemplo, entendemos a morte como a interrupção da vida, mas, por outra perspectiva, parece óbvio que, na verdade, é a vida que interrompe a morte. A morte dura muito mais tempo, e a vida acaba tão rápido. Como algo tão precioso como a vida pode ser tão insignificante? Como ela pode durar tão pouco tempo? E por que damos tanta importância a esse pedacinho de um todo infinitamente maior?

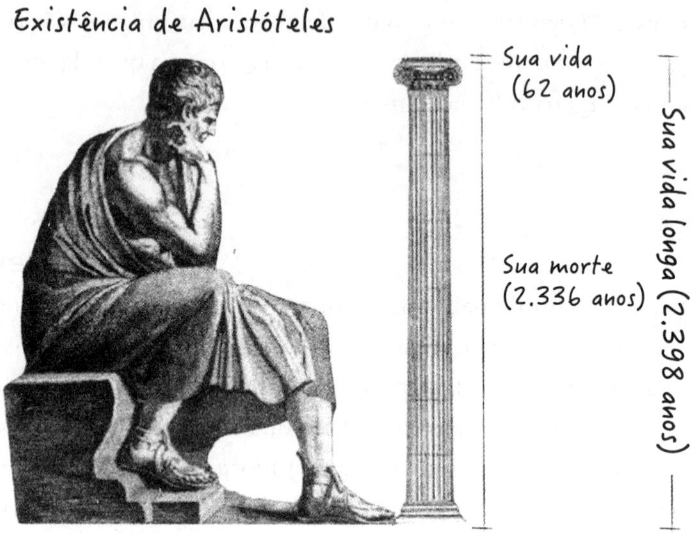

Bom, a resposta está na relação entre a vida e o tempo. Por sorte, não precisamos depender da metafísica aqui. A boa e velha física comum vem contemplando o infinitamente grande, o inacreditavelmente pequeno e tudo o que se encontra entre eles há pelo menos um século e meio. Os resultados – a teoria quântica, a teoria do Big Bang e a teoria da relatividade – podem nos ajudar a entender por que encaramos a vida e a morte como encaramos. É uma boa notícia porque a vida após a morte – e antes dela – tem sido o centro dos debates desde o surgimento da humanidade, então a capacidade de discutir o assunto com algum nível de objetividade é muito bem-vinda.

Você provavelmente já ouviu falar do experimento da fenda dupla da física quântica. Para o nosso propósito aqui, digamos simplesmente que ele representa a única conexão que conheço entre a física e a natureza da vida em si. Ele relaciona a existência de partículas subatômicas à observação por uma forma de vida (como você). Nesse experimento simples, partículas subatômicas – elétrons, por exemplo – são lançadas contra uma parede que tem duas fendas lado a lado. Uma única partícula, quando não observada, passa pelas duas fendas, deixando, ao mesmo tempo, de existir na forma de partícula e tornando-se uma função de onda. Apenas quando observada, a função de onda volta à forma física de partícula, que então passa apenas por uma das fendas. O simples fato de ser observado parece fazer com que o elétron “escolha” ser uma partícula. Essa característica bizarra tem sido objeto de amplos estudos, todos apontando para uma conclusão confirmada: **Quando não é observado por uma forma de vida, o mundo físico deixa de existir!**

O gato de Schrodinger é uma demonstração famosa dessa conclusão. Nesse experimento de pensamento, um gato é colocado numa câmara de aço juntamente com um dispositivo que contém uma substância que pode matá-lo. O dispositivo é ativado, liberando o possível veneno, por meio de um acontecimento aleatório que não podemos controlar nem prever do lado de fora da caixa. Como não temos como saber, de acordo com as leis da quântica, o gato pode estar em qualquer estado da função de onda e, portanto, está *vivo e morto*, o que chamamos de superposição de estados. Somente ao abrir a caixa e observar ou avaliar a condição do gato a superposição se perde e o estado é um ou outro, vivo ou morto. É o Paradoxo do Observador: a observação cria o resultado, e o resultado não existe enquanto a avaliação não for feita.

O princípio da incerteza de Heisenberg leva essa estranheza ainda mais adiante e prova que o próprio ato de observar muda a realidade do mundo observado. O princípio da incerteza sugere que o mundo físico – o mundo à nossa volta – depende do observador. Sem um observador, em outras palavras, tudo permaneceria uma onda de probabilidades sem-fim. Você, eu e qualquer outra forma de *vida* não somos produto do mundo físico; o mundo físico é que é um produto nosso, porque, ao observá-lo, fazemos dele o que ele é.

Sim, eu sei, essa ideia ainda me assusta toda vez que eu penso nela.

Agora, com essa estranheza quântica em mente, vamos voltar um pouco, até o início do nosso universo físico. A teoria do Big Bang é o modelo cosmológico predominante de como o universo começou. Ela diz que o universo teve início com uma única massa num estado de alta densidade que se expandiu para criar o universo inteiro e tudo o que nele existe (incluindo a sua forma física e a minha). Depois do Big Bang, demorou 9 bilhões de anos para nosso planeta Terra se formar, e então mais 4 bilhões de anos para as formas de vida surgirem. E aqui estamos nós.

A teoria quântica e a do Big Bang consideradas em conjunto propõem uma questão curiosa: O que existiu primeiro? A vida ou o universo que a contém? Para que cada minúscula partícula existisse – incluindo as que compunham a massa original, os gases em expansão e a Terra original, cada partícula de oxigênio em sua atmosfera e cada gota de água em seus rios – alguma forma de vida teve de observar seu surgimento. A não ser que as leis da física que conhecemos hoje não se aplicassem do momento do Big Bang até o surgimento da vida em sua forma física, então a vida existia antes do mundo físico.[3]

Desde o Big Bang, o tempo tem sido uma das propriedades mais persistentes – embora ilusório – do mundo físico. E é aí que entra nossa terceira teoria. A teoria da relatividade de Einstein oferece mais uma conclusão científica curiosa: que todo o tempo já existe numa estrutura quadridimensional chamada espaço-tempo. Como discutimos anteriormente, a relatividade do tempo significa que você e eu podemos ter conceitos muito diferentes do tempo dependendo de nossa velocidade, localização, ponto de vista e várias outras variáveis. Portanto, a ausência de um tempo absoluto faz com que cada uma das nossas percepções quanto ao início e ao fim de qualquer acontecimento específico sejam diferentes.

Ao juntar essas três teorias monumentais – quântica, do Big Bang e da relatividade – descobrimos que a vida, que engloba o continuum de todos os observadores possíveis, veio primeiro. Isso significa que ela não obedece às regras e princípios do mundo físico que observou surgir. E isso nos coloca diante de perguntas muito difíceis: Como, então, a vida acaba? Um fim é um ponto no tempo. Quando ela começa? De acordo com o tempo de quem? Seu? Meu? Se todo o tempo já existe, então qual vida veio primeiro? A minha ou a de Ali? Quem morreu primeiro? Ali ou eu? O que é "primeiro", "último", "antes" ou "depois" se todo o tempo sempre existiu e existe? Só existe uma resposta:

Lembre-se!

A vida sempre é.

Nossa forma física é sujeita às limitações do universo físico, mas na concepção de Einstein desse universo, uma fatia de seu espaço-tempo pode incluir a morte de Ali junto com meu nascimento. O observador real dessa fatia tem de existir fora dos limites do espaço-tempo, como parte da vida que precede o próprio universo. O verdadeiro você e o verdadeiro eu, fora de nossas formas físicas, vivendo o continuum da nossa vida estendida, transcendemos a flecha do tempo.

Essa ideia é complexa. Talvez seja melhor você parar e pensar sobre esses conceitos por um tempo. Leve o tempo que precisar, mas, por favor, lembre-se: a forma física é uma ilusão; a vida não se resume ao corpo sujeito às limitações do espaço-tempo. Quando pensar em si mesmo como o observador, pense no seu eu verdadeiro, não na forma física que o representa.

Acredito que a forma física de Ali descendia da minha, mas a vida de Ali não. Sua vida sempre existiu, e a minha também, além dos limites do espaço-tempo.

Na minha definição, a morte é o fim da nossa forma física, mas não é o oposto da vida. A morte é o oposto do nascimento. Nascimento e morte são portais através dos quais entramos e saímos de nossa forma física, mas a vida independe de tudo o que é físico. A vida *observa* o físico. Reside fora dele, onde não existe antes nem depois. Daí vem a paz que sinto desde que Ali partiu. Sei que nos encontraremos novamente.

Lembre-se!

Embora nossa forma física se deteriore, nunca morremos de verdade.

E após a morte

A morte nos assusta porque estamos confortáveis com a familiaridade desta vida. Nós nos sentimos seguros aqui, quase como quando estávamos no útero de nossa mãe. Lá era quentinho, tínhamos comida de graça, não havia pressão do tempo nem impostos e tudo era calmo. Imagine se alguém tivesse aparecido por lá e dito que você ia sofrer a dor de um processo chamado parto, que o expulsaria daquele lar familiar e, do lado de fora, você seria desconectado do fornecimento de comida e oxigênio e a escuridão pacífica seria substituída por luzes intensas. Você teria dito: "Ei, não quero nada disso. Eu gosto daqui. Nada por ser melhor do que isso."

Nada mesmo? Você gostaria de voltar agora? Não acha que aqui fora é um pouco melhor? Então aplique esse pensamento na próxima transição. Passamos pela vida com todos os seus altos e baixos até que alguém nos diz que em determinado momento teremos que passar por um processo doloroso chamado morte e seremos expulsos deste lar. Não é surpreendente que nossa reação seja exatamente a mesma. "Não quero nada disso. Eu gosto daqui. Nada por ser melhor do que isso."

Se pudéssemos saber antecipadamente que tudo vai ficar bem depois que morrermos, a morte não teria tanta importância assim, teria?

Milhões de experiências de quase morte tem sido documentadas somente nos Estados Unidos. Simplificando, são casos de pessoas que experimentaram a morte e voltaram. A maioria delas conta uma história muito positiva. Uma das mais fascinantes é a experiência compartilhada por Anita Moorjani, autora de *Morri para renascer*. Em sua TED Talk, ela disse:

> Eu não devia estar viva hoje. Eu devia ter morrido no dia 2 de fevereiro de 2006. Eu estava morrendo de um linfoma avançado, contra o qual vinha lutando havia quatro anos. Naquela manhã, entrei em coma, e os médicos disseram que aquelas seriam minhas últimas horas porque meus órgãos tinham entrado em falência. Embora meus olhos estivessem fechados, eu estava ciente de tudo o que acontecia. Estava ciente da presença do meu marido, angustiado ao meu lado e segurando minha mão. Estava ciente de tudo o que os médicos faziam. Parecia que eu tinha uma visão periférica de 360º. Eu via tudo, e não só naquele quarto. Eu tinha consciência do meu corpo físico. Conseguia vê-lo deitado naquela cama de hospital, mas não estava mais presa a ele. Era como se eu pudesse estar em todos os lugares ao mesmo tempo. Para onde quer que direcionasse minha consciência, lá eu estava. Eu tinha consciência do meu irmão na Índia correndo para pegar um avião para me ver.
>
> Também tinha consciência do meu pai e da minha melhor amiga, os dois já mortos. Tomei consciência de sua presença em mim, como se estivessem me guiando. Uma coisa que senti naquele estado expansivo incrível foi que entendia tudo. Entendia que eu era muito maior; na verdade, todos nós somos muito maiores e mais poderosos do que pensamos quando estamos em nossos corpos físicos. Também sentia uma conexão com todo o mundo. Sentia o que estavam sentindo, mas ao mesmo tempo não era consumida emocionalmente pelo seu drama. No início, não quis voltar ao meu corpo doente e moribundo. Eu era um fardo para minha família e estava sofrendo, mas, no instante seguinte, senti que entendia tudo e que, agora que eu sabia o que sabia, se eu escolhesse voltar, meu corpo se curaria rapidamente.

Para a surpresa de seus médicos, Anita acordou do coma. Os registros do hospital mostram que em cinco dias os tumores em seu corpo tinham encolhido 70%, e após cinco semanas ela teve alta e foi para casa – completamente curada do câncer.[4]

A maioria dos registros de experiências de quase morte é parecida: as pessoas passam por um túnel e encontram seus entes queridos. Veem jardins e rios onde tudo é paz, cheio de amor e livre de qualquer drama.

Muitos dizem que experiências de quase morte são apenas uma resposta biológica do cérebro relacionada ao processo de morrer. A isso respondo: *E daí?* Que diferença faz se a vida após a morte é mesmo assim ou se é apenas o nosso cérebro recusando-se a calar a boca mesmo quando está morrendo? E daí se for essa a última conversa que ele produz, exatamente como o Windows quando trava e exibe aquela bela tela azul antes de finalmente desligar. Seja como for, não é nem um pouco assustador (além de ser incrível).

Eu mesmo tive uma experiência incrível quando tinha quase a mesma idade de Ali e tive que fazer uma pequena cirurgia em que algo deu errado. Vi aquela luz, corri pelo túnel e encontrei a calma e a paz tão comuns em experiências de quase morte. Sinceramente, foi fabuloso. Foi tão divertido que eu não me importaria de passar por isso de novo.

Mas, enquanto não acontece, vou me concentrar no outro estado inevitável: a vida.

Nossa mortalidade, ironicamente, é uma lição de vida. Antes de morrer, você pode muito bem ter uma vida feliz. Então vamos aprender a encontrar a felicidade independentemente da morte – ou mesmo *por causa* dela.

Morte e felicidade

O caminho para a felicidade é ver a vida como ela é. A morte de Ali deu uma nova perspectiva para a minha vida. Enquanto ele partia, imaginei que voltava por um instante e me dava um último presente – o de levar algo consigo. Ele despojou a vida da decepção. Deixou-a nua. Coisas que pareciam ser importantes foram expostas em sua pequenez, e a verdadeira essência da vida pôde brilhar.

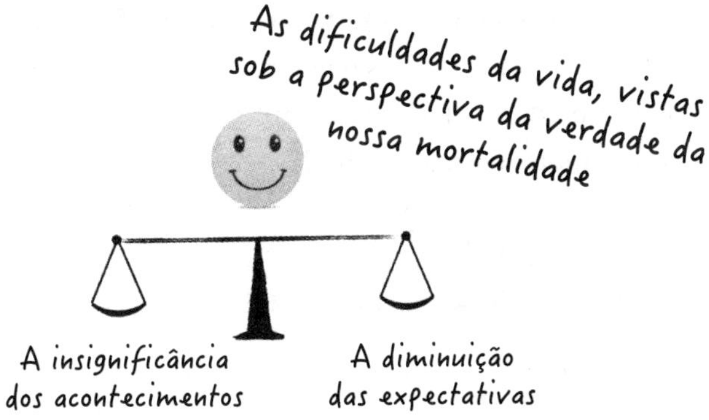

A morte nos ancora à verdade. É a sinalização que acaba com todas as ilusões. Acredite que você tem o controle, e a morte esmagará as suas ilusões. Associe-se demais ao mundo físico, e a morte o fará lembrar que tudo que é físico se esvai. Tenha orgulho de seu conhecimento, e o mistério da morte o deixará confuso. Tente desacelerar o declínio da vida, e a morte destruirá sua percepção do tempo. Quando você aceitar a realidade da morte, não haverá mais nada a temer. Só então você finalmente estará livre de qualquer ilusão. Sem ilusões, poderá subir ao nível mais alto de alegria.

Como qualquer verdade:

Lembre-se!

Aceitar a morte vai libertar você,
mas antes vai deixá-lo muito zangado.

As maiores lições de vida

A cultura islâmica aconselha: "Ao procurar um professor, atente para a morte." Se realmente prestarmos atenção na morte e conversarmos sobre ela, em vez de tentarmos fingir que ela não existe, ela pode nos ensinar três lições – não relacionadas a como morrer, mas a como viver uma vida digna e gratificante.

Lição nº 1: A morte é inevitável

Por mais indesejável que isso seja, a morte vai vencer no final, então qual é o sentido de passar a vida lutando contra ela? Os melhores generais jamais entram numa guerra que sabem que vão perder – eles concentram sua energia no que *podem* ganhar. A primeira lição que a morte ensina é aceitá-la.

Muito importante!

Renda-se!

Lição nº 2: A vida é agora

O início e o fim da sua vida são como as capas de um livro. Por mais significativos que possam parecer, nenhum desses dois acontecimentos importa tanto quanto a história que preenche as páginas entre eles.

Como você viveria se soubesse que este é seu último dia? Mais importante: Por que você não está vivendo assim hoje se sabe que este pode ser seu último dia?

Se tivesse certeza de que a próxima refeição seria sua última, ficaria chateado porque o garçom não foi simpático? Ou saborearia lentamente cada garfada? Se o próximo engarrafamento fosse seu último, você passaria esse tempo praguejando? Ou desejaria que durasse mais tempo? Buzinaria com raiva, ou ligaria o rádio e ouviria sua música favorita uma última vez? Por que precisa ser o último para que você escolha curtir o momento?

Lembre-se!

Viva este momento como se fosse o último.

Certa vez, depois que Ali partiu, estávamos olhando suas belas fotos, e Nibal me mostrou algumas de quando ele era bebê e disse: "Ele era um recém-nascido tão tranquilo. Nunca chorava nem reclamava. Aquele recém-nascido nos visitou por um tempo e então partiu. Aquela forma foi embora para sempre, e veio um bebê curioso e feliz, que foi embora e também nunca mais voltou. A criança que veio em seu lugar era tão boa e agradável, e ela foi embora para dar lugar ao menino amável e generoso, seguido pelo adolescente calmo e inteligente e, finalmente, pelo homem belo e sábio. Agora aquela pessoa também partiu. Gostei de conhecer todas essas formas e sinto falta de todas elas, mas cada uma tinha que partir mais cedo ou mais tarde."

Todos os dias uma versão de você mesmo e de todas as pessoas que você ama morre. Vai embora e nunca mais volta. Por favor, não deixe que *nenhuma* delas passe sem ser reconhecida. Passamos pela vida apressados e adiamos a vida real. Adicionamos coisas à lista de coisas que queremos fazer antes de morrer e esquecemos que o tempo para vivê-las talvez nunca chegue. Viva-as enquanto ainda pode.

Muito importante!

Viva antes de morrer.

Lição nº 3: A vida é alugada

Entenda que, quando a hora finalmente chegar, você vai deixar tudo para trás: a riqueza material, as pessoas que ama e tudo que lhe é caro.

Isso levanta a questão mais importante de todas: Por que nos agarramos a essas coisas com tanta força se mais cedo ou mais tarde as deixaremos? Se você tem certeza de que deixará todo o dinheiro para trás, por que é tão obcecado por juntar mais do que precisa? Se outra pessoa mais cedo ou mais tarde vai tomar seu emprego, por que você tem tanto medo de perdê-lo? Por que acumulamos posses materiais de que não precisamos hoje se o amanhã pode nunca chegar? Mais uma vez, só precisamos de matemática básica para entender o que há de errado com o que fazemos e o que devíamos fazer diferente.

Vida é um jogo de soma zero: entramos com nada e saímos com nada. Para que isso seja matematicamente certo, tudo o que ganhamos precisa ser tirado de nós algum dia.

Lembre-se!

Não ganhamos nada que não perderemos um dia.

Você pode ler isso com tristeza ou deixar que a verdade o liberte. Toda a minha vida e tudo que já chamei de meu é, essencialmente, um *aluguel*. Desfruto plenamente enquanto sou o locatário, mas, mais cedo ou mais tarde, entregarei feliz a outra pessoa. Isso faz com que eu me sinta livre. **Se nada é meu, então nada pode ser perdido**. Então deixo que as coisas venham e vão, e aproveito enquanto duram. Amo-as com todo o meu coração, desfruto delas e faço com que sintam o quanto importam para mim até que seja hora de seguir em frente e deixar que elas também sigam.

Quando finalmente aprendi a abrir mão das coisas e deixar tudo fluir, a sensação é de que acabei ficando com mais – um fato contraditório com uma geometria elegante. Sempre que alguma coisa sai da minha vida, há mais espaço para que novas experiências entrem. Abrir mão das coisas faz com que minha vida seja mais rica. É como a economia da carona solidária: você pode andar nos melhores carros sem ser dono de nenhum. Então:

Lembre-se!

Alugue uma vida repleta e feliz.

Uma vida alugada me mantém esperançoso porque entendo que os tempos ruins também chegam ao fim. Tempos de tristeza, doença, perda ou privação passarão. As cicatrizes que carregamos, as fraquezas que adquirimos são temporárias. Nada fica para sempre.

Morrer é deixar tudo para trás. Gramaticalmente falando, o verbo *morrer* nunca admite um objeto – morrer não é algo que se faz *a* alguém –, só um sujeito: *eu* morro. Não tenho medo de morrer porque **escolho morrer segundo minhas próprias condições.** Escolho abrir mão do apego a todas as posses físicas antes que elas me sejam tiradas à força. Escolho alugar cada experiência que surgir em meu caminho, desfrutar dela ao máximo, mas não deixar que elas me possuam. Quando aprendemos a abrir mão, aprendemos a morrer antes que a morte chegue. A vida inteira passa a ser nossa para desfrutarmos dela, mas não ficamos com ela para sempre. Encontramos uma vida rica em variedade e livre do medo. A vida passa a ser nosso foco. Paramos de pensar no tempo e descansamos em paz, e só então aprendemos a *viver em paz*.

Muito importante!

Viva em paz.

O jogo

Quando Ali morreu, batalhei para entender o que era a vida. Escrever me ajudava a andar pelo labirinto em minha cabeça. Quando as peças do quebra-cabeça – Ilusão do Eu, Conhecimento, Tempo, Pensamento e Controle, além da verdade sobre a morte – começaram a se assentar, a imagem ficou mais clara. Finalmente, tudo se encaixou no que hoje considero a base da minha filosofia de vida.

Se o seu eu real não é seu corpo nem seus pensamentos, fica difícil resistir à tentação de considerar como seu eu real se conecta à sua cópia física e ordena que ela vague neste mundo em que vivemos. O jeito mais fácil de imaginar essa conexão, para mim, é visualizar como um jogador controla um avatar num videogame em primeira pessoa. Nos videogames, *primeira pessoa* é a perspectiva gráfica que segue o ponto de vista do personagem controlado pelo jogador, como se olhasse para o mundo pelos olhos do jogador. Num jogo assim, o jogador usa um controle para comandar cada passo do personagem.

Durante anos, Ali e eu jogamos videogame juntos. Nosso favorito era *Halo*, em que nosso personagem era o "Master Chief". No decorrer do jogo, nossos personagens eram cercados por milhares de alienígenas e monstros. Éramos atacados, alvejados, jogados de lugares altos, explodidos, atropelados por veículos de guerra, esfaqueados e deixados para morrer. O chão à nossa volta era lava vulcânica ou ladeiras escorregadias. O perigo nos ameaçava de todos os lados e tudo o que víamos na paisagem acidentada queria nos ferir. Master Chief, no entanto, era um veterano experiente. Ao nosso comando, ele corria para onde quer que a ação fosse mais frenética, atirava nos inimigos e seguia em frente. Era esmurrado e espancado. Ficava ferido e caía, e levantava de novo e seguia em frente.

Ali e eu passávamos o tempo falando sobre estratégias, parabenizando um ao outro a cada boa jogada e, às vezes, provocando um ao outro pelas ruins. Prestávamos total atenção a cada movimento e nos envolvíamos como se os ataques fossem reais. A tevê de tela grande, os gráficos primorosos, a música dramática e os efeitos sonoros realistas das balas passando e das explosões altas que faziam a sala tremer, faziam com que tudo aquilo parecesse muito, muito real. Completamente absortos, jogávamos durante horas e perdíamos a noção do mundo "real" até que fosse hora de parar e, então, independentemente do quanto o jogo tivesse sido duro, largávamos o controle e dizíamos: **"Uau, isso foi divertido!"**

Divertido? *Brutal*, diria um observador que olhasse só para a tela. Veria um homem sendo espancado, explodido, alvejado, atacado e ferido por todos os ângulos possíveis e imagináveis. O mundo inteiro contra ele. Um massacre, diria. Como alguém poderia achar isso divertido?

A resposta é simples: não éramos *nós* que estávamos sofrendo. As pancadas, explosões ou tiros não atingiam nenhum de nós. Ganhar era irrelevante. O importante era jogar. Eu estava no sofá com meu filho maravilhoso, e era realmente divertido.

Agora, por favor, pense no seguinte: A sua vida nesta Terra é diferente de um videogame? Se a sua forma física – o avatar que usa para navegar no mundo físico – não é seu eu verdadeiro, que diferença faz encarar alguns desafios no caminho? Se o mundo desfavorece você em alguns momentos, que impacto isso tem no seu eu verdadeiro, aquele que está no sofá segurando o controle? Por mais imersos que possamos estar no jogo da vida, seguimos. Passamos por altos e baixos, vitórias e perdas, mas nada disso importa porque, quando nos concentramos em jogar, cada experiência é uma nova experiência, e isso é divertido. Esse é o ponto de vista de um verdadeiro jogador.

Jogadores sérios, é preciso destacar, sempre escolhem o nível mais alto de dificuldade. Quando Ali jogava *Halo* sozinho, ele escolhia "lendário", o cenário mais difícil. Só abaixava para "difícil" quando jogava comigo.

Quando os jogos são muito fáceis, não há desafio. É lento e chato, e isso não é nem um pouco divertido. Só quando o jogo fica mais difícil nos envolvemos de verdade, aprendemos e desenvolvemos novas habilidades. Os melhores jogadores apanham e, assim, aprendem, ajustam a estratégia e voltam ao jogo. Por mais estranho que possa parecer, quanto mais difícil o jogo fica, mais divertido ele se torna.

Encare as partes difíceis da vida com um sorriso. O jogo foi projetado para isso. Não se engane com os efeitos sonoros. Não deixe que as explosões falsas o façam desistir. No decorrer do jogo, Ali sempre fazia seu avatar correr para a área de onde os ruídos e as explosões pareciam vir. Quando eu perguntava para onde ele estava indo, Ali respondia que era lá que a ação parecia estar. É onde as melhores partes do jogo estão.

Vamos falar sobre fases. Uma fase num videogame é o espaço total disponível para o jogador, que deve completar um objetivo determinado. Ao chegar ao final de uma fase, você passa por um tipo de portal; a tela fica preta por um instante enquanto o jogo carrega a próxima fase e, quando as luzes se acendem novamente, você está num ambiente completamente novo, numa nova fase. Talvez saia do campo de batalha urbano e entre numa floresta. A nova fase muda a sensação de jogar. A floresta pode desacelerar seus movimentos ou turvar sua visão, aumentando o desafio e a diversão.

A cada fase, você adquire novas habilidades e desenvolve seu conhecimento do jogo enquanto tenta atingir metas. Ao cumprir o "objetivo" da fase, não há mais motivo para ficar naquela fase. Você leva muito pouco, ou até nada, do que conseguiu juntar e segue para encarar os desafios da próxima fase.

Parece a vida, não parece?

Embora o objetivo da vida possa ser um pouco mais difícil de entender comparado ao objetivo de determinada fase num videogame, o processo é bem parecido. Chegamos a esta fase da vida vindo de uma fase anterior da qual não nos lembramos, por meio de um portal chamado nascimento, e então seguimos para uma fase que ainda não conhecemos, por um portal que chamamos de morte. Será que esta vida poderia ser só mais uma fase de um jogo maior?

A maioria dos ensinamentos religiosos e espirituais parece acreditar que sim. Eles nos dizem que a morte é só um portal para outra vida e que nunca morremos realmente – só nossa forma física morre. Ao deixar esta fase, você não leva nada, embora suas boas ações aqui possam garantir uma posição melhor na próxima fase. Algumas religiões acreditam que, se não conseguir adquirir as habilidades necessárias ao passar pelo jogo, você deve voltar e jogar mais uma vez, por meio da reencarnação.

Vamos levar a analogia ao limite e falar sobre trapaças e atalhos. Eu disse que Ali era um jogador sério. Enquanto eu tinha dificuldade com os controles e para traduzir os cenários em imagens que meu cérebro de meia-idade conseguisse entender, ele corria pelo jogo como se estivesse usando suas pernas e seus olhos reais. Quando jogávamos juntos, ele sempre ficava alguns passos à frente e eu tinha que correr para acompanhá-lo. Ele passava correndo pelas partes desinteressantes da fase e ficava mais tempo nas partes divertidas, desfrutando de tudo o que o jogo tinha para oferecer.

De vez em quando, ele virava e parava em frente a uma árvore ou uma parede de tijolos. Depois de ficar ali por um tempo e olhar para trás para ver onde eu estava, ele atravessava o obstáculo correndo, revelando um atalho que o levava diretamente para a próxima fase. Então largava o controle e dizia carinhosamente: "Não se preocupe, pai, eu espero por você aqui."

Algumas vezes eu tinha que passar por toda a fase para chegar ao fim e passar pelo portal para alcançá-lo, noutras conseguia encontrar o mesmo atalho. Ele sempre estava lá esperando por mim. Quando eu chegava, ele sorria, me cumprimentava e dizia: "Estou orgulhoso de você, pai."

E seguíamos para explorar a próxima fase do jogo juntos.

Ali teve uma vida plena. Desfrutou das melhores partes desta fase – desta vida – com amigos, música e muito amor. Estava sempre feliz. Embora não tenha nenhuma prova científica para comprovar isso, acredito que, no dia 2 de julho de 2014, ele encontrou um atalho. Às 4h11 da madrugada, do lado de fora do quarto da UTI, Nibal e eu sentimos uma corrente de energia positiva que nos deu uma sensação de alívio. O tio de Ali, que estava a milhares de quilômetros de distância, mandou uma mensagem dizendo ter sentido o mesmo.

Segundos depois um médico saiu da UTI em pânico. Ele chamou outros médicos, que correram de um lado para o outro freneticamente, durante algum tempo. Nós, por outro lado, ficamos sentados tranquilamente. Sabíamos que estava tudo bem. Embora mais tarde eles tenham saído para nos informar que o quadro de Ali tinha se estabilizado, em meu coração eu sabia que ele tinha encontrado um atalho. Ele me lançou um olhar amoroso e atravessou, dizendo: "Não se preocupe, pai. Eu espero por você aqui."

Um dia, quando minha missão aqui estiver cumprida, eu também vou chegar ao fim desta fase. Todos chegaremos. Não se preocupe, *ya habibi*. Eu já o alcanço.

Você não percebeu? É só um jogo. Então jogue, viva, aprenda e:

Muito importante!

Divirta-se!

O último desejo de Ali

Como se soubesse que estava partindo, nos últimos meses, Ali fez a seguinte pergunta a quase todas as pessoas que encontrou: "O que acontece quando a gente morre?" Como sempre costumava fazer, depois de fazer a pergunta, ele ouvia a resposta com atenção. Então fazia mais algumas perguntas, ouvia mais um pouco, balançava a cabeça e dizia: "Que interessante!"

Ele ouviu um conjunto bastante diversificado de respostas. Numa de suas últimas conversas, alguns dias antes de morrer, ele finalmente compartilhou sua própria visão com um amigo. Disse: "Acho que só vamos saber quando nossa hora chegar, mas sou otimista. Quando chegar ao outro lado, só quero ir até o lugar mais alto e ver o rosto de quem criou este universo incrível."

Mesmo quando estava partindo, ele se dedicou a deixar uma mensagem. Disse ter encontrado a paz dias antes de partir. Siga em paz, meu amigo maravilhoso, mas, por favor, responda a uma última pergunta: Seu desejo se realizou? Existe um criador para este jogo? Alguém realmente criou tudo isso, ou nós que o criamos?

E assim chegamos a mais uma verdade a ser discutida. Não pare agora. Por favor, continue lendo.

Capítulo Catorze

Quem criou quem?

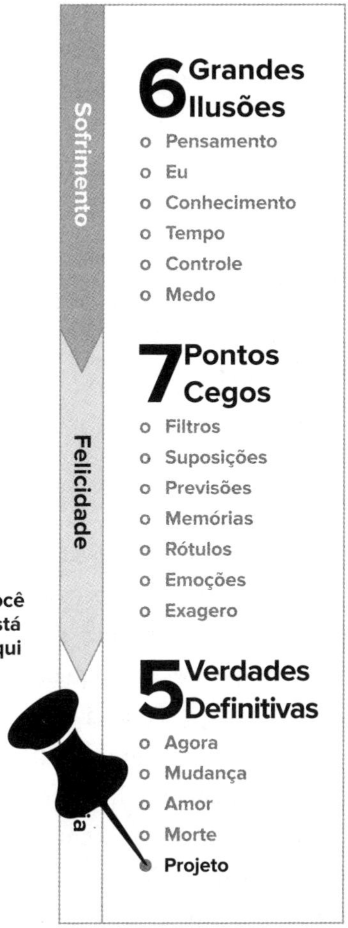

Será que "Deus" é uma ideia que nós criamos, ou nós é que somos criação de "Deus"? Nenhuma questão jamais foi tão debatida quanto essa. Embora o debate costume surgir por motivos idealistas, a discussão é crucial para resolver a equação da felicidade, principalmente quando sofremos perdas que vão muito além dos limites de nosso mundo físico.

Num extremo, estão aqueles que creem piamente que um ser divino criou tudo. Para sustentar sua crença, não veem problema em depender inteiramente da fé, e não da lógica ou da ciência. No outro extremo, materialistas sugerem que tal entidade não existe e que a repetição de acontecimentos aleatórios no decorrer de um período de tempo incomensurável é que criou tudo. O Big Bang deu início às coisas, e então a evolução e a seleção natural nos trouxeram até aqui. Parece haver muito pouco em comum entre os extremos. Todos acreditamos em algo, mas ninguém parece concordar a respeito de qual seria o núcleo do debate.

O que queremos dizer quando citamos "Deus" varia drasticamente de acordo com contextos culturais, espirituais e religiosos. Então muitas das discussões acabam virando desentendimento, e não discordância fundamental. Mas nossa investigação da felicidade é uma busca pela verdade, então *estamos* interessados nos fundamentos – principalmente em entender por que a vida parece nos surpreender aleatoriamente, por vezes nos maltratar, e não corresponder a nossas expectativas. A pergunta de maior importância em nossa busca pela felicidade é a seguinte: *Nossa vida e nosso universo são produto da aleatoriedade ou de um projeto?*

A questão de haver ou não um projeto está fortemente ligada à questão de haver ou não um projetista – um Deus. Quando decidi escrever sobre as grandes verdades, me aconselharam claramente a evitar esse tópico. Debater a existência de Deus é um caminho certo para a polarização dos leitores, e não podemos esperar nada de bom disso. Mas o tema sempre surgia porque o conceito do grande projeto foi fundamental para que eu encarasse o fato de ter perdido Ali e sustentasse meu estado de alegria. Estaria faltando um pilar importante ao meu modelo de alegria se eu acreditasse que minha perda era resultado de um lance de dados aleatório.

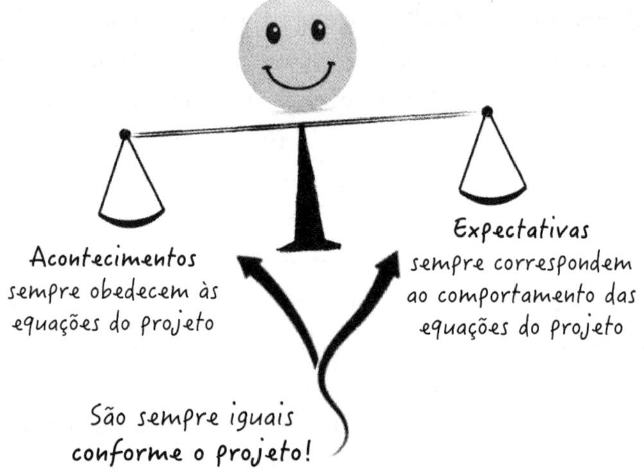

A ideia do grande projeto sugere que cada pequeno movimento em nosso universo segue um padrão meticulosamente intricado, que nada é aleatório. Essa ideia de padrão me ajuda a entender que as filas longas do supermercado não se devem à minha "má sorte", mas ao fato de que as leis da oferta e procura levaram mais pessoas para aquele lugar naquele momento. Haver um projeto significa que o tsunami na Ásia não foi resultado de um Deus raivoso ou ausente; significa que o movimento de uma placa tectônica causou um terremoto embaixo do oceano. Quando eliminamos as histórias autorreferenciais que nosso cérebro cria para explicar os acontecimentos, percebemos que tudo acontece como parte de um universo maior e sincronizado onde equações específicas (embora nem sempre claras para nós) sempre se aplicam. Essa simples adesão à verdade pode mudar sua vida porque tem o potencial de resolver a equação da felicidade de uma vez por todas.

Aí vai um exemplo simples: sabemos que os polos opostos de um ímã se atraem e, como sabemos que existe uma lei física que governa com precisão esse comportamento, seria tolo esperar que acontecesse o contrário ou ficar chateado quando ele se concretiza. Do mesmo modo, eu sei que, em algum nível, os acontecimentos sempre correspondem a minhas expectativas sensatas e, embora nem sempre *goste* da maneira como esses acontecimentos se desenrolam, eu seria ingênuo se esperasse que eles acontecessem de outro jeito. Encontro paz nisso. Ao tentar influenciar os acontecimentos com minha contribuição para as equações, entendo que sou apenas uma de milhões de variáveis que influenciam o caminho da vida.

Aceitar o projeto não é só calibrar nossas expectativas. A crença no projeto implica também a crença na existência de um projetista. Isso tem um impacto significativo em nosso estado de alegria. Se você é capaz de sentir empatia em relação à minha perda, provavelmente entenderá que crer na existência de um projetista – crer que somos parte de algo maior do que este mundo físico e que, portanto, Ali está bem – é algo que me conforta mais, independentemente de sua validade científica, do que acreditar que simplesmente desaparecemos no nada. Acreditar nesse "conto de fadas" ajuda a aliviar um pouco minha dor. Mas o que me ajuda ainda mais é minha convicção de que não é só um conto de fadas.

E se eu pudesse provar, usando uma matemática consistente, o quanto o conceito de um projetista é real? É possível. Para mim, a prova matemática é que faz a diferença entre simplesmente encontrar *conforto* na história e recuperar a real *felicidade* depois que Ali partiu.

Então, permita-me compartilhar com você o meu conceito de um projetista, não na perspectiva de um homem religioso, mas na de um engenheiro analítico.

Como sempre, lembre-se, esse é apenas o *meu* ponto de vista. Guarde o que gostar, ignore o resto, mas, por favor, não descanse enquanto não encontrar um caminho que pode chamar de seu – sua própria verdade.

Vamos tentar responder à pergunta que vem quebrando a cabeça da humanidade há séculos. Então aguente algumas páginas até que as várias peças da lógica se juntem formando uma imagem coerente.

Você está pronto?

Definindo o problema

É tão verdade na engenharia quanto nos negócios e na vida: o passo mais importante do caminho para encontrar a resposta depende da pergunta em si. **Se não soubermos o que estamos tentando resolver, qualquer resposta que venhamos a encontrar será irrelevante.** Então, vamos definir o problema com precisão.

Para evitar confusão e nos adiantarmos em relação aos séculos de debates calorosos associados ao tema, vamos evitar termos comuns como *Deus*, *Criador*, *Espírito Divino*, *Poder Superior*, *Consciência Universal* ou até mesmo *A Força*. Instituições religiosas e espirituais mancharam o verdadeiro significado desses termos e costumam moldá-los para que correspondam a suas intenções. Em vez disso, vou usar *projetista*, um termo que reduz nossa pergunta ao seu núcleo mais puro.

Camadas

Outro passo importante é encontrar a forma mais simples possível da pergunta, removendo as camadas de outras perguntas aparentemente relacionadas a ela. Após respondermos à pergunta principal, será mais fácil responder às que derivam dela.

Num número popular de *stand-up*, o comediante George Carlin brincou com muitas das questões relacionadas à religião e a Deus:

> A religião convenceu as pessoas de que existe um *homem invisível* morando no céu que assiste a tudo o que você faz todo o tempo. Ele tem uma *lista de 10 coisas* que ele não quer que você faça. Se fizer, ele mandará você para um *lugar especial cheio de fogo* e tortura para que você sofra para todo o sempre *até o fim dos tempos*. (...) Mas ele ama você! (...) E *ele precisa de dinheiro*. Ele é todo-poderoso, perfeito, onisciente e sábio, mas, por algum motivo, não lida muita bem com dinheiro. Tentei acreditar em Deus, mas, conforme a gente vai ficando velho, começa a perceber que tem alguma coisa errada. *Guerra, doença, morte, destruição, fome, pobreza, tortura, crime e corrupção*. Não é um bom trabalho. Esse tipo de coisa não deveria estar no currículo de um ser supremo. É o tipo de coisa que a gente espera daquele cara do escritório famoso pela má vontade. Se existe um Deus, então a maioria das pessoas concordaria que ele é pelo menos incompetente, ou talvez, quem sabe, tinha ligado o [CENSURADO].[1]

As questões levantadas por ele são significativas, válidas e dignas de discussão. Todas elas, no entanto, são bons exemplos das **camadas** de que falamos. Quando camadas adicionais se emaranham ao problema principal, nosso processo mental se torna muito fragmentado, a discussão se desvia do caminho mais curto, ficamos frustrados e fica muito mais difícil resolver o problema. Uma abordagem mais eficiente é despir a questão do projeto/projetista de todas as camadas desviantes.

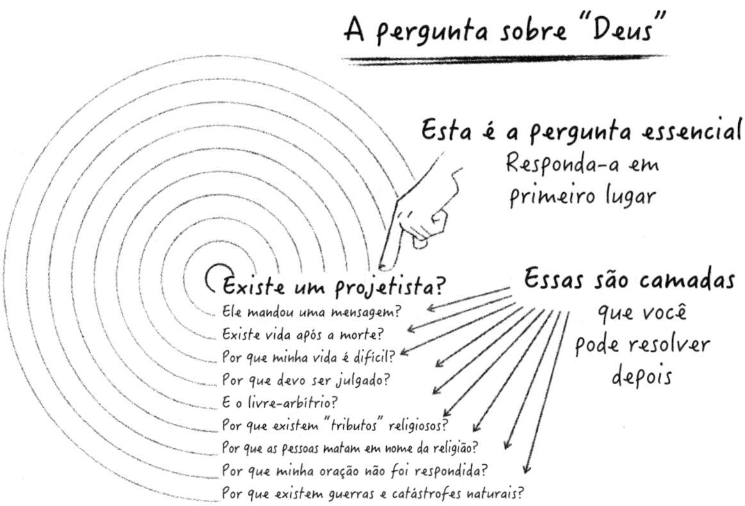

Carlin aborda alegações, interpretações e fábulas específicas de instituições religiosas, que reivindicam a posse da ideia de "Deus". Concordo que muitas dessas fábulas são ridículas e irritantes, mas são irrelevantes para nossa conversa. Encare da seguinte forma: se alguém inventa uma história ridícula que diz que o Facebook surgiu porque um raio atingiu o computador de Mark Zuckerberg, isso não faria com que você presumisse que Zuckerberg não existe, certo? Discordar da história do julgamento, da eternidade no inferno, dos atos vis da humanidade, dos desastres naturais cruéis ou de quaisquer outras ações atribuídas a esse Deus é – mais uma vez – irrelevante. É como discordar de um partido político específico: você sabe que o fato de você discordar não é prova de que o partido não existe.

Vou tentar evitar as inúmeras camadas e me concentrar em nosso fluxo lógico até chegarmos a uma resposta à questão principal. **Essas camadas não serão ignoradas**, apenas deixadas de lado para abordar o problema uma camada por vez. Por enquanto, por favor, não associe o possível projetista a qualquer religião, conto de fadas, ação ou suposta instrução. Vamos resolver o seguinte problema primeiro: *Nosso universo é resultado de acontecimentos aleatórios ou de um projeto inteligente?*

Se chegarmos à conclusão de que não existe um projetista, as outras camadas serão inúteis. Se, por outro lado, chegarmos à conclusão de que é provável que exista um projetista, então poderemos começar a abordar as outras perguntas uma a uma. Existe um projetista? E aí: Ele mandou uma mensagem?, e assim por diante. Vamos começar. Como você deve ter imaginado, minha história faz com que eu parta de um ponto de vista específico.

É um problema matemático

Eu nasci muçulmano. Como na maior parte das religiões, estudiosos muçulmanos se concentraram durante séculos em ações específicas: faça isso e não faça *aquilo*. Eles ignoraram o centro da espiritualidade islâmica e chegaram mesmo a orientar as pessoas a não buscar suas próprias respostas. Aos dezesseis anos, me rebelei e decidi reconsiderar a hipótese. Declarei (para mim mesmo, pelo menos) que era agnóstico, e comecei a busca por minha própria resposta. Tirei todas as camadas de lendas urbanas, fábulas, normas e emoções. O que sobrou? A matemática. Então comecei a decifrar os números e os fatos em torno do projeto inteligente. No lugar de todas as velhas confusões, encontrei dois termos em oposição fundamental – e solucionável: *ausência* e *presença*.

Ausência *versus* presença

Como agnóstico, achei que seria mais fácil considerar o lado ateísta do debate e construir a pergunta da seguinte maneira: Como você pode *provar* que existe um projetista? Meu histórico criacionista poderia fazer com que eu reproduzisse as respostas que me ensinaram – histórias espirituais e velhas escrituras que não provam nada. Meu debate interno não estava chegando a lugar nenhum, até que percebi que **a pergunta estava incompleta** e, portanto, as respostas eram sempre insuficientes. Uma pergunta agnóstica equilibrada deveria solicitar provas de que *existe* um projetista e também de que **não existe**. Essa abordagem faria com que os dois lados da discussão fossem igualmente responsáveis por encontrar uma prova. Fiquei surpreso com o fato de o lado ateísta do debate evitar essa construção, mas, quando fiz a pergunta, o motivo ficou claro:

Muito importante!

Não há como provar cientificamente que algo não existe!

Do ponto de vista do método científico, não é possível provar um negativo. Isso pode parecer mais simples do que realmente é. Mas considere o seguinte: obviamente é possível provar que alguma coisa – macacos, por exemplo – existe. Você só precisa encontrar um. Encontre um macaco e, pronto, você comprovou, macacos existem. Mas é impossível provar que uma criatura imaginária – "pacacos", digamos – *não* existem. Seria preciso examinar todos os cenários possíveis em cada milímetro quadrado do universo para comprovar que não existem pacacos. Como nosso universo é vasto e complexo, essa tarefa é impossível. Além disso, dadas as limitações dos nossos sentidos, provar que algo não existe sempre é inconclusivo. Se pacacos fossem infinitamente minúsculos, não os encontraríamos enquanto não tivéssemos instrumentos sofisticados o suficiente, e se eles fossem maiores que o universo conhecido, não seríamos capazes de observar um, talvez nunca.

Mas eis a pegadinha:

Lembre-se!

Ausência de provas da existência de uma coisa não é prova de que essa coisa não existe.

Vários exemplos históricos demonstram que, por várias vezes, deixamos de ver componentes fundamentais do nosso universo. Na verdade, passamos séculos deixando de enxergar quase todos os seus componentes. Meu exemplo favorito é o fato de termos olhado para o espaço durante milênios e imaginado que as estrelas e os planetas flutuavam no nada, num vácuo, no "espaço vazio", quando, na verdade, tudo está completamente submerso em matéria escura. Algum dia existiu alguma maneira de provar que esse componente fundamental do universo não existia? Não, nunca! Houve apenas uma maneira, nos anos 1960, de finalmente provar que existe, e ainda hoje não conseguimos *ver* a matéria escura. Só conseguimos provar sua existência observando comportamentos cosmológicos que fazem referência à sua presença.

Descobrir a maior parte da matéria que compõe nosso universo depois de décadas confundindo-a com o vácuo devia nos obrigar a questionar o que mais não conseguimos observar. O que sugere que precisamos encarar toda a existência de uma maneira diferente:

Muito importante!

A ausência de provas da inexistência de alguma coisa devia ser vista como uma *probabilidade* de sua existência.

E é aqui que precisamos começar a usar números. (Como eu disse, é um problema matemático!)

Uma *probabilidade*, nesse sentido, mede a possibilidade da existência de uma coisa, por menor que seja. Embora possamos ter quase certeza de que pacacos não existem – eu os inventei –, existe uma probabilidade minúscula de que eles existam. Desde que comecei a pensar assim, a palavra *probabilidade* começou a aparecer em cada passo de minha investigação. E isso me levou a uma distinção importante que esclareceu a declaração do problema.

Certeza versus probabilidade

O debate em torno da questão de um projeto reside na Ilusão do Conhecimento. Um lado do debate acredita firmemente numa entidade divina capaz de um projeto inteligente, e o outro lado acredita firmemente na aleatoriedade. Os dois lados "sabem" que estão certos.

Infelizmente, **os dois estão errados**! Ninguém pode provar definitivamente nenhuma das duas visões. E, na matemática, a ausência de respostas conclusivas, a premissa principal da nossa conversa, devia virar uma questão simples de probabilidade, de qual lado é mais provável.

Essa pequena mudança de perspectiva faz com que a pergunta seja construída adequadamente.

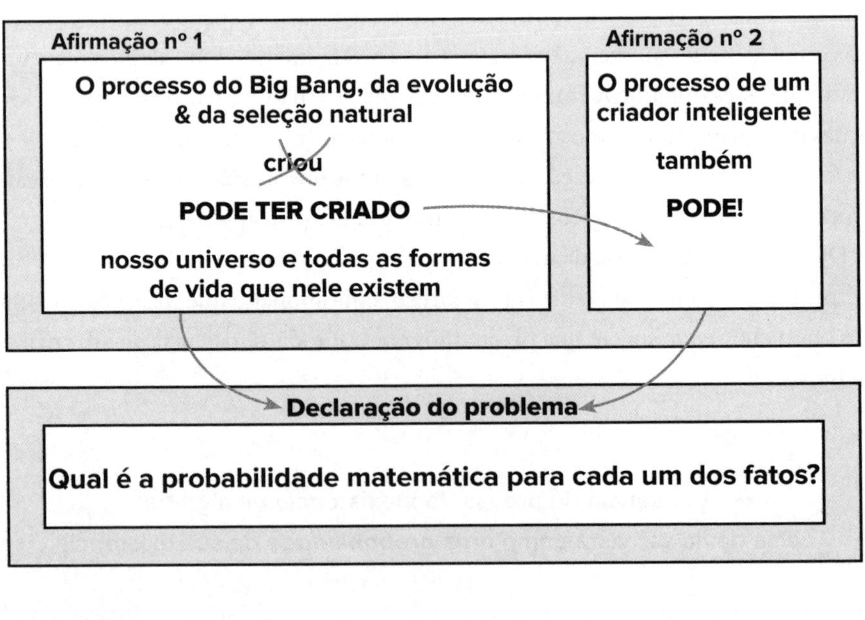

Agora que o problema foi definido, podemos começar a procurar pela resposta. Só precisamos calcular a probabilidade de cada um dos lados do debate. Sem discussões inócuas. Na verdade, podemos nos concentrar em metade da pergunta; a natureza da teoria da probabilidade nos permite resolver um lado do problema porque, quando descobrirmos os números que sustentam esse lado, encontraremos a probabilidade do outro lado, subtraindo de 100%. Então, vamos decifrar os números do lado da aleatoriedade, que tem apoio da ciência.

Você quer fazer uma pausa enquanto eu faço isso? Pode ser uma boa ideia. Você voltará revigorado. Vamos lidar com números grandes.

Bem-vindo ao cassino da criação

O lado materialista defende que uma sequência de acontecimentos aleatórios, regulados e canalizados pela seleção natural, é suficiente para criar tudo o que conhecemos. A aleatoriedade cria todos os cenários possíveis (no caso de um dado, por exemplo, 1, 2, 3, 4, 5 ou 6) e então a seleção natural intervém descartando as primeiras cinco possibilidades e mantendo a sexta. A seleção natural não reduz o número de tentativas necessárias, para se chegar a uma configuração específica; apenas descarta os erros depois que eles acontecem. Esses erros, no caso de criação de um sistema complexo, como um organismo vivo, podem ser grandes, mas *após tempo suficiente*, os evolucionistas acreditam que tentativas aleatórias podem produzir um resultado que corresponde a nosso universo e a todas as formas de vida presentes nele. Meu cérebro matemático concorda plenamente com essa visão. As equações estão certas. Após tentativas *suficientes*, qualquer configuração, sem exceção, é possível.

Mas o fato de ser possível não é prova de que é verdade. Imaginar a grande escala da criação regulada pela seleção natural no mundo real é completamente diferente de alimentar uma equação com números. A evolução *pode* ter criado tudo. A questão é: *Qual é a chance de isso ter realmente acontecido?* Com que número de tentativas aleatórias estamos lidando? Vamos começar com um exemplo simples de aleatoriedade para facilitar a matemática.

Imagine ficar sabendo que você pode ganhar 1 bilhão de dólares num cassino onde vai receber várias caixas com um número de dados em cada uma. Sua tarefa é simples: jogue os dados. Se em todos os lances todos os dados derem 6, você entra para o clube dos bilionários. Pronto para jogar?

Questão de sorte

Um lance de dados representa a aleatoriedade. Se lançar os dados um número suficiente de vezes, você terá conseguido todos os resultados possíveis (1, 2, 3, 4, 5 e 6). Mais cedo ou mais tarde, você vai conseguir o resultado necessário. Mas *quanto* mais tarde? Isso depende inteiramente da complexidade do resultado que está tentando obter.

Primeiro, lance um dado e tente obter um 6. Aqui não há mistério: você vai obter um 6 uma vez a cada 6 tentativas, em média. Se tiver muita sorte, pode acontecer logo, se não, pode levar mais tempo, mas é razoável esperar que a probabilidade citada se concretize. Fácil!

Agora busque um resultado um pouco mais complicado. Lance dois dados com o objetivo de obter dois 6. As coisas começam a ficar mais complicadas, mas ainda não é tão difícil. Você só precisa de um pouco mais de sorte. As chances para cada um dos dados continua sendo 1 em 6, mas as chances de você obter dois 6 no mesmo lance não dobram porque você dobrou o número de dados; ela se eleva ao quadrado. Não é 1 chance em 12, mas 1 em 36.

Essa tendência segue, e logo suas chances começam a desaparecer conforme o número de dados – a complexidade do sistema – aumenta. Se lançar três dados, você vai precisar, em média, de 216 tentativas para obter três 6, e se jogar 10 dados, só 10 dados, suas chances se tornam quase inexistentes, 1 em 60 milhões.

Lançar 10 dados parece uma tarefa fácil, mas se estivesse apostando sua felicidade neles, aceitaria jogar com 10 dados? Quais seriam suas chances? Por favor, pense nisso por um instante antes de seguir com a leitura. Você faria a aposta?

Agora compare esse processo de lançar 10 dados, um sistema complexo, à complexidade de criar o universo inteiro, ou mesmo apenas uma única criatura. Não é difícil ver que as chances são as mesmas de um lance de milhões, não, trilhões de dados. Você apostaria nisso?

Não há sorte suficiente

A complexidade do nosso universo vai além da compreensão humana e certamente da minha capacidade de simulação matemática. Seria mais fácil avaliar a probabilidade de uma pequena cena. Ou, mais fácil ainda, de um romance que descreva a cena. Quais são as chances de esse romance ser escrito completamente ao acaso?

Vamos tomar emprestado o exemplo famoso do livro *O tecido do cosmo*, de Brian Greene, para demonstrar a quase incompreensível complexidade do universo ilustrado num romance. *Guerra e paz* é um romance épico de Leon Tolstói que descreve os acontecimentos que envolveram a invasão da Rússia vistos pelos olhos de cinco famílias russas. Foram necessárias mais de 560 mil palavras para captar esse pequeno fragmento de nosso complexo universo. Tolstói não *criou* os acontecimentos da época, nem *criou* as cinco famílias, ou a França, ou a Rússia, ou Napoleão e suas tropas, ou a neve contra a qual lutaram. Ele só organizou as palavras de forma ordenada para descrever os acontecimentos. Alcançar essa versão *altamente simplificada* de nosso universo, no entanto, é muito improvável. Você teria que colocar as letras na ordem certa para compor as centenas de milhares de palavras. Essas, por sua vez, precisam estar na ordem correta para formar as dezenas de milhares de orações, os milhares de parágrafos e, no fim, as centenas de páginas. Podemos calcular todas essas probabilidades começando com a parte mais simples da tarefa num experimento que você mesmo pode realizar, ordenar as páginas.

Compre um exemplar de *Guerra e paz*, descarte as páginas (algumas edições contam com 640 páginas, frente e verso) e jogue-as para o ar, permitindo que caiam aleatoriamente. Imagine que um milagre da física vai fazer com que caiam numa pilha (e não espalhadas pelo chão), e pergunte o seguinte a si mesmo: "Qual é a probabilidade de que todas elas caiam em ordem, com a 1 no topo, seguida pela 2, seguida pela 3, até a última página?"

Existe apenas uma possibilidade de as páginas caírem na ordem certa e um número enorme de possibilidades de que caiam fora de ordem. Para ser mais específico, há exatamente $10^{1.878}$ (ou seja, o número 1 seguido por 1.878 zeros) possibilidades.[2] Apenas *uma* delas corresponde à ordem correta.

Esses números inacreditavelmente grandes ficam de fora das discussões sobre evolução e projeto inteligente. Mas agora que você viu os números, suas apostas serão mais informadas. Se uma máquina de caça-níqueis precisasse desse tanto de moedas para resultar numa premiação (que nesse caso é apenas um exemplar ordenado de *Guerra e paz*, nada mais) quantos jogadores você acha que iam querer jogar? Você ia querer?

Qual é a única maneira de conseguir que essas páginas sejam ordenadas corretamente? **Intervenção**. Alguém precisa recolher essas páginas e fazer o trabalho *inteligente* necessário para criar um romance legível.

Vamos continuar. Aprofunde o olhar, das páginas para as orações. Vamos dar uma máquina de escrever a um macaco (vamos chamá-lo de Randy) e ensiná-lo a bater nas teclas. Randy *não* é autor, então ele vai só produzir um fluxo de escolhas aleatórias de letras. Dê ao Randy uma quantidade infinita de papéis e tempo. Escrever um romance lendário não é uma tarefa fácil, então vamos verificar a eficácia do nosso macaco aleatório com uma frase simples.

Esta frase simples pode ser criada por toques aleatórios

A oração consiste de 56 posições. Cada uma delas pode ser preenchida por uma letra ou um espaço a serem escolhidos aleatoriamente de um alfabeto de 26 letras + 1 espaço. Cada vez que Randy der 56 toques ao acaso, vamos checar se ele escreveu corretamente. Fácil, não é? Nem um pouco.

Supondo que Randy seja o digitador mais rápido do mundo, com uma média de 220 palavras por minuto, podemos checar a cada 2,5 segundos.[3] Um tédio, eu sei, mas vamos terminar isso logo para que possamos passar à tarefa principal. Quanto tempo você acha que vai demorar até que a aleatoriedade produza um resultado satisfatório? Bom, vai levar um bom tempo: 143 milhões de trilhões de trilhões de trilhões de anos, para ser exato, durante os quais você vai precisar checar 11,4 trilhões de trilhões de trilhões de trilhões de trilhões de trilhões de escritas erradas.[4] Ah, aliás, isso corresponde a aproximadamente 2,5 bilhões de trilhões de trilhões de trilhões de trilhões de trilhões de trilhões de vezes a idade do nosso planeta![5] Impressionante para uma tarefa tão simples, não é? E a tarefa principal, escrever *Guerra e paz*?

Vamos lá. Se Tolstói escrevesse *Guerra e paz* usando toques aleatórios, considerando em média 6 letras por palavra, ele precisaria de $27^{3.480.000}$ tentativas (ou seja, 27 seguidos de 3,48 milhões de zeros) para terminar.[6] A versão do Randy não teria pontuação, e o livro inteiro seria um período longo, muito mais difícil de ler, portanto. Mas vamos dar uma folga ao macaco. Digite esse número em qualquer calculadora poderosa e a máquina inteligente vai substituir o valor por algo mais compreensível: *infinito.*

A espera por um exemplar ordenado levaria um bom tempo, o equivalente a um nunca matemático. *Guerra e paz* simplesmente não poderia ter sido escrito aleatoriamente mesmo que nosso macaco aleatório pudesse vir a ser trilhões de ordens de magnitude mais velho que o nosso universo. Imaginar que isso pudesse acontecer sem um autor inteligente seria uma aposta e tanto, uma aposta que um matemático não recomendaria. Acho que você concorda, não?

A tarefa "simples" do Randy era escrever um período – depois, um romance. Não pedimos a ele que criasse os humanos que viveram aquela história, a terra que foi invadida ou qualquer dos bilhões de organismos vivos que os rodeavam mas não foram representados no enredo. E se pedíssemos? E se a aleatoriedade tivesse início com uma folha em branco não de papel, mas de vazio? E se o Randy tivesse que criar as estrelas, os planetas, o ambiente favorável à manutenção da vida na Terra, a própria vida, com seus toques aleatórios? De quantas tentativas ele precisaria? Você acredita mesmo que um macaco pode fazer tudo isso?

Quando vemos os números, nosso cérebro se recusa a aceitar que um romance pode ser escrito apenas pela aleatoriedade. Por que, então, que alguns de nós estão dispostos a aceitar que o mundo complexo sobre o qual a história foi escrita pode ter sido criado pelo acaso?, eu me pergunto.

O jogo foi manipulado

Brian Greene usou a imagem de jogar para o alto as páginas de *Guerra e paz* para ilustrar uma propriedade curiosa do nosso universo, a entropia, uma propriedade que eu não incluí nos cálculos originais porque tornaria a tarefa do macaco ainda mais difícil.

Imagine que a máquina de escrever estivesse programada para apagar a última linha escrita com alguma frequência. Um pequeno desastre dessa natureza tornaria a tarefa inalcançável de Randy ainda mais impossível – e é exatamente assim que nosso universo funciona.

Nosso mundo tende ao caos. Tudo tende a se tornar mais desorganizado com o passar do tempo. A entropia, uma medida de desordem, nunca diminui. Não é necessário ser doutor em física para perceber que, mesmo nas raras ocasiões em que alguma coisa dá perfeitamente certo, a tendência do mundo é destruí-la, não a repetir. O caos é claramente a marca do mundo em que vivemos.

Podemos ver um copo quebrar, nunca desquebrar. Vemos plantas selvagens cobrirem lugares abandonados, mas elas nunca formam cercas vivas bem-definidas. Milhares de bolhas de gás se soltam aleatoriamente de uma bebida efervescente, mas elas nunca se recolhem à garrafa. A equação da teoria do caos trabalha contra essas ações, fazendo com que seja ainda mais difícil que acontecimentos consecutivos num sistema complexo aconteçam na ordem certa.

E a ordem é importante. Já destaquei que a probabilidade de obter 10 vezes 6 lançando 10 dados é 1 em 60 milhões. Imagine se eu pedisse a você que tentasse fazer isso três vezes seguidas. Lance 10 vezes 6, pegue outros dez dados, lance 10 vezes 6, pegue outros dez dados e lance 10 vezes 6. Mesmo que uma bela flor venha a existir ao acaso, para a manutenção de sua vida ainda seria necessário um ambiente favorável. Esse ambiente não incluía abelhas (registros fósseis mostram que as abelhas apareceram mais tarde), mas os evolucionistas defendem que é um *pequeno* detalhe, alegando que as flores não precisavam das abelhas para a polinização naquele tempo. Mas uma flor certamente precisaria de várias outras coisas: chuva, nutrientes do solo, luz solar suficiente, e assim por diante. Para que cada uma dessas coisas existisse, seria necessário um lance complexo de dados. E os evolucionistas imaginam que cada um desses acontecimentos foi se concretizando aleatoriamente até que, num dia de sorte, todos eles coincidiram. Não há nada de errado com essa teoria; ela é plausível. Mas pense em quantos lances de dez dados seguidos corresponderiam a essa hipótese. Mais do que isso, pense na frequência com que a entropia manipula o jogo, fazendo com que, sempre que uma flor aparecer, a tendência do universo seja destruí-la desorganizando ainda mais as coisas.

Um detalhe negligenciado

Por favor, não me entenda mal: *a evolução é um fato científico*. Não existe razão para ir contra isso. Podemos ver suas evidências ao nosso redor. Mas, com frequência, quando se discute a evolução, outro pequeno detalhe é negligenciado: a diferença entre micro e macroevolução.

A descoberta recente de carbono biogênico no oeste da Groenlândia levou cientistas à conclusão de que a vida em nosso planeta teve início há 3,7 bilhões de anos. Desde então, segundo os cientistas, a evolução assumiu e levou à diversidade de organização biológica em todos os níveis. Inúmeros exemplos são citados para provar a teoria da evolução: a cor das mariposas mudando em razão da poluição, o bico e o tamanho dos tentilhões de Darwin mudando para se adaptar a novas fontes de alimentos, a cabeça das lagartixas-dos-muros italianas mudando de tamanho para que se tornassem vegetarianas etc. Cada um desses exemplos é extraordinário e convincente. Mas há uma limitação importante aparente em todos eles: a mudança acontece dentro da mesma espécie. Esse processo é conhecido como *microevolução*. As mariposas continuaram sendo mariposas; os quinze tipos de tentilhões de Darwin continuam sendo pássaros; e as lagartixas vegetarianas não viraram vacas. Não há evidências de uma mudança de espécie, conhecida como *macroevolução*, na literatura evolutiva. Nunca houve evidência *observável* da mudança de um peixe para um anfíbio ou de um pássaro para um dinossauro. Cientistas dependem de uma série de evidências *históricas* que parecem ser relacionadas a acontecimentos cronológicos, como registros fósseis, e então compõem teorias para explicá-los. Mas ninguém jamais viu uma prova observável dessas teorias acontecer. Evolucionistas argumentam que esses acontecimentos levam milhares de anos para acontecer e que a teoria evolutiva tem menos de duzentos anos – que, se esperarmos tempo suficiente, devemos testemunhar essas evidências. Embora seja um motivo matematicamente válido, não muda o fato de que, sem observação, a teoria da evolução é no máximo uma história bem contada. E você sabe como chamamos histórias que não são sustentadas por evidências observáveis?

Chamamos… bem… de fé! Pelo jeito, como escreveu David Foster Wallace:

Lembre-se!

Todo mundo fica admirado. A única escolha que temos é o que admirar.

A adaptação evolutiva é indiscutível, mas é insuficiente para explicar a abundância da criação que nos rodeia. Será que poderia existir uma história mais plausível? Para descobrir isso, precisamos destruir outro mito comum.

Evolução *versus* projeto

A ideia de projeto não é contrária à evolução. A evolução pode muito bem ser um método de projeto deliberado. Você pode ver isso em ação ao observar os produtos tecnológicos que criamos. Um processo de interações, lançamentos e versões consecutivas faz com que cada novo produto seja melhor que seu antecessor. Mas cada um desses produtos é projetado. Nenhum deles é resultado de golpes aleatórios de sorte.

Imagine se, daqui a alguns milhões de anos, uma espécie alienígena escavasse uma fila de carros "fossilizados" e preservados em boas condições e que, nesse sítio *car*reológico, encontrassem vários espécimes de uma espécie chamada "Audi". Se os alienígenas usassem a mentalidade evolutiva atual para explicar o que encontraram, seriam forçados a acreditar que os Audis evoluíram como espécie.

Pense bem! Eles eram bem sem graça até 1980, quando houve um claro avanço evolutivo no fóssil do Audi Quattro, "o elo perdido". Foi a primeira aparição da tração nas quatro rodas. Isso tornou o Quattro muito melhor do que seu antecessor, permitiu que vencesse corridas contra espécies competitivas e logo levou os concorrentes à extinção. Sobreviveu porque era o mais apto. Desde então, a espécie Audi passou por anos de evolução rápida e logo chegou à *carri*atura mais sofisticada, capaz de alcançar velocidades muito mais altas com o R8 e de alcançar o ambiente off-road com o Q7.

A espécie tornou-se muito mais confiável e teve sua expectativa de vida estendida, permitindo que cada Audi chegasse a centenas de milhares de quilômetros. Ficaram mais atentos ao ambiente com a navegação por GPS, as câmeras e os sensores de distância, e até começaram a entender a língua falada e a responder. Por meio da evolução natural, os modelos mais antigos entraram em extinção, e somente os mais aptos dos modelos sobreviveram. *Eles evoluíram*!

Os alienígenas têm razão. Seria irracional pensar que os Audis não evoluíram. Acho que você também concorda, no entanto, que seria tolo imaginar que eles surgiram aleatoriamente sem nenhuma intervenção de projeto e engenharia.

Por favor, entenda que as teorias da evolução defendem que fazer um carro aleatoriamente é *teoricamente* possível. Se considerarmos um tempo infinito e inúmeras tentativas e erros, os metais num lugar específico da Terra podem chegar à configuração exata de um Audi. É matematicamente possível, mas é provável? Além disso, por favor, perceba que carros são criações muito mais simples do que organismos vivos autorreplicantes. Para simular esse nível muito mais alto de complexidade seria necessário imaginar a aleatoriedade como um furacão que passa por um ferro-velho e deixa para trás uma fábrica projetada com perfeição e completamente autônoma que produz carros também projetados com perfeição. É matematicamente possível? Claro. Mas é provável? Acho que não.

Se nossa mente não aceita que um carro possa ser produzido apenas pela evolução, como alguém pode apostar nela como criadora de um universo muito mais complexo?

Quando se trata de entender a evolução, é matematicamente correto supor que um golpe de sorte *poderia* ter criado tudo, mas dizer que *criou* não é uma afirmação totalmente verdadeira – a não ser, como a ciência defenderia, que o universo tivesse **tempo infinito** para tentar. E esse, infelizmente, é mais um grande mito.

Não há tempo suficiente

Não havia tempo infinito! A idade do nosso universo desde o Big Bang é de aproximadamente 13,7 bilhões de anos, e a idade da Terra é de aproximadamente 4,5 bilhões de anos. Sabemos que a vida – em sua forma mais primitiva – teve início há 3,7 bilhões de anos. Embora pareça muito tempo, é muito pouco quando consideramos a tarefa da criação. Nosso universo não é velho o suficiente nem mesmo para que o Randy digite um período simples com 56 caracteres, imagine então para criar uma mosca. Mas isso não vai nos impedir de tentar mais uma vez, não é?

Só precisamos de um macaco mais rápido para terminar a tarefa *a tempo*. Quer dizer, 56 caracteres em 4,5 bilhões de anos! Deve haver um macaco apto para essa tarefa. Demitimos Randy e contratamos um macaco muito mais rápido – seu nome vai ser Flash. Por ser tão rápido assim, contratar o Flash não sai barato. Ele pede uma banana grande como recompensa e inicia o trabalho.

A tarefa é a mesma, 11,4 trilhões de trilhões de trilhões de trilhões de trilhões de trilhões de períodos a serem digitados com a probabilidade de acertar um. Para cumprir a tarefa, Flash precisa digitar à velocidade de 550 mil trilhões de trilhões de trilhões de trilhões de trilhões de palavras por minuto.[7] Essa é o ritmo da criação que observamos na Terra hoje? OU é apenas outro detalhe negligenciado?

E se multiplicarmos essa velocidade necessária pelo número de organismos vivos que habitam nosso planeta? Há cerca de 226 mil espécies conhecidas só nos oceanos,[8] e estima-se que existem mais 2 milhões que não conhecemos. Incluindo toda a vida, aproximadamente 8,74 milhões de espécies povoam a Terra.[9] Por favor, não se deixe enganar pela história reconhecível da evolução e da seleção natural; o diabo se esconde nos detalhes matemáticos. Se criar cada uma dessas variantes fosse tão simples quanto digitar, e não é, quantas tentativas seriam necessárias? A que velocidade testemunharíamos essas tentativas no mundo à nossa volta? Não vou nem perder tempo fazendo as contas. O argumento ficou claro.

Ah, e tem mais uma questão.

Onde foram parar todos os fósseis?

Uma das diferenças aparentes entre um de nossos supostos ancestrais mais próximos, o *Homo habilis*, e a nossa espécie, *Homo sapiens*, é que nosso cérebro é três vezes maior. Essas duas espécies surgiram com menos de 2 milhões de anos de diferença. Se aplicássemos a mesma probabilidade de nosso macaco digitar o período de 56 caracteres ao salto evolutivo do *habilis* para o *sapiens*, a evolução teria que produzir um número de *Homo habilis* maior do que 20 bilhões de trilhões de trilhões de trilhões de trilhões de trilhões de trilhões de vezes a população humana inteira para criar o primeiro *Homo sapiens* ao acaso.[10] A questão central, então, seria a seguinte: Onde foram parar esses esqueletos quase infinitos? Não seria muito difícil encontrá-los porque haveria em média 137 milhões de trilhões de trilhões de trilhões de trilhões deles em cada metro quadrado de massa do nosso planeta.[11]

Todos eles, sem exceção, se decompuseram? Mesmo que isso tenha acontecido, por que não temos evidências observáveis desse padrão – da criação de 5,7 trilhões de trilhões de trilhões de trilhões de humanos por mês – hoje?[12] Somos tão perfeitos que a natureza decidiu que não vamos mais evoluir? O que aconteceu com as habilidades matemáticas das pessoas? Por que esses cálculos simples são ignorados?

Dizer que a aleatoriedade passou por cada configuração possível até encontrar um modelo "funcional" para que fosse mantido e evoluído não é uma história plausível. Não precisamos de um macaco rápido para passar por todas essas configurações; só precisamos de um muito, muito sortudo. Tão sortudo, aliás, que vai acertar sempre na primeira tentativa.

Achamos nosso macaco

Imagine se existisse um macaco capaz de obter 10 vezes 6 várias vezes seguidas, sempre vencendo a probabilidade de 60 milhões para 1. Se a velocidade não permite cumprir a tarefa, então esse macaco, o Sortudo, com certeza é nossa melhor aposta. Quando explicamos a tarefa, o macaco parece confuso. Estamos pedindo que ele lance 56 dados, cada um com 27 faces, e obter em cada um deles a face correta para compor um período curto. E se, generosamente, imaginarmos que essa tarefa seja equivalente a, digamos, criar uma mosca, então o macaco terá que repetir esse golpe de sorte 8,74 milhões de vezes seguidas para criar todas as outras espécies numa sequência altamente coreografada. Como é um macaco, ele concorda em tentar, mas em vez de pedir por uma banana como recompensa, ele pede que você aposte sua sanidade no sucesso da tarefa. O macaco está disposto a aceitar a aposta, você está?

Embora eu aceite completamente a evolução constante da vida como uma lei da natureza, na busca por uma resposta, precisei parar e revisitar a premissa básica. A evolução é um fato – mas, assim como com os carros da Audi, lançamentos consecutivos de modelos melhorados ou talvez a simples variedade, são parte do projeto. A matemática é clara. Nada é aleatório.

Lembre-se!

Todos somos partes de um grande projeto.

A matéria de que somos feitos

Basta de dados, romances russos e carros. Vamos ao que interessa: falar sobre aquilo de que realmente você e eu somos feitos – proteínas –, o que fornece o melhor exemplo possível da complexidade de tudo aquilo que negligenciamos.

As proteínas costumam ser compostas de um monte de aminoácidos reunidos numa sequência específica. Há vinte aminoácidos conhecidos pela ciência atualmente. A sequência em que aparecem determina o comportamento da molécula de proteína.

Imagine uma sequência de contas de cores diferentes. Unindo 30 contas verdes, seguidas por 1 branca, mais 1 verde e 12 azuis, você obtém uma molécula de proteína específica que se encaixa, digamos, em seus músculos. Unindo 13 contas amarelas, 22 vermelhas e 2 pretas, você obtém outra proteína que age como anticorpo. Cada proteína é uma máquina altamente sofisticada que desempenha uma função específica. Algumas atuam como bombas, outras combatem germes, algumas funcionam como motores. Seu corpo contém mais de 20 mil dessas máquinas. Muitos outros seres vivos contêm mais de 100 mil tipos de proteínas.

O mais incrível é que essas estruturas não ocorrem em linha reta; elas se dobram dependendo da sequência em que aparecem. E seguem se dobrando até encontrar uma "configuração de energia mínima" que mantenha a integridade de sua estrutura. Como um origami, cada dobra precisa ser feita na ordem certa para que a obra de arte final tome forma. É muito difícil para uma proteína alcançar essa perfeição sem erros porque moléculas de água atingem essas estruturas enquanto elas se dobram, obrigando-as a se movimentar durante a tarefa.

Agora esqueça todos os ciclos evolutivos necessários para criar nossos ancestrais e vamos nos concentrar em apenas uma das 20 mil proteínas que compõem nosso corpo. Para esse único constituinte existir, ele precisaria ter sido montado na sequência exata de aminoácido para formar sua composição e, em seguida, teria que se dobrar corretamente para encontrar sua estrutura estável. Qual é a probabilidade de isso acontecer aleatoriamente?

Em 1969, Cyrus Levinthal percebeu que a molécula de proteína tem um número astronômico de dobras possíveis até chegar à estrutura final. O vencedor do Nobel Christian B. Anfinsen calculou que levaria 10^{26} anos para que uma única proteína se formasse por meio de possíveis dobras aleatórias até chegar a uma estrutura estável. É mais de **1 trilhão de vezes a idade do universo!**

Qual seria a única maneira de a proteína se dobrar corretamente no tempo disponível para a tarefa? Você já sabe a resposta: intervenção! A proteína teria que saber a sequência base antes de começar a se dobrar. Saber como uma coisa será antes mesmo de sua existência é o que chamamos de *projeto*! Como um origami documentado, a cadeia proteica precisaria ser programada com os passos exatos a serem seguidos para que a tarefa fosse cumprida a tempo.

Para que todas as 20 mil proteínas do nosso corpo se dobrassem aleatoriamente até formar você, seria necessário um golpe de sorte equivalente a lançar 20 mil dados ao mesmo tempo e obter 6 em todos eles! E cada dado não teria 6 faces, mas trilhões de trilhões de faces. Boa sorte!

Tentei demonstrar a matemática que é negligenciada quando se defende o Big Bang, a evolução e a seleção natural. Tentei contar uma história na qual tudo é projetado e interage com perfeição sem depender da sorte, uma história na qual não há acaso nem tentativa e erro, onde tudo se comporta conforme o esperado e segundo as equações cósmicas eternas estabelecidas pelo projeto. Essa história *exige* a presença de um projetista – que, infelizmente, é uma entidade que foi tomada de assalto e desfigurada por instituições religiosas a ponto de preferirmos negar sua existência a pertencer à loucura travada em seu nome.

Nosso universo é tão complexo que costumamos nos perder nos detalhes. Até Einstein admitiu nosso entendimento limitado: "[Olhando para a criação,] assumimos a posição de uma criança entrando numa enorme biblioteca repleta de livros em diversas línguas. A criança sabe que alguém deve ter escrito aqueles livros. Não sabe como. Não entende as línguas nas quais foram escritos. A criança suspeita vagamente que há uma ordem misteriosa na organização dos livros, mas não sabe que ordem é essa. Essa, pelo que me parece, é a atitude até mesmo do mais inteligente dos seres humanos em relação a Deus."[13]

Steve Jobs?

Para afastar essa complexidade, aprendi a resumir minha lógica do grande projeto numa história simples. Imagine que você me conheceu quando comprei meu primeiro iPhone, logo que os iPhones foram lançados. Você fica impressionado com o aparelho e me pergunta onde pode comprar um. Como você se sentiria se eu respondesse o seguinte:

> Sinto muito, mas você não pode comprar essa maravilha da tecnologia numa loja. Ela aconteceu por meio da evolução. Encontrei no terreno de 4,5 bilhões de anos atrás do meu quintal.
>
> Sou o beneficiário privilegiado de um golpe de sorte, da concretização de uma chance em 1 zilhão, quando a areia derreteu da forma exata para formar a tela de vidro puro, que se quebrou na forma retangular exata, quando um gato pisou nela no momento exato, encaixando-a na caixa de alumínio. Essa bela caixa é feita de um único bloco de alumínio refinado que se uniu ao longo de milênios no solo do jardim e depois foi modelado por anos de tempestades suaves de areia. A tela de alta definição apareceu inexplicavelmente uma manhã, se encaixou e se

> conectou com perfeição aos microeletrônicos que se autoformaram a partir do silicone presente na areia. Microfones e alto-falantes são o resultado de insetos abrindo caminho através do aparelho; e as conexões foram feitas com cobre refinado encontrado num artefato antigo enterrado nas proximidades. A entropia deixou essa configuração intocada ao longo de anos, até que mais um golpe de sorte incrível reuniu alguns elementos químicos, condutores metálicos e revestimento, formando uma bateria. Um relâmpago carregou a bateria quando ela se encaixou no aparelho durante um pequeno terremoto. O restante do alumínio se formou com o calor, selando perfeitamente o aparelho. Ah, e o software foi escrito por toques aleatórios num computador criado também aleatoriamente e encontrado no jardim do nosso vizinho aproximadamente um ano antes.
>
> Pode ter levado bilhões de anos para que esse incrível milagre da probabilidade acontecesse, mas o universo teve tempo suficiente, então aconteceu. Esse iPhone foi criado aleatoriamente, e não estou nem aí se dizer isso ofende Steve Jobs porque nem acredito que ele existiu. Você acredita?

Por que é tão difícil acreditar que um projetista muito mais inteligente montou a máquina que é você? Nossos iPhones não surgiram aleatoriamente, nós também não.

Lembre-se!

Existe um projetista, e também existiu um Steve Jobs.

De volta à felicidade

Com o passar dos anos, aceitei o grande projeto como meu alicerce. Então passei anos questionando as camadas consecutivas, uma a uma. Finalmente, estou convencido de que existe um projetista e que esse projetista nos enviou inúmeras mensagens no cerne de diversas religiões. Busco a sabedoria nessas mensagens e ignoro as partes acrescentadas pela interpretação, ganância e tradição humanas.

Essa forma de encarar a vida me faz feliz porque me ajuda a acalmar o debate na minha mente, porque estou apostando esta vida curta em algo que posso provar com a matemática, porque sou parte de algo maior que esta vida e que Ali está com o projetista que é capaz de criar um universo tão incrível e muito mais capaz de cuidar do meu filho amado do que jamais fui.

Quando iniciamos esta conversa, pedi que você despisse a questão do projeto das outras camadas de questionamentos para que pudéssemos encontrar uma resposta para o problema principal. Agora, para voltar ao tema da felicidade, vamos colocar de volta apenas uma dessas camadas.

As regras do jogo

A camada mais importante, que nos causa muito sofrimento, é a do nosso desacordo com o projeto. Nós, humanos, ao contrário das máquinas que criamos, questionamos o projeto com frequência. Achamos que deveria ser melhor. Nosso maior desacordo com o projetista, e o motivo pelo qual muitos rejeitam esse conceito, está enraizado no fato de reprovarmos seu comportamento. (Por favor, considere que o gênero é uma propriedade do mundo físico. Uso a palavra *ele* aqui por conveniência, não por preconceito de gênero.) O modo como o projetista parece trabalhar costuma não corresponder à expectativa da nossa Fórmula da Felicidade, e isso nos deixa infelizes. Mas essas ações deviam ser atribuídas ao projetista?

Para começo de conversa, muitos de nós discordam com sua escolha dos "representantes" aqui na Terra. As instituições religiosas, que reivindicam a posse do canal de comunicação com o projetista, estão fazendo tudo errado. A maioria das religiões é de uma rigidez desnecessária. Elas se afastaram da premissa principal; pregam uma expectativa exagerada de julgamento e aplicam um "tributo", mas seus líderes não dão o exemplo. Nada disso me incomoda. Eu me considero razoavelmente religioso, apesar das ações da instituição, porque minha lealdade é ao projetista, não ao intermediário *autodenominado*.

Além da religião formal, grande parte do que percebemos como ação do criador é difícil de explicar. Por que a vida é tão dura? Por que existe guerra, doença, morte, destruição, fome, poluição, pobreza, tortura, crime e corrupção? Por que sofremos com desastres naturais? Por que Ali partiu tão cedo? Se o projetista é um ser de amor e compaixão, claramente não está comandando com mão firme.

Bom, eu acredito que **o projetista não comanda nada!** As equações que ele criou comandam. É aí que está a beleza do grande projeto e a verdade definitiva – e a felicidade.

Um tsunami é resultado de movimentos sísmicos sob o oceano profundo que fazem com que ondas de água avancem em direção à terra. Não tem nenhum drama nisso. Nenhuma intervenção é necessária. É apenas o mundo se manifestando de acordo com as leis da física e conforme o projeto. Quando produz um carro, a Audi o projeta para que ele se movimente quando colocamos a primeira marcha e pisamos no acelerador. Talvez você prefira gritar em vez de fazer isso, mas o carro não vai se mexer. Simplesmente não foi projetado para isso. A Audi vai insistir que você submeta o carro à revisão regularmente, ocasião em que o óleo deverá ser trocado. Não se trata de um defeito; está no projeto. Você não fica ao lado do carro reclamando do processo de troca de óleo; inclui esse processo em seus planos e em suas expectativas. A Terra vai expelir lava vulcânica de vez em quando; mudanças sísmicas causarão terremotos; e invernos podem ser gelados e rigorosos. Enquanto 7 bilhões de pessoas nascerem, 7 bilhões morrerão. As coisas são assim. Não há drama; é um fato.

Para um engenheiro, uma equação representa a justiça definitiva. Uma equação sempre vai se comportar conforme o esperado. Dependendo dos valores usados, o resultado é absolutamente conhecível. Vida e morte, riqueza e pobreza, saúde e doença simplesmente *acontecem*. A vida é o que é.

Lembre-se!

Não existe intervenção divina.

Por que o projeto parece tão duro? Eu teria projetado um mundo mais gentil. Por que as cobras precisam ser venenosas e tão assustadoras? Eu teria criado répteis mais amigáveis se fosse o projetista.

Bom, é um bom argumento. Mas imagine, por um instante, um mundo sem insetos. Não seria maravilhoso? Você poderia acampar sem se preocupar com seres rastejantes e picadas de mosquito! Mas não se anime muito. Sem insetos, não existiria um lugar para acampar, pois a terra estaria cheia de restos de animais e plantas sem os insetos decompositores. Insetos têm um papel fundamental como polinizadores e fontes de alimento para outros animais. A quantidade de alimentos disponíveis para todos ficaria drasticamente reduzida sem eles. A exclusão dos insetos proporcionaria um projeto melhor? Não. Nosso mundo funciona porque se comporta como um todo, um ecossistema. Não existe nada que seja dispensável. Caso duvide disso, faça o teste do apagador aqui também. Fique à vontade para apagar qualquer parte do universo que não lhe agrade, e também todas as suas consequências, e veja se o resultado é um mundo do qual você gosta mais.

Lembre-se!

O projeto é funcional.

A propósito, aquilo de que reclamamos costuma ser culpa nossa. Travamos guerras que matam milhões e culpamos um Deus cruel e desatento. O mundo ainda é suficiente para 7 bilhões de pessoas, mas nossa ganância e nosso desperdício deixam 1 bilhão passando fome enquanto outro bilhão está obeso. É nosso comportamento, mas culpamos o projeto. Poluímos, fazemos experimentos nucleares, acumulamos mais riquezas do que precisamos e usamos uns aos outros para nossos objetivos egoístas. E a quem culpamos pelos danos? O cara lá em cima que deveria nos impedir. Se estamos dirigindo e decidimos fazer uma curva fechada a 160 km/h, não devemos culpar quem projetou o carro por nosso comportamento imprudente, certo?

Lembre-se!

O projeto não pode ser responsabilizado pelos resultados de nossos próprios atos.

Como você pode imaginar, Ali e eu não teríamos nos divertido tanto jogando *Halo* se tivéssemos apenas ficado criticando as regras do jogo. Nós sabíamos quais eram as regras, esperávamos chegar ao fim e dominamos o jogo com as limitações que nos eram impostas.

E como um jogo, a vida também nos impõe algumas regras. Aprender a segui-las e dominar o jogo, em vez de desejar que essas regras fossem diferentes, pode, de verdade, levá-lo aonde você precisa ir.

Com isso em mente, deixo-o para que analise as outras camadas. São o seu enigma. Resolvê-las faz parte do seu jogo.

Meses se passaram e estou escrevendo uma última página com o objetivo de direcioná-lo com firmeza para o seu próprio estado de alegria. Se mais nada neste livro lhe servir, por favor, entenda o seguinte: não há aleatoriedade na vida. Nosso universo é produto de um projeto magistral. O projetista não comanda nada; as equações que ele projetou comandam. Concentre-se na sua Fórmula da Felicidade. É a única que você pode controlar totalmente. Ao comparar os acontecimentos da vida com as expectativas que definiu, por favor, lembre-se de que o que acontece é o que deveria acontecer. Em vez de temer o acontecimento, talvez você devesse começar a duvidar da expectativa que definiu porque, por mais difícil que possa parecer:

Lembre-se!

A vida sempre corresponde a expectativas realistas.

Nosso universo é muito complexo para ser previsto. Entregar-se a um projeto que está além da nossa capacidade de entendimento é libertador. Essa liberdade é a felicidade. Tente moldar seu destino e aspire a mudar o mundo para melhor. Saiba, no entanto, que a sua contribuição para a equação do grande projeto é limitada. Aceite os casos em que bilhões de outras variáveis afastam o resultado das suas expectativas. Entregue-se e admire o brilho do projeto e, assim, conseguirá curtir a vida ao máximo.

Muito importante!

Aceite o projeto.

Compartilhei com você centenas de páginas sobre o que acredito serem ilusões, pontos cegos e verdades, sobre o que funcionou para mim, com a consciência de que nem tudo vai funcionar para você. Posso estar errado. Então aproveite o que funcionar para você e ignore o resto, mas saiba que uma coisa sempre funciona: para encontrar paz e alegria, rejeite todas as ilusões e sempre busque o que é real.

Muito importante!

Viva a verdade. Encontrar a alegria é simples assim!

Posfácio

Uma conversa com Ali

Quando beijei a testa de meu falecido filho, fui tomado por uma sensação de paz avassaladora. Não conseguia explicar. Seria simplesmente a suspensão da ansiedade que Nibal e eu sentimos ao ficar a noite toda sem dormir, pensando no que ia acontecer com nosso filho amado? Seria o alívio da dor que sentimos sentados do lado de fora da UTI, sabendo que nosso filho era mantido vivo por máquinas e esperando que a anestesia afastasse sua dor? Ou seria a paz de saber que ele não teria que suportar uma vida de sequelas causadas pela falência dos órgãos?

Esses pensamentos podem ter causado alívio, mas nenhum deles era um bom motivo para a paz que sentimos. Como era possível eu não estar furioso com os diversos erros que poderiam ter sido evitados e que tiraram a vida do meu melhor amigo?

Cheguei a pensar que tinha enlouquecido – mas talvez enlouquecer fosse uma coisa boa. A loucura tinha trazido paz. E aquele sentimento de paz me ajudou a me manter de pé e sair andando da UTI até onde estava a mãe dele, para contar a ela a notícia devastadora. Embora sua morte já tivesse sido oficialmente declarada, tentei aliviar um pouco a notícia.

– Nibal – disse eu –, parece que Ali não vai sobreviver.

A reação dela foi ainda mais surpreendente que a minha.

– Me leve até ele – disse a ela.

Recuei. Não estava certo de que Nibal, com o coração partido de uma mãe amorosa, suportaria ver Ali naquele estado. Mas ela sorriu com confiança e continuou.

– Eu sei que ele partiu, então me leve até ele. Quero me despedir.

Ali estava tão bonito, mesmo naquele estado. Tinha feito a barba no dia anterior e cortado os cabelos encaracolados. Seu rosto parecia relaxado, mais tranquilo do que nunca. Nibal deu um sorriso sincero, tocou o rosto de Ali e disse a coisa mais inesperada:

– *Habibi*, finalmente você está em casa.

Isso era claro. O sentimento inicial que aqueceu nossos corações foi o de que ele estava bem – mais do que bem. Ali estava exatamente onde devia estar.

É como nos sentimos ainda hoje, mas nem sempre foi assim. No instante em que saímos do hospital, a gravidade do acontecimento se estabeleceu de forma definitiva e a paz que sentimos nos escapou. Foi preciso lutar com todas as nossas forças para conquistá-la de volta.

Durante anos aprendi a controlar os pensamentos em minha cabeça. Eu conseguia mandar meu cérebro suspender um pensamento negativo e me trazer um melhor. Com muita prática, passei a ser capaz até mesmo de fazer com que meu cérebro se calasse completamente e me deixasse em paz. A perda inesperada de Ali, no entanto, me tirou totalmente o equilíbrio. Aquela paz absurda que senti no início logo deu lugar a pensamentos ruins e agressivos. Eu estava completamente perdido.

Meus olhos estavam sempre cheios de lágrimas. A dor da falta de Ali parecia uma lança perfurando meu coração. O ruído dos meus pensamentos era ensurdecedor. Eu achava que estava enlouquecendo – literalmente –, ainda mais quando comecei a ouvir o som de acordes desconhecidos, e estranhamente alegres, como de uma guitarra, soando monótonos na minha cabeça sem parar. Eu não conseguia fazê-los parar. Era insano.

Parecia cruel. A pessoa a quem eu normalmente pediria conselhos para sair de um ciclo vicioso como aquele não estava mais conosco. Eu queria desesperadamente poder perguntar a ele: "Ali, como eu supero o fato de ter perdido você?"

Quando voltei para casa depois de carregar seu corpo para seu lugar final de descanso, caí num sono profundo por alguns minutos, e ele apareceu para mim num sonho. Ele levantou da mesa de operação e veio na minha direção. Olhou para mim, sorriu, então olhou para além de mim e passou correndo, como se fosse abraçar alguém que estava ali, alguém que ele claramente amava.

Pulei na cama. Meu coração estava acelerado, mas, por um instante, me senti em paz. Então me lembrei do que tinha acabado de acontecer. Chorei. Percebi o quanto precisava vê-lo de novo, mesmo que num sonho, conversar com ele. Durante os dias que se seguiram, eu fechava os olhos e imaginava Ali andando na minha direção – às vezes durante voos longos – com aquele sorriso, os dreadlocks que ele tinha quando adolescente, uma camiseta preta de alguma banda e calça jeans.

Eu pulava no assento para abraçá-lo. *Ali, você voltou, senti tanto a sua falta.* E, como sempre, ele dizia: *Ezayak ya abuya, como você tem passado, pai?* Talvez não fosse a melhor pergunta naquele momento. Porque eu caía no choro imediatamente.

Tem sido difícil, Ali. Muito difícil. Sentimos sua falta e não sabemos viver sem você.

Conte mais, Phat Hobbit. (Como passou a me chamar desde que ficou mais alto do que eu ☺.) *Temos um longo voo pela frente e horas para conversar.*

Meu cérebro é um hiperpropulsor, Ali. Nada mais faz sentido. Meus pensamentos estão tóxicos: o médico matou meu filho; ninguém devia morrer tão jovem; a vida é injusta; não tenho mais razão para viver; e milhões de outros.

As ilusões estão assumindo o controle a ponto de eu estar quase enlouquecendo. A Ilusão do Eu me faz pensar que foi tudo por minha causa, que a vida está me punindo por algo que fiz. Meu ego está ferido. Fico me perguntando: Por que *meu* filho foi tirado de *mim*? A Ilusão do Conhecimento me faz pensar que eu devia saber que não podia levar você àquele hospital. Por que não escolhi outra equipe médica? Eu devia saber. A Ilusão do Controle está me destruindo, acabando com minha fé na vida. Por que eu não me preparei para isso? Para que mais eu não estou preparado? A Ilusão do Tempo está desacelerando o relógio, me prendendo a horas de lágrimas, culpa e raiva do passado, e preocupação em relação ao longo futuro que vou viver sem você. Os dias parecem dolorosamente longos. Estou me sentindo deslocado no mundo, estou vivendo dentro da minha cabeça cheia de pensamentos e emoções. E, finalmente, o medo é avassalador. Medo do que pode acontecer com Aya, com Nibal, e com o que mais a vida pode levar de mim.

Enquanto sonhava com Ali e com como ele magicamente colocaria meu cérebro nos trilhos – como sempre fazia –, tudo o que eu ouvia eram aqueles acordes irritantes. Até que veio a primeira mensagem.

Isso vai trazer Ali de volta?

Logo a notícia se espalhou. Recebi a ligação de um alto funcionário do governo de Dubai. Ele soube o que tinha acontecido e prometeu que a negligência médica não seria ignorada. Disse que uma investigação já estava em curso. Perguntou se eu gostaria de participar e se concordaríamos com uma autópsia. Perguntei a Nibal o que ela gostaria de fazer. Ela proferiu as palavras sábias que nos ancoraram na verdade definitiva: "Isso vai trazer o Ali de volta?"

Era como um farol cortando a neblina. A pergunta de Nibal imediatamente reorientou meus pensamentos. A verdade era simples. O homem mais gentil que já conhecemos partiu em paz. Nada que pudéssemos fazer – nada – o traria de volta. Qualquer pensamento além dessa verdade pura era maligno, inútil e simplesmente mentiroso.

Isso é verdade?

Daquele momento em diante, as conversas vagas na minha cabeça foram ponderadas com sanidade. Sempre que um pensamento maligno surgia, eu ouvia a voz do Ali perguntar: *Isso é verdade?*

O médico matou meu filho. *Isso é verdade, pai? Que médico acorda de manhã e diz: "É hoje que eu vou matar alguém e destruir minha carreira?"*

Ninguém devia morrer tão jovem. *Isso é verdade? Milhares de jovens morrem a cada hora todos os dias.*

Minha vida acabou com a sua. *Ah, é verdade mesmo? A vida não para por ninguém. Você permanece aqui até que seja sua hora de partir. É bom que tenha isso em mente.*

Essa foi a pior coisa que poderia ter acontecido comigo. *Isso é verdade mesmo, pai? Poderia ter sido muito pior, você sabe disso. Eu poderia ter sido acometido por um câncer persistente ou carregado para a loucura das guerras do Oriente Médio em vez de morrer em paz enquanto dormia.*

Mas eu mesmo levei você até lá. Eu devia saber. *Isso é verdade? Como você poderia saber? Você fez o que achou certo, pai. Queria aliviar minha dor. Ninguém poderia imaginar que as coisas iam acabar assim. O conhecimento é uma ilusão. Não deixe que ele confunda você.*

Eu não estou aguentando viver assim nem por alguns dias. Isso vai me torturar por anos. *Isso é verdade? Você vai viver, e o tempo vai passar. Os dias serão longos, e os anos serão curtos. Logo você vai olhar para trás e se perguntar: "Faz tanto tempo assim que ele partiu?" A vida vai passar exatamente como sempre passou. O tempo é uma ilusão. Em vez de pensar nos anos que virão, se concentre no agora. Faça o melhor que puder. Me deixe orgulhoso. Viva a vida um dia de cada vez. Quando eu estava em Boston, nos encontrávamos uma vez por ano, e não havia problema. Só estou um pouco mais longe dessa vez, e por um pouco mais de tempo. Não há pelo que esperar. O tempo vai passar. Cuide de você.*

Mas por que a vida está fazendo isso *comigo*? Ela me tirou meu filho. *Isso é verdade? Com todo respeito, pai, eu nunca fui seu. Sempre fui meu. Este é o meu filme, e chegou a hora de mudar de cena.*

Deve haver alguma coisa que eu possa fazer para mudar isso. Sempre mantive o controle das coisas. *Haha! Isso tem algum resquício de verdade, pai? Ninguém tem o controle de nada. Damos nosso melhor. Tomamos as decisões certas e mantemos a melhor atitude possível. O resultado não depende de nós. O controle é uma ilusão. Que decisões você tomaria hoje e que atitudes teria se tivesse a certeza de que nada me traria de volta? Concentre seus pensamentos nisso.*

Eu sei. Sua morte esclarece tudo, mas tenho tanto medo. Nibal vai superar tudo isso? O que vai acontecer com Aya? *O medo também é uma ilusão, pai. O que vai acontecer vai acontecer. E, no fim, todos vamos ficar bem. Não há nada a temer.*

Bem? Você está mesmo bem? Onde você está agora? Está seguro? Algum dia vamos nos ver de novo?

A conversa na minha cabeça parece infinita. Quando sua voz me ajudava a esclarecer um pensamento, outro surgia. Ali ainda estava me ajudando, mas meu cérebro era um hiperpropulsor em me causar sofrimento, até que ouvi Ali dizer: *Pai, não vamos estar juntos por um tempo. Isso não é o bastante? Por que você quer deixar que seus pensamentos causem anos de sofrimento que não vão mudar nada? Sabe o que eu quero que você faça? Quero que você seja feliz! Pensamentos são uma ilusão. Você pode dizer ao seu cérebro o que pensar. Mande-o buscar a verdade.*

A verdade

Na famosa concepção de luto de Elisabeth Kubler-Ross, esse processo tem início com a negação. Os estágios seguintes são: raiva, barganha e depressão, até chegarmos à aceitação.[1] Nibal e eu tivemos sorte de pular a negação. Não havia distorção do acontecimento em nossa mente. No minuto em que anunciaram que Ali tinha partido, nos ancoramos completamente na realidade. *Ali partiu*. Não tínhamos por que negar isso, nem como trazê-lo de volta. Mas a aceitação que sentimos logo foi distorcida pelo pensamento, e o sofrimento se instalou. Precisávamos, em família, alcançar aquela paz que sentimos na UTI. Por causa da minha pesquisa sobre a felicidade, eu sabia que o único lugar em que poderia encontrá-la era na verdade.

Nesse caso, a verdade era simples. Ali viveu uma vida plena. Se fez intensamente presente. Viveu cada minuto e estava sempre feliz. De alguma forma – sem os pensamentos malignos –, eu me sentia bem com isso.

Parei de pensar no que o Ali não é mais e comecei a me concentrar em quem ele tinha sido. Ali foi um hóspede gentil, que trouxe luz e alegria para a nossa casa. Mas hóspedes não devem ficar para sempre. Ele não precisava partir tão cedo. Pensei no dia em que ele nos abençoou com sua presença, 21 anos antes, e em como os anos tinham passado rápido. Ainda que eu tivesse mais 21 anos com ele, esses anos passariam tão rápido quanto os primeiros. Em vez de pensar na perda, aprendi a pensar na verdade mais bela: ele esteve conosco. Durante todos aqueles anos, ele trouxe alegria a nossas vidas. Em vez de ficar triste por ele ter partido, pela primeira vez fiquei feliz por ele ter vindo nos visitar.

Então passei a contar com a crença profunda nas duas verdades mais difíceis de aceitar: a morte e o projeto. Pensei na pesquisa que fiz na juventude sobre o conceito do projeto, sobre as mensagens criptografadas, e por vezes distorcidas, encontradas com frequência em ensinamentos religiosos, e percebi que uma mensagem central simples era comum em todas as crenças: a morte não é o fim, e aqueles que são bons nesta vida estarão bem na próxima. A morte é real, mas a morte não é o fim. O verdadeiro eu e o verdadeiro Ali nunca morrem de verdade. Mais cedo ou mais tarde, vou me juntar a ele para explorar o outro lado. O projetista é generoso e bom, apesar dos acontecimentos desta existência física que talvez nos levem a acreditar que não. Ele vai cuidar de Ali muito melhor do que eu.

Não, eu não tenho como provar isso com toda certeza, mas essa não é a natureza de todo o conhecimento? E quando meu cérebro tentou assumir o controle, quando minha dúvida e meu cinismo e a tagarelice na minha cabeça começaram a crescer, pensei na regra de ouro da felicidade: Quando precisar escolher entre dois pensamentos e não conseguir provar nenhum com toda certeza, escolha o que lhe deixa feliz. O que poderia ser mais simples do que isso?

Eu escolho ser feliz. Ali está bem. Ele está na próxima fase do jogo.

Suas últimas palavras

Quando esses pensamentos positivos começaram a dominar minha cabeça, finalmente pude pensar com clareza. Entendi que a conversa que eu queria ter com Ali tinha começado, e terminado, antes mesmo de ele partir.

Nas suas últimas semanas, Ali fez a seguinte pergunta a quase todas as pessoas que encontrou: “O que acontece quando a gente morre?”

Quase não falava sobre outro assunto. Era como se estivesse se preparando para uma jornada que sabia que ia enfrentar. Estava curioso. Fazia a pergunta e escutava com atenção. Não julgava ou discutia. Alguns dias antes de sua partida inesperada, numa última conversa sobre o assunto, ele compartilhou sua visão: “Bom, acho que só vamos saber quando nossa hora chegar, mas sou otimista!” Ele estava pronto. Encontrou sua paz antes mesmo de partir. **Isso me deixou feliz.**

Certa manhã, uma semana antes de partir, ele disse à irmã que tinha tido um sonho. No sonho, ele estava em todos os lugares e era parte de todas as pessoas. Ele disse que não havia como descrever a sensação, mas que não queria mais ficar preso em seu corpo físico. Quando partiu, milhares de pessoas em todos os cantos do mundo foram tocadas por sua história. Ainda hoje, muitas pessoas me dizem que amam Ali apesar de nunca o terem conhecido. Este livro vai levá-lo a ainda mais pessoas. Ele está em todos os lugares e é parte de todas as pessoas. Seu sonho se realizou. **Isso me deixa feliz.**

Alguns dias depois, Ali se dedicou a ditar seu último conselho, como um avô sábio faria. Ele disse a Nibal, Aya e a mim o quanto nos amava, então disse a cada um de nós o que era preciso fazer para realmente encarar a vida de frente. Ele disse: "Não sei por que estou dizendo isso sem que tenham perguntado, mas me sinto obrigado a fazê-lo."

Ele encheu nossos corações de amor, banhou cada um de nós com palavras de gentileza e então ofereceu seu conselho. Pediu à mãe que simplesmente fosse feliz e permanecesse disposta a explorar a vida como Walter Mitty. (Assista ao filme.) Pediu à irmã que permanecesse atenta e que encontrasse seu eu verdadeiro e belo. E pediu a mim que nunca parasse de trabalhar. Disse: "Você está indo tão bem, pai, e está fazendo a diferença. Seu trabalho ainda não acabou."

Essas palavras mudaram minha vida e me transformaram no homem que sou hoje. Ele me disse o que eu precisaria fazer para sobreviver à sua perda, e **isso me deixa feliz**.

Ali sorriu em paz. Seu rosto refletia uma satisfação, que só podia significar *Agora cumpri minha missão de vida*. Então, com o jeito musical de sempre, disse: "Muito bem, é isso. Não tenho mais nada a dizer." Foram suas últimas palavras naquele dia. Ali voltou ao silêncio habitual – e ficou mais silencioso a cada dia.

Quando seus últimos dias se aproximaram, ele falou pouco, dormiu muito e não comeu quase nada. Era como se já tivesse usado todo o estoque de coisas a fazer enquanto vivo.

Suas últimas palavras para mim não foram ditas. Elas me mantiveram forte todos os dias desde então. Ali tinha um único arrependimento na vida: uma tatuagem que fez quando adolescente e escondeu de mim durante anos. Ele sabia que eu ia apoiá-lo, mas se sentia culpado por ter usado meu dinheiro (embora tivesse usado a própria mesada) sem pedir minha permissão. Durante anos, ele esperou pelo momento certo para me contar. Foi o único segredo que guardou na vida. Contou à mãe, no entanto, e ela, é claro, me contou. Eu não queria tocar no assunto enquanto ele não estivesse pronto. Por algum motivo, Nibal me lembrou disso quando chegamos ao hospital, então o assunto estava fresco em minha memória.

Quando estava indo para o centro cirúrgico, ele se sentou, e eu vi a tatuagem pela primeira fez. Em voz alta, eu disse: "Eu aprovo, *ya habibi*." Espero que ele tenha ouvido, pois queria que soubesse que não havia motivo para seu arrependimento. Mas, de qualquer forma, sua paz estava completa. Ele me disse isso, mesmo sem querer. Ele estava livre da culpa, e **isso me deixou muito feliz**.

A tatuagem continha suas últimas palavras para mim. Era a declaração da verdade.

A gravidade da batalha não significa nada para aqueles que estão em paz.

Obrigada por me lembrar disso, Ali, e obrigada pela conversa maravilhosa.

Agora os pensamentos tinham ido embora, e eu sabia exatamente o que fazer. Na noite do velório, assim que todos foram embora, eu dormi e, num sonho, vi Ali no meio da multidão. Ele cruzava os braços e olhava em volta com um sorriso largo no rosto e olhos cheios de amor por todas as pessoas que tinham vindo se despedir. Ele parecia feliz e orgulhoso pela energia positiva que enchia o lugar.

O segundo sonho aconteceu algumas noites depois de eu ter começado a escrever este livro. Ele estava dançando, rodopiando, rindo e agitando os braços no ar. Cantava uma música animada, *But I'm proud of everyone, proud of everyone* [Mas eu tenho orgulho de todos, orgulho de todos] Eu ainda sentia a dor de perdê-lo, mas estava feliz. Não só por causa dos sonhos, mas porque eu já tinha decifrado uma mensagem muito mais clara do meu filho amado.

Lembra daqueles acordes loucos que ficavam soando sem parar na minha cabeça depois de sua partida? Tentei muito silenciá-los, mas então percebi que eles deviam estar ali por um motivo. Demorei um tempo para perceber que também eram uma mensagem, a conversa que eu queria ter com Ali estava na minha cara o tempo todo, e eu não percebi. Estava codificada naqueles acordes.

Portal

Ali levava os videogames muito a sério e encontrava mensagens e filosofia no modo como eles simulam a vida. Também era um músico talentoso. Se me mandasse uma mensagem, pensei, com certeza seria por meio da música ou de videogames. Quando me concentrei, lembrei que já tinha ouvido aqueles acordes – mas só uma vez, num show a que assisti com Ali anos antes. Era a música tema de um jogo, cujo título – muito adequado – era *Portal*, um jogo que nós dois amávamos. A música tocava com os créditos ao fim do jogo, mas, como eu não tinha zerado o jogo (agora já zerei, é claro), só tinha ouvido aquela vez no show.

Portal é sobre uma Inteligência Artificial do mal, Glados, que finge ser sua amiga enquanto guia você por alguns experimentos nos Laboratórios Aperture. É impossível não amar Glados. Como uma voz em sua cabeça, ela parece ser prestativa. Ela diz o que você precisa fazer, e o que ela diz sempre parece um bom conselho. Ela o motiva e promete um bolo se você conseguir completar as tarefas difíceis. Mas ao se aprofundar no laboratório, você encontra uma mensagem grafitada nas paredes: "O bolo é uma mentira." No fim de cada fase, Glados não cumpre sua promessa. Mas, ainda que não ganhe bolo, você a continua amando, porque ela é engraçada – *muito* engraçada – e você a perdoa.

No meio do jogo, você descobre, no entanto, que ela – como a voz dentro da sua cabeça – sempre está mentindo. Ela está tentando prejudicar você. E você percebe que, como todas as ilusões da vida, o bolo é uma mentira. Você só ganha o jogo quando para de dar ouvidos à voz dela e se concentra na realidade à sua volta. Parece familiar?

No decorrer do jogo, você usa uma arma de portais, que é uma arma que não mata, mas o ajuda a abrir portais através das fronteiras físicas do laboratório para levá-lo de onde você está para o lugar aonde quer ir. Não existe um jogo que resuma melhor a situação da partida de Ali por um portal inesperado.

Quando me lembrei de onde era a música, procurei por ela no YouTube, e o primeiro resultado era um vídeo que trazia a letra. Quase cada palavra tinha o mesmo tom leve em que Ali sempre falou. Começa com um ruído branco, como um rádio sendo sintonizado para receber uma mensagem transmitida de muito longe. Depois de alguns segundos, com um acorde suave de guitarra, uma voz branda e sintetizada, como se viesse de outra dimensão, começa a cantar ("*This was a triumph/ I'm making a note here: huge success/ It's hard to overstate my satisfaction*"[2]):

Isso foi um triunfo
Estou fazendo uma observação aqui: **tremendo sucesso**
É difícil de relatar minha satisfação

Estremeci. Dei uma pausa na música e não pude conter as lágrimas. Se era uma mensagem do meu filho, ela não podia ser mais clara. Ele estava bem. Não, mais do que bem. Ele estava glorioso. Olhou para trás, para o jogo de sua vida e morte e concluiu – numa palavra – que tinha sido um *triunfo*. A música continuou com um lembrete da missão que ele me deu ("*Aperture Science/ We do what we must/ Because we can/ For the good of all of us/ Except the ones who are dead*"):

Laboratórios Aperture
Fazemos o que temos que fazer
porque sabemos
Pelo bem de todos nós.
Exceto daqueles que já partiram

A música ecoava seu conselho para mim: *Nunca pare de trabalhar, pai. Faça a diferença. Só porque você é capaz. Não há nada que você possa fazer pelos mortos, mas pode fazer pelos vivos.* Ele disse isso dias antes de morrer. Era minha missão. A música continua ("*But there's no sense crying over every mistake/ You just keep on trying till you run out of cake...*"):

Mas não há **sentido em chorar** *por cada* **erro**.
Você continua tentando até o bolo acabar...

Não fique preso chorando pelo erro humano que tirou minha vida. Siga em frente até seu tempo nesta vida acabar. Concentre-se na vida e faça o bem. É assim que deve passar o resto da vida. Em frente ("*I'm not even angry/ I'm being so sincere right now/ Even though you broke my heart/ And killed me...*"):

Não sinto nem mesmo raiva.
Estou sendo muito sincero.
Embora você tenha partido meu coração.
E me matado...

Meu filho maravilhoso perdoou – como sempre fazia. Ele sabe que, de alguma forma, algo bom vai resultar disso, e está feliz porque vamos superar a experiência ("*Go ahead and leave me/ I think I prefer to stay inside/ Maybe you will find someone else to help you*"):

Siga em frente e me deixe.
Acho que **prefiro ficar aqui.**
Talvez você encontre alguém para ajudá-lo.

Siga em frente e me deixe?! Mais uma vez, chorei, mas a mensagem era clara. *Siga em frente, pai. Você sabe o que fazer. Outras pessoas vão ajudá-lo em sua missão – talvez todos os leitores, que vão ajudar a espalhar a mensagem.* Essa parte da mensagem foi dura. Meu coração estava partido. Eu queria meu filho ao meu lado, mas não era possível. Então, no fim da música, ele me disse por quê ("*And believe me I am still alive/ I'm doing Science and I'm still alive/ I feel fantastic and I'm still alive/ While you'are dying I'll be still alive/ And when you're dead/ I will be still alive/ still alive/ still alive*"):

E acredite ainda estou vivo
Fazendo ciência e ainda estou vivo.

Me sentindo fantástico e ainda estou vivo.
Enquanto você morre, ainda estarei vivo
E quando você estiver morto, ainda estarei vivo
ainda vivo
ainda vivo

Eu sei que está, *ya habibi*. Tenho certeza de que está feliz onde quer que esteja – conversando com a pessoa mais interessante que já viveu. Eu também vou cumprir minha missão aqui e encontrar meu portal. Todos encontramos um dia. E o tempo todo vou sentir sua falta, mas prometo ser feliz como você quer que eu seja. Prometo deixar você orgulhoso. E sempre vou ser grato a você por ter me mostrado o caminho.

Obrigado por ler minha história e se abrir a alguns dos meus pontos de vista sobre a vida. Espero que você encontre sua felicidade também e espero muito conhecê-lo um dia. Enquanto isso, por favor me escreva e me ensine como a aplicação de alguns desses conceitos funcionou para você.

Em sua última conversa sobre a morte, quando disse a um amigo que era otimista, Ali afirmou seu último desejo: *Quando chegar ao outro lado, só quero ir ao lugar mais alto e ver o rosto de quem criou este universo incrível.*

Por favor, reze por Ali, para que seu desejo se realize.

Agradecimentos

A Fórmula da Felicidade não teria sido possível sem o apoio incrível que a equipe inteira da North Star Way me deu. Michele Martin, adoro sua visão, assertividade e orientação. Obrigado por ter entrado nessa missão. Diana Ventimiglia, você verdadeiramente virou tudo de cabeça para baixo. Sempre com um sorriso, nos deu o que precisávamos. Me diverti tanto com você, que nem senti que estava trabalhando. Este livro é mil vezes melhor do que aquele com que cheguei até você. Michele e Diana. Muito obrigado.

Minha jornada me apresentou a Michael Carlisle, meu agente e agora amigo para toda a vida. Você acreditou na minha missão e me guiou amorosamente. Nunca vou conseguir lhe pagar por isso.

Nibal, *Umm Ali*, obrigado por todos os anos, sabedoria, amizade e amor. Cada ideia deste livro nasceu das nossas conversas. Eu teria sido uma pessoa diferente se não fosse você.

Aya, o raio de sol da minha vida, amo você e amo nossas conversas. Aprendi muito com minha filha. Brilhe, meu diamante louco.

Ummy, Amira Wahby, você é a melhor. Obrigada por me deixar ler quando eu era pequeno e me deixar explorar o mundo quando fiquei mais velho. E obrigado por sempre estar presente.

Obrigada a Carole Tonkinson pelo seu voto de confiança tão cedo nessa jornada e por me ajudar a construir a fundação deste livro.

Peter Guzzardi, desejo que passemos mais tempo juntos. Obrigado por toda a sua experiência.

William Callahan, você é um dínamo. Perspicaz, eloquente, focado e rápido. Cara, você é rápido.

Rick Horgan, o que você me ensinou não tem preço. Para você todo o meu respeito e gratidão.

William Patrick, obrigado pelos seus serviços.

Tento, pensei que tinha aprendido até você me dizer pare de julgar e elucubrar e diga o que tem que ser dito. Essa é uma das dicas que ajudaram a moldar a maneira que vejo as coisas. Obrigado.

Obrigada a Ellis e a equipe do Chartwell Speakers por me levar diante de milhares de pessoas.

Gracias, Marcella Gomez, por espalhar essa missão na América Latina.

Jennifer Aaker você literalmente abraçou *A fórmula da felicidade*. Compartilhando o conceito com Stanford me ajudou a vasculhar algumas das mentes mais brilhantes do mundo.

Betty Lin, obrigado por me ajudar a levar o livro para o outro lado do mundo em Hong Kong e Emily Ma, obrigada por tudo nesse ínterim.

Na metade da jornada, coloquei uma primeira versão de *A fórmula da felicidade* na internet. Centenas de primeiros leitores me escreveram. Eles me arguiram, debateram, compartilharam pesquisas e até editaram o texto. Milhares de comentários e mudanças fizeram este livro chegar bem perto de ter sido ser escrito pelos leitores. A Anne, Ossama, Karla, Lori-Ann, Gulanra, George, May, Alix, Nader, Emily, Maysam, Emel, Eslam, Hana, Agnieska, Yee Hui, Astuti, Jenni, Dina, Samaa, Aurore, Galdys, Karina, Karishma, Evan Angela, Lamia, Nikesh, Tracy, Viviana e a todos os outros que tão generosamente contribuíram para este livro, obrigado. Serei eternamente grato a cada um de vocês.

Obrigado a todos os autores e pensadores a cujas citações me referi e cuja sabedoria iluminou meu caminho.

Obrigado a todos os tempos difíceis que me forçaram a buscar, pesquisar e a me recolher. Eu não apagaria nada.

Obrigado a todos que ainda não encontrei, que se inscreveram e nos ajudaram a alcançar essa missão. Eu não teria alcançado #10millionhappy sem vocês.

E obrigado, Ali. Por tudo que você me mostrou, pelo amor que tomou conta de mim e por ter me dado uma razão para escrever. Eu te amo, filho. Fique bem e feliz até o dia em que meu trabalho aqui terminar e nos encontrarmos outra vez.

Notas

1. Configurando a equação

1. Ed Diener e Richard Easterlin, "Rising Income and the Subjective Well-Being Nations", *Journal of Personality and Social Psychology* (2013). <https://www.apa.org/pubs/journals/releases/psp-104-2-267.pdf>.
2. Andrew J. Oswald, Eugenio Proto e Daniel Sgroi. Happiness and Productivity. *Warwick Social Sciences*, 10 fev. 2014. <https://www2.warwick.ac.uk/fac/soc/economics/staff/eproto/workingpapers/happinessproductivity.pdf>.
3. Malcolm Gladwell, *Fora de série: Descubra por que algumas pessoas têm sucesso e outras não*. Rio de Janeiro: Sextante, 2008.

2. 6-7-5

1. Mihaly Csikszentmihalyi, *A descoberta do fluxo*. Rio de Janeiro: Rocco, 1999.

3. Aquela vozinha na sua cabeça

1 Eckhart Tolle, *Um novo mundo: O despertar de uma nova consciência*. Rio de Janeiro: Sextante, 2007.

2. Gartner. "Gartner Says 6.4 Billion Connected 'Things' Will Be in Use in 2016, Up 30 Percent from 2015". 10 nov. 2015. <http://www.gartner.com/newsroom/id/3165317>.
3. Daniel Kahneman, *Rápido e devagar: Duas formas de pensar*. Rio de Janeiro: Objetiva, 2012.
4. Bhavin R. Sheth, Simone Sandkühler e Joydeep Bhattacharya. "Posterior Beta and Anterior Gamma Oscillations Predict Cognitive Insight." *Journal of Cognitive Neuroscience*, v. 21, n. 7, jul. 2009. <http://www.mitpressjournals.org/doi/abs/10.1162/jocn.2009.21069#.Van3LhOqpTI>.
5. Norman A. S. Farb et al. "Attending to the Present: Mindfulness Meditation Reveals Distinct Neural Modes of Self-Reference". *Social Cognitive and Affective*

Neuroscience v. 2, n. 4, 2007. <http://scan.oxfordjournals.org/content/2/4/313.full>.

4. Quem é você?

1. *The New York Public Library's Science Desk Reference* (Stonesong Press, 1995).
2. Nicholas Wade. "Your Body Is Younger Than You Think". *New York Times*, 2 ago. 2005. <http://www.nytimes.com/2005/08/02/science/your-body-is-younger-than-you-think.html?_r=0>.

5. O que você sabe

1. Donald Rumsfeld. U.S. Department of Defense news briefing. *Wikiquote*, 12 fev. 2002, <https://en.wikiquote.org/wiki/Donald_Rumsfeld>.

7. Houston, temos um problema

1. Nassim Nicholas Taleb, *A lógica do cisne negro*: *O impacto do altamente improvável*. Rio de Janeiro: Best Seller, 2008.
2. "Butterfly Effect", n.d. <https://en.wikipedia.org/wiki/Butterfly_effect>.

8. É melhor pular

1. "John B. Watson," n.d. <https://en.wikipedia.org/wiki/John_B._Watson>.
2. "Pain tolerance", n.d. <https://en.wikipedia.org/wiki/Pain_tolerance>.

9. É verdade?

1. Mihaly Csikszentmihalyi, op. cit.
2. Raj Raghunathan et al. *If You're So Smart, Why Aren't You Happy?* NY: Portfolio, 2016)
3. Deepak Chopra. "Why Meditate", Deppak Chopra, https://www.deepakchopra.com/blog/article/470/.
4. Roy F. Baumeister, Ellen Bratslavsky, Catrin Finkenauer e Kathleen D. Vohs. "Bad Is Stronger Than Good". *Review of General Psychology*, v. 5, n. 4, 2001. <http://dare.ubvu.vu.nl/bitstream/handle/1871/17432/Baumeister_Review?sequence=2>.
5. Felicia Pratto e Oliver P. John. "Automatic Vigilance: The Attention-Grabbing Power of Negative Social Information". *Journal of Personality and Social Psychology*, v. 61, n. 3, 1991. <http://people.uncw.edu/hakanr/documents/AutoVigilanceforneg.pdf>.

6. David L. Thomas e Ed Diener. “Memory Accuracy in the Recall of Emotions”. *Journal of Personality and Social Psychology*, vol. 59, n. 2, 1990. <http://psycnet.apa.org/psycinfo/1991-00334-001>.
7. Alina Tugend. “Praise Is Fleeting, but Brickbats We Recall”, *New York Times*, 23 mar. 2012. http://www.nytimes.com/2012/03/24/your-money/why-people--remember-negative-events-more-than-positive-ones.html
8. Rick Hanson, *Just One Thing: Developing a Buddha Brain One Simple Practice at a Time*. New Harbinger: New Harbinger Publications, 2011).
9. Christopher Chabris e Daniel Simons. *The Invisible Gorilla*. “The Original Selective Attention Task.” <http://www.theinvisiblegorilla.com/videos.html>.
10. Vilayanur S. Ramachandran e Diane Rogers-Ramachandran. “Extreme Function: Why Our Brains Respond So Intensely to Exaggerated Characteristics.” *Scientific American*, 1º jul. 2010. <http://www.scientificamerican.com/article/carried-to-extremes/>.
11. Daniel Kahneman, op. cit.
12. Dan Cray. “How We Confuse Real Risks with Exaggerated Ones”. *Time*, 29 nov. 2006. <http://content.time.com/time/health/article/0,8599,1564144,00.html>.
13. Shawn Achor, “The happy secret to better work,” *TED*, fev. 2012, www.ted.com/talks/shawn_achor_the_happy_secret_to_better_work>.

Parte 4

1. Stanley, Jan B., “Arianna Huffington is Redefining Success,” *livehappy*, 21 maio 2015, <www.livehappy.com/lifestyle/people/arianna_huffington_redefining_success>.

10. Aqui, agora

1. Matt Killingsworth, “Want to be happier? Stay in the moment”, *TED*, nov. 2011, <https://www.ted.com/talks/matt_killingsworth_want_to_be_happier_stay_in_the_moment>.

11. O balanço do pêndulo

1. Robert A. Emmons e Michael E. McCullough. “Counting Blessings versus Burdens: An Experimental Investigation of Gratitude and Subjective Well-Being in Daily Life”. *Journal of Personality and Social Psychology*, v. 84, n. 2, 2003. <http://www.stybelpeabody.com/newsite/pdf/gratitude.pdf>.

2. "In Praise of Gratitude", Harvard Mental Health Letter, nov. 2011, <www.health.harvard.edu/newsletter_article/in-praise-of-gratitude>.

12. O amor é tudo de que você precisa

1. Elizabeth W. Dunn, Lara B. Aknin e Michael I. Norton. "Spending Money on Others Promotes Happiness". _Greater Good_, s. d. <http://greatergood.berkeley.edu/images/application_uploads/norton-spendingmoney.pdf>.

13. Viva em paz

1. Organização Mundial da Saúde. Dados do Observatório da Saúde Global <http://www.who.int/gho/en/>.
2. Peter Saul. "Vamos conversar sobre a morte". _TED_, nov. 2011. <https://www.ted.com/talks/peter_saul_let_s_talk_about_dying/transcript?language=en>.
3. Um observador poderia ser uma forma de vida como nós ou um extraterrestre de fora do nosso universo. A menos que essa forma de vida extraterrestre criasse um conjunto novo de leis da física que fosse diferente das que regem o nosso universo, ela passaria pelo mesmo desafio da criação e precisaria que outra forma de vida observasse o início do seu universo. E essa forma de vida precisaria que outra forma de vida observasse seu surgimento. E assim por diante. Uma alternativa seria que a forma de vida fosse o Projetista de toda a vida, mas esse é um assunto para o próximo capítulo.
4. Anita Moorjani. "Dying to Be Me!" _TEDx_, 11 dez. 2013. <https://tedxtalks.ted.com/video/ Dying-to-be-me-Anita-Moorjani-a>.

14. Quem criou quem?

1. George Carlin, <https://youtube.com/8r-e2NDSTuE>.
2. Brian Greene. _O tecido do cosmo: o espaço, o tempo e a textura da realidade._ São Paulo: Companhia das Letras, 2005.
3. Períodos por segundo _(P)_ = (9 _palavras_ / 220 _palavras/minuto_) * 60 _segundos/minuto._
4. Anos para concluir _(A)_ = _(C)_ x _(P)_ / (60*60*24*365) _segundos/ano._ Número de configurações possíveis _(C)_ = 27 _possibilidades_ ^ 56 _posições._
5. Múltiplos da idade da Terra = _(A)_ / 4,5 * 10 ^ 9 _anos._
6. Tentativas de escrever _Guerra e paz_ aleatoriamente = 27 _possibilidades_ ^ (580.000 _palavras_ * 6 _letras/palavra_).
7. Velocidade de digitação necessária para terminar a tempo = _(C)_ * 9 _palavras/frase_ / (60 * 24 * 365) _minutos/ano_ * 4,5 * 10 ^ 9 _anos._

8. World Registry of Marine Species. <http://www.marinespecies.org/>.
9. Camilo Mora et al., “How Many Species Are There on Earth and in the Ocean?” *PLOS Biology*, 23 ago. 2011, http://journals.plos.org/plosbiology/article?id=10.1371/journal.pbio.1001127.
10. Tentativas (múltiplo da população humana) = *(M)* = *(C)* / 7 * 10 ^ 9 *humanos.*
11. Esqueletos por metro quadrado = *(M)* / 1,49 * 10 ^ 14 área da superfície da Terra.
12. Humanos a serem criados por mês = *(C)* / 2 *milhões de anos* / 12 *meses.*
13. George Sylvester Viereck. *Glimpses of the Great* (Macaulay, 1930). <http://www.thinknice.com/albert-einstein-quotes/albert-einstein-quote-glimpses-of-the--great/>.

Posfácio

1. Elisabeth Kübler-Ross, *Sobre a morte e o morrer.* São Paulo: Martins Fontes, 2008.
2. Jonathan Coulton. “Still Alive”. <https://www.youtube.com/watch?v=Y6ljFa-KRTrI&spfreload=10>.

1ª edição	*Outubro de 2017*
papel de miolo	*Pólen Soft 70g/m²*
papel de capa	*Cartão Supremo 250g/m²*
tipografia	*Aldine401 BT, Proxima Nova e Impact*
gráfica	RR Donnelley